国家社科基金特别委托项目

2016中国智库年度发展报告

2016 China Think-Tank Annual Development Report

光明日报智库研究与发布中心

王斯敏◎主编

人民出版社

责任编辑:陈佳冉
封面设计:林芝玉
责任校对:吕　飞

图书在版编目(CIP)数据

2016中国智库年度发展报告 / 王斯敏 主编 . —北京:人民出版社,2017.12
(大国方略与智库力量:"十三五"时期中国智库建设研究丛书 / 光明日报
　智库研究与发布中心 编)
ISBN 978 - 7 - 01 - 018680 - 1

I.① 2…　II.①王…　III.①咨询机构 - 研究报告 - 中国 -2016
　IV.① C932.82

中国版本图书馆 CIP 数据核字(2017)第 303570 号

2016 中国智库年度发展报告
2016 ZHONGGUO ZHIKU NIANDU FAZHAN BAOGAO

光明日报智库研究与发布中心
王斯敏　主编

人民出版社 出版发行
(100706　北京市东城区隆福寺街99号)

北京龙之冉印务有限公司印刷　新华书店经销

2017 年 12 月第 1 版　2017 年 12 月北京第 1 次印刷
开本:710 毫米 ×1000 毫米 1/16　印张:29.75
字数:306 千字

ISBN 978 - 7 - 01 - 018680 - 1　定价:98.00 元

邮购地址 100706　北京市东城区隆福寺街 99 号
人民东方图书销售中心　电话(010)65250042　65289539

本书编委会名单

顾　　问：魏礼群

主　　任：张　政

副 主 任：李春林　　陆先高

编　　委：唐洲雁　张述存　李向军　薄洁萍
　　　　　王斯敏　曲一琳　贾　宇　李国强
　　　　　杨金卫　张　怡　李　刚　周湘智
　　　　　刘西忠　柯银斌　游光荣　黄相怀
　　　　　万劲波

主　　编：王斯敏

副 主 编：曲一琳　贾　宇

编写组：王斯敏　曲一琳　贾　宇　张　胜　姬泰然
　　　　　李　刚　刘西忠　李国强　李曜坤　黄相怀
　　　　　韩　丹　杨金卫　崔凤祥　王　颖　李兰永
　　　　　张　勇　彭宗峰　万劲波　柯银斌　马　岩
　　　　　游光荣　李智毅　张　怡　黄　昊　沈　郊
　　　　　邵夏怡　姚　旭　周湘智

序 言
伟大时代，主流媒体、智库当有为

光明日报总编辑 张 政

党的十八大以来，在以习近平同志为核心的党中央的高度重视下，智力资源作为最宝贵的资源被高度重视和有效使用，智识的生产力和爆发力超越以往。

主流媒体、智库及广大知识分子，是智力资源的主要承载者、供给者，是智识的主要提炼者、传播者。党的十八大以来，习近平总书记高度重视主流媒体发展、知识分子工作和中国特色新型智库建设。在不同场合，习近平总书记多次对新形势下主流媒体发展、对知识分子工作、对智库建设作出重要指示，提出殷切期望。比如，习近平总书记指出：

——做好党的新闻舆论工作，事关旗帜和道路，事关贯彻落实党的理论和路线方针政策，事关顺利推进党和国家各项事业，事关全党全国各族人民凝聚力和向心力，事关党和国家前途命运。

——全面建成小康社会，我国广大知识分子能够提供十分重要的人才支撑、智力支撑、创新支撑。希望我国广大知识分子充分发挥自身优势，勇于担当、敢于创新，服务社会、报效人民，努力作出新的更突出的贡献。

——我们进行治国理政，必须善于集中各方面智慧、凝聚最广泛力量。改革发展任务越是艰巨繁重，越需要强大的智力支持……要从推动科学决策、民主决策，推进国家治理体系和治理能力现代化、增强国家软实力的战略高度，把中国特色新型智库建设作为一项重大而紧迫的任务切实抓好。

党中央的明确态度、坚定支持、深情鼓励和指示要求，对主流媒体、智库及广大知识分子来说，既是莫大的鼓舞，也是有力的鞭策。

当今中国，正站在过去和未来的交汇点上，正步入一段新的历史关键期；既拥有前所未有的机遇，也面临空前繁重任务的挑战。在这种情形下，我们亟须思考：智力资源富集的主流媒体与智库，如何携起手来、主动作为、有机联动，实现智力资源的效益最大化，共同服务于党中央治国理政伟大实践，服务于"两个一百年"奋斗目标和中华民族伟大复兴中国梦的最终实现？对此，我谈几点看法。

一、清晰判断时代特征及各自发展特点

随着时代发展，媒体生态也处于深刻调整改变之中。党中央敏锐把握媒体发展的时代特征，作出推动媒体融合发展重大决

策，主流媒体大胆探索、积极作为，深化媒体内部体制机制改革，拓宽传播平台载体，强化人才支撑和政策保障，将融合发展工作向纵深推进，传统媒体和新兴媒体深度融合已成社会共识。在这种情况下，读者对主流媒体内容生产能力的要求不是降低了，而是提升了；对主流媒体思想和智力供给的需求不是减少了，而是增多了。作为传统主流媒体，光明日报也面临着内容生产方式和思维方式的转型发展。一方面，我们抓住有利契机，积极有力地推进光明日报融媒体建设，以新闻内容生产流程优化增强新闻内容生产能力，先后在报纸和新媒体平台成功推出"世界智能大会和世界智能科技展融媒体直播""高校牛专业连连看·招办主任帮你选""你好同学——光明开学大直播"等融媒体产品，在网上网下产生广泛影响。同时，光明日报承担的思想理论融媒体传播工程也在积极有序推进，工程以"思想理论"为核心指向，以"融媒体"为载体介质，重在研究解决意识形态、思想理论领域新媒体形态的传播问题，主要从内容体系、传播体系和智力支持体系三个部分进行重点建设，为提升光明日报核心竞争力和媒体融合影响力提供重要抓手。在探索不同介质媒体融合传播的过程中，我们认为，光明日报作为知识密集型的、以生产思想文化产品为主要特征的媒体，必须坚守"内容为王"的理念不动摇，以高质量的新闻内容供给吸引读者、留住读者、凝聚读者、影响读者，这是我们在新媒体建设方面的比较优势，必须倍加珍惜、着力凸显、不断深化，从这个意义上来说，知识分子和智库专家为光明日报提供深度思想和智力支持，也就显得愈加重要。

放眼知识分子群体，在当今社会转型和经济快速发展的时代背景下，这一群体特质已经发生深刻变化。与此同时，中国共产党领导的伟大事业，决定了我们更加需要知识和知识分子，更加需要知识分子为国家富强、民族振兴、人民幸福多作贡献。如何将广大知识分子团结凝聚起来，与党中央和人民同向同行，引导富集的智力资源转化为精准有力的智力支持，是历史赋予我们的重要课题和光荣使命。

在这种情况下，中国特色新型智库建设面临着新的更高要求。广大智库是智识供给的重要来源，是咨政启民的重要通道，是服务公众、公共外交、引导舆论的重要载体。在党中央带领全党全国各族人民实现"两个一百年"奋斗目标和中华民族伟大复兴中国梦的豪迈进程中，智库建设也进入新的历史阶段，迎来前所未有的发展机遇，承载着党和人民更加深厚的期待。在这种新的形势下，一方面，智库需要更加广泛地搜集和凝练广大知识分子的智识，另一方面，智库自身的声音也需要通过媒体等途径实现更加有效的落地、放大和传播。

二、深刻认识在伟大时代中肩负怎样的职责使命

主流媒体是党中央重大方针、决策、部署的坚定落实者、积

极实践者、有力传播者。作为综合性党报，光明日报坚持政治家办报原则，牢固树立"办好中国的事情关键在党，办好党的媒体关键在党"的理念。我们鲜明提出"抓党建重业务"的办报理念，坚定强调以党的建设统领和推动一切工作，坚决推进党建工作全面融入业务工作，使党建工作无处不在、处处体现，使党媒姓党的意识得到进一步强化，使政治站位得到进一步提高，始终做到与以习近平同志为核心的党中央保持同频共振，让党的主张成为时代最强音。

中国广大知识分子历来具有立言立功立德的自我期许和优良传统。广大知识分子不仅是知识和思想的生产者、积累者和传承者，也是整个社会的精神向导和价值标杆，他们是社会的精英、国家的栋梁、人民的骄傲，是国家的宝贵财富。对于知识分子工作及智库工作，习近平总书记强调指出，积极投身创新发展实践，想国家之所想、急国家之所急，紧紧围绕经济竞争力的核心关键、社会发展的瓶颈制约、国家安全的重大挑战，不断增加知识积累，不断强化创新意识，不断提升创新能力，不断攀登创新高峰。

当前，我们比历史上任何时期都更接近中华民族伟大复兴的目标，与此同时，我们又置身贸易保护主义泛起、逆全球化思潮涌动的国际环境和改革发展稳定任务繁重艰巨的国内环境，全球治理和国家治理前所未有地深邃广阔，使我们对知识的力量和人才的创造产生前所未有的渴求。作为与现实密切相关的智库，更要胸怀天下、心系人民，紧密围绕党中央重大决策部署和发展战略，重视调查研究，把握发展大势，切实提出务实管用的对策建议，为党和人民事业发展进步贡献具有高含金量的思想产品。

三、积极探索如何共同服务于伟大时代

新的时代背景下，主流媒体与广大知识分子、智库之间，拥有了进一步对话和交融、合作和共进的契机和渠道。

创刊 60 多年来，光明日报始终以党联系和团结广大知识分子的桥梁和纽带为功能定位，以打造"知识分子精神家园"为己任，以知识分子为办报对象，体现出光明日报独有的精神气质和文化魅力。新一届编委会成立以来，光明日报进一步明确报纸定位，强化角色意识，主动团结知识分子、服务知识分子，努力培育和维护广大知识分子的"光明"情结，为党中央治国理政服好务。在这个过程中，我们越来越发现，智库，是光明日报与广大知识分子群体紧密联系的重要切入点，是做好知识分子工作的重要着力点。这既源于光明日报与智库在多个维度上的契合性，更源于二者具有共同的价值使命和事业追求。

光明日报最大的读者群是知识分子，最大的作者群是知识分子。光明日报特色在思想理论，优势在思想理论。而智库是知识分子高度集中的地方，是思想理论的策源地。散布在我国众多智库中的知识分子，是时代讯息的敏锐捕捉者，是社会现实的热切

关注者，是精湛学识的孜孜积累者，他们是光明日报新闻报道策划的重要思想供给方。新一届编委会成立以来，我们在以往良好传统基础上，既坚持党管媒体的原则，又取天下之才办报，积极吸纳文化大家、专家学者参与，汇聚各方智慧。特别是在选题策划上，借重于光明智库这个团结和联系知识分子群体的重要渠道，向广大知识分子特别是各领域顶尖知识分子请教，充分发挥他们的思想优势。从实践来看，这一做法有力支撑了光明日报的办报实践，有效提升了光明日报服务党中央重大决策部署和知识分子愿望诉求的精准度。

与我们的办报实践相伴，各类智库也经由光明日报这个具有主流影响力的媒体平台，放大着研究成果的传播力和影响力，增强着自身咨政建言、服务公众、引导社会舆论的能力。特别是，作为全国智库建设与研究的媒体先行者，多年来，光明日报智库研究与发布中心深耕智库成果发布、智库内部治理、智库经验总结、智库质量评价等相关领域，取得丰硕成果。《中国智库年度发展报告》的撰写与出版，就是中心在智库研究与评价方面的积极探索，从各界反响来看，已经取得了很好效果。与此同时，已经创刊近三年的光明日报《智库》版、与南京大学联合研发的中国智库索引（CTTI）、联合主办的大型活动"中国智库治理论坛"等等，均以其权威性、前沿性、开创性，受到全国智库界的关注与支持。今天，在报社已有智库机构基础上新成立的光明智库，作为媒体型智库的生力军，影响力正与日俱增。我们将以恪守本职、守正出新的态度切实做好光明智库建设，并以此为平台团结、服务全国智库，为中国特色新型智库建设贡献更大力量。

光明日报与知识分子、智库有机互动的鲜活实践背后，是三者共同的深层价值取向——为实现"两个一百年"奋斗目标和中华民族伟大复兴中国梦而奋斗的使命担当，不断增强政治意识、大局意识、核心意识、看齐意识的思想自觉和行动自觉。

智之大者，为国为民。呈现在读者面前的这部报告，是对2016年中国智库建设的多方面梳理，从中，读者能够聆听到中国特色新型智库建设的铿锵足音，感知到中国特色新型智库建设的光明前景。

时代在向我们发出召唤，历史的脚步正坚定向前。

写于 2017 年 9 月 28 日

目 录

总　报　告

从数量式增长到内涵式提升

——2016 中国智库建设研究盘点与分析

分 报 告

附　录

前　言
书写中国智库发展的精彩篇章

魏礼群　光明智库学术委员会主任

近四十年波澜壮阔的改革开放，使中国特色社会主义道路越走越宽广，经济社会发展取得举世公认的伟大成就。这是中国共产党带领全国人民不懈勇辟新径、共创历史辉煌的雄伟画卷，也闪耀着社会各界凝聚共识、迸发智慧的思想光辉。

习近平总书记深刻指出："我们进行治国理政，必须善于集中各方面智慧、凝聚最广泛力量。改革发展任务越是艰巨繁重，越需要强大的智力支持。"在新的历史时期和新的国际国内形势下，对科学民主决策、推进国家治理体系和治理能力现代化提出了更为迫切的要求。放眼全球，国际政治经济局势风云变幻，全球治理面临一系列新风险、新问题；从国内看，现代化建设任务繁重艰巨，面临许多新的机遇和挑战，深化改革、推进发展仍应攻坚克难；尤其是随着信息化和互联网、大数据技术的迅速发展，经济社会活动更加错综复杂、瞬息万变，新情况和新事物层出不穷。所有这些，对治国理政和公共决策都提出了新课题、新任务、新要求。

党的十八大以来，以习近平同志为核心的党中央更加重视智库作用，把智库建设作为党和政府科学民主依法决策的重要支撑、国家治理体系和治理能力现代化的重要内容、国家软实力的重要组成部分，为中国特色新型智库建设提供了顶层设计和制度保障。从《关于加强中国特色新型智库建设的意见》的发布，到国家高端智库建设试点工作的开展，从习近平总书记对智库建设的多次深刻阐述和殷切期望，到各类智库牢记使命、奋发进取的决心与行动，从偏重追求形式数量型增长，到注重内涵发展的质量型提升，都彰显着中国智库界积极有序、健康发展的良好态势。

中国共产党第十九次全国代表大会，是在全面建成小康社会决胜阶段、中国特色社会主义进入新时代的关键时期召开的一次十分重要的大会，对全面建成小康社会、加快推进社会主义现代化作出新的重大决策部署。面对决胜全面小康社会和加快推进社会主义现代化的繁重任务，面对全面深化改革中的深层次矛盾和问题，面对复杂多变的国际局势，各类智库必须紧密联系党和国家发展实际，聚焦重点领域、明确主攻方向、抓住关键环节，围绕落实党中央提出的重大思想观点、重大战略部署、重大工作举措，来确定研究重点任务，积极有效地承担时代责任，在全社会凝聚思想共识和行动力量，更好为党和人民事业建真知之言，发睿智之声。

一个智库能否实现高质量发展，不断产出优秀成果，各项工作能否顺畅运行、持续健康发展，取决于自身的体制特别是内部治理结构和体制机制建设。因此，对于智库建设本身的研究，也越来越重要，已成为不少学者研究工作的着力点所在。作为长期从事不同类型智库建设的工作者，我对智库研究领域一直保持密切关注。令人欣喜的是，在党中央指引、国家政策指导和智库界自觉的共同作用下，一批倾力于智库研究的队伍正在成长，一种助力智库良性发展的智库研究业态逐步形成。

特别是光明日报近年来的智库建设与研究工作，让我印象深刻、耳目一新。2014 年 12 月，光明日报《智库》版创刊，成为全国平面媒体中第一块以"智库"命名的专版，带动起全国媒体发布智库成果、报道智库动态的热烈氛围；2015 年 5 月，光明日报智库研究与发布中心正式成立，在智库调研、智库评价、智库信息化建设等方面产出诸多品牌性成果，在全国智库界具有颇高的知名度与美誉度。

2016 年 9 月 28 日，我和其他 32 位同志受聘担任光明日报智库研究与发布中心学术委员，使我与光明日报智库建设的联系更为紧密。2017 年 4 月 18 日，对光明日报智力资源具有更强涵摄力和聚合力的"光明智库"成立，报社编委会邀请我担任新组建的光明智库学术委员会主任，更深切感受到光明日报社主动适应新形势新要求，积极打造新型主流媒体、巩固壮大主流舆论、建设新型智库的高度自觉和使命担当。

在履职尽责的过程中，我对光明日报近年的智库成果与活动，都有不同程度的参与和了解。中国智库年度发展报告、中国智库治理论坛、年度"十大"评选、中国智库索引……无不倾注着这支年轻队伍的心血与汗水。

这本《2016中国智库年度发展报告》，是该团队撰写的中国智库年度发展报告系列的第二本。与上一本相比，研究团队对2016年中国智库建设与发展的总结阐析有了新的突破，内容更为全面，材料更为翔实，梳理更为清晰，体例上也有新的探索。报告坚持既有定位，以2016年全年中国智库建设与研究的总体状况为研究对象，对其发展过程中的一些重大问题、突出现象进行挖掘、梳理与剖析，对其发展过程中存在的问题进行客观评价与理论分析。相信该报告的出版，能为中国智库发展描下浓墨重彩的一笔，书写真实而精彩的篇章。

当代中国正经历着我国历史上最为广泛而深刻的社会变革，也正在进行着人类历史上最为宏大而独特的实践创新。这些都给广大智库工作者提供了强大动力和广阔空间。智库界的实务工作者和研究者要乘此东风，洞察时代风云，把握前进方向，以强烈事业心和高度责任感，积极为党和人民述学立论、建言献策，担负起历史赋予的光荣使命，为实现"两个一百年"奋斗目标，实现中华民族伟大复兴中国梦提供智力支持与业界担当。"行动诠释实践，业绩见证辉煌"。让我们共同期待着，行动着！

总 报 告

从数量式增长到内涵式提升

——2016 中国智库建设研究盘点与分析

上 编
状况总览：把握大势、服务发展、有序生长

一、立体多维的政策支撑

2016 年，中国智库再上新台阶，在咨政建言、理论创新、舆论引导、社会服务、公共外交等方面表现亮眼。其中，政策环境为智库建设提供了重要保障与鲜活动力。相较于此前，2016年中国智库成长的制度土壤更加丰厚，重视智库、培育智库的政策氛围更为浓厚，联系智库、借力智库的配套措施更见完善。

（一）中央更加重视：国有难题问智库

2016 年，以习近平同志为核心的党中央对智库作用更加重视。"建设中国特色新型智库"被写入《政府工作报告》；习近平总书记先后对多家研究机构提出期待和嘱托，要求其积极进行智库建设，发挥高端智库作用，更好地为党和国家发展提供咨询建议——

3 月 23 日，习近平总书记在视察国防大学时指出，要充分

发挥高端智库作用，围绕党中央和中央军委决策需求，聚焦国家安全、国防和军队建设等重大问题，开展政策研究，提出对策建议。

同日，他对全国党建研究会第六次会员代表大会提出期望：希望全国党建研究会坚持正确政治方向，发挥党建高端智库作用，发扬成绩，发挥优势，围绕协调推进"五位一体"总体布局和"四个全面"战略布局，深入研究党建理论和实际问题，深入总结全面从严治党实践经验，为构建中国化的马克思主义党建理论体系，为加强和改善党的领导、确保党始终成为中国特色社会主义事业的坚强领导核心作出新的更大的贡献。

在5月17日举行的哲学社会科学工作座谈会上，习近平总书记重申智库建设重要性，在肯定成绩的同时，直指当下智库建设的不足："有的智库研究存在重数量、轻质量问题，有的存在重形式传播、轻内容创新问题，还有的流于搭台子、请名人、办论坛等形式主义的做法。"并指明努力方向："智库建设要把重点放在提高研究质量、推动内容创新上。要加强决策部门同智库的信息共享和互动交流，把党政部门政策研究同智库对策研究紧密结合起来，引导和推动智库建设健康发展、更好发挥作用。"

5月30日，全国科技创新大会、中国科学院第十八次院士大会和中国工程院第十三次院士大会、中国科学技术协会第九次全国代表大会在京召开。习近平总书记出席大会并指出，中国科学院、中国工程院是我国科技大师荟萃之地，要发挥好国家高端科技智库功能，组织广大院士围绕事关科技创新发展全局和长远问题，为国家科技决策提供准确、前瞻、及时的建议。

在国际场合，习近平主席也多次提出加强双方智库交流，并为智库在国际事务中发挥作用指明了努力目标和具体方向——

6月20日，在波兰华沙的"丝路国际论坛暨中波地方与经贸合作论坛"开幕式上，习近平主席在题为《携手同心　共创未来》的重要讲话中，就开展"一带一路"建设、中国—中东欧国家合作、中波合作提出5点建议，对智库如何发挥作用提出明确要求：智力先行，强化智库的支撑引领作用，加强对"一带一路"建设方案和路径的研究，在规划对接、政策协调、机制设计上做好政府的参谋和助手，在理念传播、政策解读、民意通达上做好桥梁和纽带。

6月22日，习近平主席在乌兹别克斯坦最高会议立法院的重要演讲中指出，要深入开展"一带一路"沿线国家在"教育、科技、文化、体育、旅游、卫生、考古等领域合作，建立大数据交流平台，共同打造'一带一路'智库合作网络"。

9月3日，习近平主席出席G20工商峰会开幕式，在主旨演讲中重申了"小智治事，大智治制"的古训。他指出，共同完善全球经济治理，以开放为导向，坚持理念、政策、机制开放，适应形势变化，广纳良言，充分听取社会各界建议和诉求，鼓励各方积极参与和融入。在谈到夯实基础设施的联动时，他表示，将加大对基础设施项目的资金投入和智力支持，以加速全球基础设施互联互通进程。这对智库研究与建设提出了新的更高要求。

在提出要求的同时，在实际工作中，习近平总书记以上率下，亲自就有关专题听取智库专家意见，"国有难题问智库"，已成为中央决策层的共识与常态。这些事实向全国乃至全球智库界发出了积极信号：中国会越来越重视倾听智库的声音，智库正迎来大有作为的良好机遇。

7月8日，习近平总书记在京主持召开经济形势专家座谈会，就当前经济形势和经济工作听取专家学者意见和建议，中国社科院国家金融与发展实验室理事长李扬、中国经济体制改革研究会国民经济研究所所长樊纲、国务院发展研究中心副主任王一鸣、辽宁大学经济学院院长谢地、上海社会科学院院长王战、深圳市发展研究中心主任吴思康等智库学者结合各自的研究领域，摆情况、讲问题、提建议。习近平总书记在会上对决策层与智库界提出具体要求："各级党委和政府要尊重知识、尊重人才，养成问计于专家学者的习惯，调动专家学者的积极性、主动性、创造性，用好、用活智力资源。对专家学者提出的意见和建议，对的要积极采纳。专家学者要立足国情、深入调研，着力研究重大理论问题和现实问题，注重从客观经济事实出发，揭示经济现象背后的本质及规律，努力多出经得起实践检验的研究成果，为经济社会发展献计献策。"

政府工作层面，国务院总理李克强也数次主持召开座谈会，向专家学者和各界人士问策，其中就有多名智库学者的身影：

1月25日下午，李克强主持召开座谈会，听取专家学者和企业界人士对《政府工作报告（征求意见稿）》和《"十三五"规划纲要（草案）（征求意见稿）》的意见建议。会上，国务院发展研究中心刘世锦、东南大学华生等专家学者结合经济形势，就会议主题发表了深刻见解。

7月11日，李克强就科学研判经济形势、做好经济工作听取专家和企业家的看法建议。北京大学国家发展研究院院长姚洋、中国金融四十人论坛（CF40）学术委员高善文、清华大学房地产研究所所长刘洪玉等智库专家参会发言。李克强表示，希望各位专家围绕国家改革发展中的重大问题和突出难点，多谋良策、多创实绩。

在11月14日的座谈会上，李克强就做好经济发展和民生改善等工作听取有关专家、企业负责人的意见建议。会上，来自高校、研究机构、企业、医院、地方住房保障中心的黄益平、沈明高、崔历、马正武、任正非、曾益新、颜江等专家学者，围绕当前经济形势和下一步走势、如何更好解决民生领域重点问题等发言。李克强要求各部门密切跟踪形势变化，加强政策解读，合理引导市场预期，多向专家学者、企业、基层问计求策。

此外，在多份对外政策文件中，建立智库合作机制也被频频提及。1月13日，中国政府发表首份《中国对阿拉伯国家政策文件》，宣告中阿合作全面加强，引导"建立中阿智库长效交流机制"；11月24日，《中国对拉美和加勒比政策文件》提出，"积极支持中拉学术研究机构和智库开展课题研究、学术交流、研讨会、著作出版等多种形式的交流合作"。

（二）政策环境改善：科研新政赋活力

随着中国特色新型智库的快速发展，一些原有的科研管理体制、人事制度、组织制度、职称评聘制度等已不再适用，在一定程度上束缚了智库研究与运营活力。从体制机制上为智库创新"松绑"，建立符合科学研究规律、能够激发科技创新活力的新型制度体系，有利于促进我国智库的良性竞争、健康发展。为此，2016 年，中央密集出台了一系列针对科研机构和智库领域的重磅改革政策。

3 月，中共中央印发《关于深化人才发展体制机制改革的意见》，明确了深化人才发展体制机制改革的指导思想、基本原则和主要目标，从管理体制、工作机制和组织领导等方面提出改革措施，为破除束缚人才发展的思想观念和体制机制障碍，解放和增强人才活力，形成具有国际竞争力的人才制度优势提供了坚实保障。

3 月 23 日，《关于深化体制机制改革加快实施创新驱动发展战略的若干意见》出台。该意见指出，要使市场在资源配置中起决定性作用和更好发挥政府作用，破除一切制约创新的思想障碍和制度藩篱，激发全社会创新活力和创造潜能，提升劳动、信息、知识、技术、管理、资本的效率和效益，强化科技同经济对接、创新成果同产业对接、创新项目同现实生产力对接、研发人员创新劳动同其利益收入对接，增强科技进步对经济发展的贡献度，营造大众创业、万众创新的政策环境和制度环境。

7 月 31 日，中办、国办印发《关于进一步完善中央财政科研项目资金管理等政策的若干意见》。针对此前改革措施落实不到位、科研项目资金管理不够完善等问题，《意见》要求加大力度改革创新科研经费使用和管理方式，促进形成充满活力的科技管理和运行机制，以深化改革，更好激发广大科研人员积极性；按照科研活动规律和财政预算管理要求，完善管理政策，优化管理流程，改进管理方式，适应科研活动实际需要；进一步简政放权、放管结合、优化服务，扩大高校、科研院所在科研项目资金、差旅会议、基本建设、科研仪器设备采购等方面的管理权限，为科研人员潜心研究营造良好环境；细化实化政策规定，加强督查，狠抓落实，打通政策执行中的"堵点"，增强科研人员改革的成就感和获得感。

11 月 12 日，国务院办公厅发出《关于对真抓实干成效明显地方加大激励支持力度的通知》，明确提出：对改善地方科研基础条件、优化科技创新环境、促进科技成果转移转化以及落实国家科技改革与发展重大政策成效较好的省（区、市），在中央引导地方科技发展专项资金中根据绩效评价结果给予一定倾斜，用于支持其行政区域内科技创新能力建设。

11 月，《关于实行以增加知识价值为导向分配政策的若干意见》公布。该意见旨在充分发挥收入分配政策的激励导向作用，激发广大科研人员的积极性、主动性和创造性，鼓励多出成果、快出成果、出好成果，推动科技成果加快向现实生产力转化。该意见指出，统筹自然科学、哲学社会科学等不同科学门类，统筹基础研究、应用研究、技术开发、成果转化全创新链条，加强系统设计、分类管理。充分发挥市场机制作用，通过稳定提高基本工资、加大绩效工资分配激励力度、落实科技成果转化奖励等激励措施，使科研人员收入与岗位职责、工作业绩、实际贡献紧密联系，在全社会形成知识创造价值、价值创造者得到合理回报的良性循环，构建体现增加知识价值的收入分配机制。

这些文件涵盖体制机制、项目管理、人才发展和分配激励等多个领域，互相呼应、互为补充，共同为智库研究乃至整个科研领域的全方位改革构筑政策支撑。

在中央政策带动下，国家各部委也纷纷针对智库和科研领域出台具体办法。为加强对科研工作的稳定支持，进一步规范科研业务费专项资金的使用和管理，提高资金使用效益，财政部下发《中央级公益性科研院所基本科研业务费专项资金管理办法》；财政部、教育部印发《中央高校基本科研业务费管理办法》《高等学校哲学社会科学繁荣计划专项资金管理办法》。

教育部下发《促进高等学校科技成果转移转化行动计划》，促使各高校完成涉及科技成果转移转化各项制度、工作机制的建立和完善，形成良好的支持科技成果转移转化的政策环境。

教育部、国家外国专家局印发的《高等学校学科创新引智计划实施与管理办法》提出，加大力度引进国外优秀人才智力，更好服务创新驱动发展战略，进一步规范和加强高等学校学科创新引智基地建设和管理。

这些管理办法的出台，使中央关于深化科研体制机制改革的各项政策得以逐步落地，一系列政策红利的释放，充分激发了科研人员创新创造活力，营造了良好的科研环境，为中国智库健康有序发展提供了进一步的政策保障。

（三）高端智库建设：有序推进作样板

建设国家高端智库，是从国家层面推动智库建设的重大实践，充分调动了智库界承担社会责任、致力知识报国的积极性和主动性，拓展了其服务党和国家工作大局的渠道和载体。

国家高端智库建设试点工作开展以来，呈现积极健康发展的态势。25 家国家高端智库试点单位作为"样板"，为全国的智库建设起到了良好的引领与示范作用。

作为国家高端智库建设的议事机构和评估机构，国家高端智库理事会积极定标准、作评估，搭建决策部门与智库间的桥梁纽带、促进决策供需双方对接，一年内两次召开理事会全体会议，对高端智库的建设方向、努力重点、职能范围等给予明确界定，促进智库管理运行逐步规范化。

在 1 月 22 日召开的国家高端智库理事会扩大会议上，时任中共中央政治局委员、中央书记处书记、中宣部部长刘奇葆强调，国家高端智库理事会要深入学习贯彻中央关于智库建设的部署要求，牢牢把握正确方向，加强宏观指导和统筹协调，确保高端智库建设试点工作扎实推进，实现良好开局。

刘奇葆对高端智库理事会工作提出具体要求：要把定标准、定规矩作为最重要职责，指导高端智库把握好定位和方向，有大的担当、大的格局、大的谋略，在服务中央决策上发挥引领作用，在世界知名智库中争取一席之地。要发挥好决策部门与智库之间的桥梁纽带作用，推动智库研究与国家和社会的发展方向结合起来、与党和国家重大决策需求结合起来、与决策部门的重点工作结合起来，做到供需对接、供适所需。要加强对智库的评估评价，建立科学合理的指标体系，推动形成能进能出、优胜劣汰的竞争机制。

对于高端智库的作用和建设方向，刘奇葆强调：要明确研究方向，坚持走专业化路子，着力在提升研究质量上下功夫，多出优秀成果。要发挥自身优势，在对外交流、公共外交、舆论引导中展现更大作为，深化拓展与国际智库的交流合作，在国际舞台上积极发声、善于发声，增强国际话语权。

10月，理事会第二次全体会议召开，听取各试点单位工作汇报并进行测评，对下一阶段工作提出要求。为了增强咨政研究的针对性、有效性、务实性，理事会向十几家中央决策部门征集研究选题，形成并发布《2016年国家高端智库选题方向和重点课题》。

此外，相关部门对于国家高端智库建设工作的落实推进情况进行了专门督察。11月8日，中央改革办赴武汉大学，专项督察国际法研究所国家高端智库建设。中央改革办专职副主任陈一新充分认可了国际法研究所高端智库建设所做的工作和取得的成就，并就下一步工作提出四点建议：认真对照智库建设相关文件精神，将任务要求真正落到实处，取得实效；认真对照发现的问题，加大改革创新力度，力求边整边改，克服困难、解决问题；认真对照兄弟高端智库的好经验好做法，在全国范围内整合资源，进一步完善智库建设的思路和举措；认真对照服务国家外交大局和"一带一路"布局，更好地发挥国际法的支撑和保障作用。

（四）部委行业协会：智库建设入规划

随着中国智库的不断发展壮大，中央决策部门对智库作用的认识越来越充分，善用智库、善待智库逐渐成为共识，在决策咨询、舆论引导、外事外交等工作中，越来越主动地寻求智库的参与和支持。中央财办、中央外办、中央国安办、中央网信办、中央台办、外交部、国家发改委、商务部、国务院研究室、国务院港澳办、国务院新闻办等部门高度重视智库作用，积极提出决策急需的重大研究选题，与智库建立对接关系。很多部委、行业协会更是对本领域的智库建设工作作出积极部署：

工业和信息化部印发《关于加强工业和信息化领域新型智库建设的意见》，提出了推进工业和信息化领域新型智库建设的指导思想、基本要求、发展目标、重点任务和保障措施，就加强顶层设计和统筹协调、深化体制机制改革、加大智库建设支持力度、健全智库参与决策过程的制度保障、加强人才队伍建设和深化智库交流与合作等做出了具体设计。如在加强顶层设计和统筹协调方面，拟制定工业和信息化系统智库分类管理办法，并以部系统智库为主体，编制工业和信息化领域智库名录，建立动态调整体制。在人才队伍建设方面，拟探索建立工业和信息化战略咨询专家委员会，建立行业和专业技术领域高端人才和专家数据库等。建立工业和信息化部智库建设联席会议制度，由部领导担任召集人，每年至少召开一次，主要职责为加强战略谋划、分类指导，完善协调机制，统筹智库建设规划、项目和重点工作安排。

国家民委编制了《国家民委民族工作智库建设规划（2016—2020年）》，其中提出：建设好国家民委决策咨询委员会，不断完善决策咨询委员会机制建设，增强决策咨询能力。根据民族工作实际，组织召开专题咨询会，聚焦主题，提高实效。积极开展决策咨询专题调研，组织专家对接一线民族工作。结合国家民委各项调研计划，主动推荐专家和学术机构参与重大工作，进一步推动民族工作重大问题研究，探索做好新形势下民族工作的思路和举措。培养国家民委民族研究优秀中青年专家队伍，每3年遴选一次，每次支持60名左右优秀中青年专家开展相关研究工作。

根据民族工作实际，分类建设民族研究专家库。跟踪国内外民族研究动态，及时更新专家库，确保专家库学缘、地缘与年龄结构维持在合理水平。

继 2015 年专门出台智库建设意见之后，中国科协于 2016 年制定了《中国科协高水平科技创新智库建设"十三五"规划》。按照规划，中国科协将初步建立国家科技创新智库网络，以中国科协创新战略研究院为核心，以 10 个地方科协智库、10—15 个学会智库、5 个左右高校科协智库为支撑，初步形成一个科技特点突出、科协特色鲜明、资源共建共享的跨学科、跨单位、跨区域、网络化的国家科技创新智库格局。基础条件支撑方面，提升调查站点工作质量，增加调查站点覆盖密度，到 2020 年底增加到 1000 个左右。推进专家库、选题库、成果库信息化建设，科协系统共建共享的智库工作平台顺利运行。建成科技数据中心，实现相关数据的及时更新和有效维护。

为保障国家粮食安全，完善粮食决策咨询制度，加快粮食流通事业改革发展，国家粮食局成立服务国家粮食安全的专业性智库——国家粮食安全政策专家咨询委员会。中央财经领导小组办公室原主任、国家发展和改革委员会原常务副主任王春正，时任中央农村工作领导小组副组长、中央财经领导小组办公室副主任、中央农村工作领导小组办公室主任陈锡文担任委员会顾问；25 名来自政府部门、研究机构、院校企业的专家学者受聘成为首批委员。

国家发展改革委整合人力资源，启动建立 PPP（政府和社会资本合作）专家库，确定了来自政府部门、高等院校、金融机构、咨询公司以及社会资本方等各个方面的 343 名专家。这 343 名专家划分成 6 个组，其中综合组 37 人、项目管理组 96 人、工程技术组 73 人、金融组 57 人、法律组 44 人、财务组 36 人。还选择了理论素养较高或实践经验丰富且在 PPP 领域具有较大社会影响力的 16 名专家组成专家委员会。

国家统计局着手打造统计分析和政策研究高端智库，从健全机构、完善机制、加强调研、增强合作等方面奋力推进，使统计服务向独立客观反映、预测预判预警和分析对策建议并重转变，在确保统计数据真实准确可靠的基础上，进一步加强对宏观经济、重点行业和社会领域的深度分析，提高政策建议的针对性和有效性。

文化部启动"文化艺术智库体系建设工程"，并初步列入文化部"十三五"规划，整合社会各方研究力量关注文化艺术建设实践，为文化改革发展提供重要的理论支持和决策参考。

教育部继续深化高校人文社科重点研究基地改革，启动高校专业化智库建设。基地在人才队伍、科学研究、咨政服务、社会影响等方面稳步推进，仍然保持我国社科研究领域的"国家队"水平，被视为教育系统建设新型智库最具优势和最可依靠的力量。

（五）各地各级政府：制度建设搭桥梁

受相关政策环境的激励鼓舞，在中央决策层的带动下，各级政府立足实际情况，进一步出台意见、完善制度，搭设决策层与智库界互联互通的桥梁。

广西出台了《关于加强广西特色新型智库建设的实施意见》。《意见》提出，到 2020 年，建立健全适应广西经济社会发展要求的智库制度环境和政策体系，基本形成具有全球视野、开放协同、定位清晰、特色鲜明、运行有序、管理规范的智库发展新格局，重点建设若干在全国乃至东南亚具有影响力的新型专业化高端智库。形成以一个决策咨询委员会为统筹、一个智库联盟为协调、六类智库建设为主体、四种服务平台为支撑的"1 + 1 + 6 + 4"广西特色新型智库体系。"一个决策咨询委员会"，即自治区决策咨询委员会；"一个智库联盟"，即广西特色新型智库联盟；"六类智库建设"，即党政部门智库、社科院和党校行政学院干部学院智库、高校智库、科研院所智库、企业智库、社会智库建设；"四个服务平台"，即需求库、信息库、专家库、成果库。

四川出台的《关于加强四川新型智库建设的意见》提出，以省委省政府决策咨询委员会为骨干和领军，加强"五位一体"和党的建设智库建设，构建四川新型智库体系，以科学咨询支撑科学决策。促进经济、政治、文化、社会和生态文明建设五大领域智库发展，建立宏观经济与发展战略、产业发展与科技创新、党的建设、依法治省、新闻宣传与现代传媒发展、社会事业发展和社会保障及自然灾害防治等近 20 类研究智库。把重大决策专家咨询论证纳入省委、省政府决策咨询程序，将智库研究成果纳入四川省社会科学优秀成果奖评选范围，加大奖励力度，成果可作为考核、晋级、评定专业技术职称等重要依据。

陕西省委办公厅、省政府办公厅联合印发实施意见，加强新型智库建设，统筹推进党政部门、社科院、党校行政学院、高校、科研院所和企业、社会智库协调发展。省委和省级国家机关所属政策研究机构将围绕中心任务和重点工作，定期发布决策需求信息，通过项目招标、政府采购、直接委托、课题合作等方式，引导相关智库开展政策研究、决策评估、政策解读等工作。建立决策部门对智库研究成果的跟踪反馈机制，推动研究成果向公共政策转化。鼓励人大代表、政协委员、政府参事、文史馆员与智库开展合作交流。建立政府主导、社会力量参与的决策咨询服务供给体系，凡属智库提供的咨询报告、政策方案、规划设计、调研数据等，均可纳入政府采购范围和政府购买服务指导性目录。

黑龙江发布《关于加强黑龙江新型智库建设的实施意见》，着力打造一批党委政府急需、特色鲜明、制度创新、引领发展的专业化高端智库，面向全省遴选 10 个省级重点高端智库。对新型智库基础设施建设给予经费资助，建立以绩效考评为导向的新型智库运行奖励机制。新型智库以 5 年为一个建设周期，实行

"3 + 2"节点考核，其中前3年为基本建设考核期，后2年为绩效成果考核期。根据节点考核结果，对重点高端智库名单和资助经费额度进行动态调整。

重庆下发了《关于加强重庆市新型智库建设的意见》，对推进全市新型智库建设提出明确意见，为加强智库建设和治理提供了政策遵循。《意见》在全面贯彻中央文件精神的基础上，结合重庆实际、从健全智库体系的角度对智库进行了分类，分别为：综合高端智库、专业基础智库、跨界专题智库、新型社会智库。

辽宁省大连市出台了《关于加强大连新型智库建设的实施意见》。其中提出：把智库决策咨询纳入各级党委、政府决策机制，在一些重大改革方案、重大政策措施出台前，要组织智库专家进行咨询论证和风险评估，切实运用好智库研究成果。加大智库资源整合力度，统筹利用好全市各类研究资金，推进大连市智库联盟建设。紧紧围绕全市中心工作，建立重大课题公开发布制度，促进资源信息共享，高质量开展政策研究。加大引智力度，通过项目研究发现人才、凝聚人才。

为更好地发挥科技人才的支撑作用，辽宁省辽阳市政府办公室印发《辽阳高端科技"专家智库"建设工作方案》，面向长期处于生产研发、实验（教学）和临床一线的科技工作者选拔一批高端科技专家，重点在企业、中高职院校和科研院所以及市直部门所属事业单位中选拔，以中青年为主。主体为本市知名专家，也可吸纳与辽阳经济发展有长期合作关系的国内本行业高端拔尖人才入库。已入选国家、省高层次科技专家库的专家可以直接申报入库。

深圳市龙岗区制订了《引进培养智库人才操作细则》，围绕提高服务党委政府决策水平，加强龙岗新型智库建设，大力引进和培养从事发展战略问题和公共政策研究咨询的智库人才。对符合条件的智库人才，一次性给予最高 20 万元资助，并在创办智库机构、参与决策事项咨询论证等方面享受相关政策待遇。

二、改革创新的体制机制

探索建设一套符合智库运作规律、适宜智库发展需求、有利于智库质量提升的管理运行体制机制，是中国特色新型智库建设的总体目标之一，也是中国智库建设提质加速的基本保障和必然要求。经过一段时间的思考、探索与调整，在面对智库建设新形势、新要求而进行的顶层设计、战略定位、发展规划等基本成型之后，2016 年，中国各级各类智库普遍对体制机制建设投入了更大精力，拿出了更多真招实策，取得了更加丰富、更可借鉴的成效与经验。

（一）全年概览：总体特点与发展趋势

"建立一套治理完善、充满活力、监管有力的智库管理体制和运行机制"，这是两办《意见》对智库体制机制的总体要求，也是智库自身体制机制建设日益明确的努力方向。这一年，智库治理与体制机制改革不断破冰，一系列改革创新之举为满蓄能量的智库解羁绊、添动力、强后劲。总体观察，本年度的智库体制机制改革至少体现出三个突出特点：

1. 观念认识进一步明晰化、深入化，对加强体制机制建设的重要性更加强调、更为重视。上至各个省市区、行业部委等出台的智库建设相关意见、规划、实施方案，下至各个智库自身的年度发展计划，均将体制机制建设摆在了突出位置、作出了明确安排、提出了具体要求。在这些设计中，体制机制建设被视为"核心工作""重中之重"，而非可有可无、可重可轻、可急可缓的补充与配套；对体制机制的改革不是从局部着手"填空"、修补、"更换零件"，而多是着眼全局、谋划长远之后作出的系统规划、整体设计、深层革新。"体制机制改革是智库建设的'牛鼻子'""以深化体制机制改革释放发展潜力、研究活力""健康的体制机制是出产高质量研究成果的必备前提和必然保障"，类似观点成为智库管理者、运营者、研究者一致共识，并在智库建设与管理中逐步得到切实体现。

2. 国家高端智库建设中突出强调体制机制建设，锚定了具体改革方向，取得了初步建设成果，形成了一批优秀经验，为各级各类智库树立了标杆、提供了引领。从何入手建设一批"国家亟需、特色鲜明、制度创新、引领发展"的国家高端智库？秉持"路子要走对、定位要高端、人才要一流、研究要致用、机制要创新"的总体思路，中宣部研究制定的《国家高端智库建设试点工作方案》《国家高端智库管理办法（试行）》《国家高端智库专项经费管理办法（试行）》都对高端智库建设的体制机制提出要求、作出设计。尤其是作为高端智库运行管理和专项经费管理基本规范的两个《管理办法》，在体制机制创新方面亮点纷呈：《国家高端智库管理办法（试行）》提出建立内部治理机制、供需联系机制、信息共享机制、经费投入机制、国际合作与交流机制等5大机制；提出成立国家高端智库理事会；提出探索建立人才"旋转门"制度，鼓励退休或离职党政官员进入高端智库；提出形成"有进有出、优胜劣汰"的竞争机制和退出机制；提出对为中央决策作出突出贡献的智库予以重点支持和表彰奖励。《国家高端智库专项经费管理办法（试行）》提出：经费使用由原来的预决算审批制改为报备制，可以开支人员聘用经费和奖励经费，等等。这些制度创新突破了原有科研管理制度，在扩大智库内部治理自主权、提高资源配置效率方面具有极大示范效应。首批25家国家高端智库建设试点单位充分利用这些政策利好，在体制机制建设上有所建树，并为今后更加深刻的变革打开了局面、奠定了基础，也为其他广大智库的自我改革、自我提升树立了榜样、指明了方向。

3.体制机制建设的灵活性、多样性、针对性进一步加强，在共性追求的基础上，以"错位化设定"支撑"差异化发展""特色化转型"的改革方向更加明确。两办《意见》要求："统筹推进党政部门、社科院、党校行政学院、高校、军队、科研院所和企业、社会智库协调发展，形成定位明晰、特色鲜明、规模适度、布局合理的中国特色新型智库体系"。"协调发展"，指向的不是千篇一律、千人一面的单一模式增长，而是百花齐放、各具特色的多样性建设。我国现阶段智库建设的"七路大军"现实状况不同，发展基础各异，定位特色有别，因此，在体制机制方面也应该有不同的建设重点和具体思路。仅从大的类别看，对于传统色彩较为浓厚、已有一定运作基础的体制内智库而言，体制机制改革更多侧重于"去桎梏、增活力"，要求突破原有的、从行政机关管理体制或自然科学科研管理体制"移植"而来的体制机制，以改革的手段探索建立更为灵活、更加适用、为中国特色新型智库"量体定制"的制度体系；对于社会智库、企业智库等体制外智库，则普遍在组织形式和管理方式的确立健全方面下功夫，一些具体的规章制度从无到有、从碎片化到体系化、从随意性强到臻于完善，从而使智库管理更加有章可依、有据可循，以制度保证智库管理和运转的有效性。

（二）治理结构和组织方式不断完善

"健全的治理结构及组织章程"，这是两办《意见》对中国特色新型智库基本标准作出的八项界定之一。健全的治理结构，是指能够支撑智库实现最佳运营状态与最大研究效能的结构性制度安排，包括智库内部的组织机构设置、制度体系建构、权力责任分配等。它关涉智库内部各种资源的优化配置、各个下属机构之间的各司其职、协调运转、有效制衡。着力优化内部治理结构，全面推进智库内部治理体系的完善和治理能力的提升，是智库保有生命力、健康可持续发展的重要保障。2016 年，各级各类智库在此方面做了大量卓有成效的工作，治理制度和组织架构得到不同程度的完善。

1. 顶层设计，健全治理结构

中央编译局成立了由局主要领导牵头的智库建设试点工作领导小组，全面规划统筹智库建设；局学术评审委员会代行智库学术委员会各项职权，实行首席专家负责制。各重点领域、各重点研究方向确定相应负责人，协助首席专家开展工作。

中央党校实施"教学与智库创新工程"，把智库建设作为全校所有工作的根本方向之一，并召开中央党校国家高端智库理事会会议，明确了中央党校国家高端智库建设的组织架构、工作思路、战略重点等。

国家发展和改革委员会宏观经济研究院更名为"中国宏观经济研究院"，以相对独立的智库身份开展舆论宣传；实行理事会制度，成立了学术委员会，并研究组建决策咨询部，在院学术带头人的领导下集中院所优势力量专司决策服务。

中国社会科学院确立了"以智库建设带动全院各项工作发展"的总体思路，多层次推动高端智库建设，初步构建起以院综合性智库为统领，所（院）级智库为主体，专业化智库为样板的院级、所级、专业化智库"三位一体"的智库建设格局，集中力量打造的 16 个专业化智库初具规模。尤其是紧扣全院工作主线与特色，形成马克思主义研究学部、马克思主义有关研究所和马克思主义研究智库三个层次的智库体系，建立了马克思主义研究学部、马克思主义研究院等七大马克思主义智库研究平台和马克思主义理论创新智库、意识形态研究智库、当代中国马克思主义政治经济学创新智库三大马克思主义研究专业化智库，由此形成了马克思主义理论智库群，构建起了马克思主义理论研究一、二、三级智库网络。

北京师范大学中国收入分配研究院成立了学术委员会，并制定了符合研究院发展状况的五年规划（2016—2020 年），明确了"坚持科学研究，质量立院；坚持锐意改革，机制兴院；坚持以用为本，人才铸院；坚持合作发展，团队建院；坚持扩大交流，开放办院"的基本原则和努力方向。

上海交通大学舆论学研究院采取举校兴办、文理工协同创新体制，实行院长负责制。以智库研究项目为核心组建研究团队，各项目团队实行项目总监负责制。研究院设立行政服务中心，建立高效的服务团队支撑各项目运营。

由北京大学牵头的国家治理协同创新中心采取"一个中心，三个机构，五个平台"的立体资源整合机制，以三个机构为整合纽带，将协同的四所高校及财政科学研究院已有的研究资源平台化以实现共享，并由一个中心理事会为领导，实现资源转化目标的强社会需求导向。

中国（海南）改革发展研究院坚持实行董事局领导下的院长负责制，经费独立、人事独立，实行全员岗位聘任制。2016年，该院进一步完善体制机制，推进事企分开、公益性主体与经营性主体分设，确保改革研究的独立性、客观性。

结合战略定位和研究领域，2016年成立的新型智库——封面智库组建了由中央党校、中国社科院、国家行政学院、北京大学、清华大学等高校和学术机构，国家发改委城市和小城镇改革发展中心等部委研究机构，人民日报社、四川日报报业集团、南方报业集团高级管理层及互联网企业高级管理层等机构人士所组成的80人的专家顾问委员会。

2.建章立制，推进制度建设

中山大学粤港澳研究院修订通过了《研究院章程》《理事会章程》《学术委员会章程》《研究院人员聘任与考核管理办法》《研究院绩效奖励管理办法》《研究院关于接受境内外短期驻院研究访问学者暂行规定》等十余项内部管理制度，使智库建设有了较为完备的制度体系保障。

河北省社会科学院在组织创新、机构设置、人员整合、职称评定、业绩考核、薪酬待遇、课题管理、成果评价、经费使用、成果转化、横向联合等11个方面探索完善相关制度，修订出台了《河北省社会科学院省级财政科研（项目）经费使用和管理办法（试行）》《横向课题经费管理办法（试行）》等制度，《智库精品成果资助办法》《智库学科建设管理办法》《智库横向联合办法》《智库科研业绩量化计分标准》等制度也在积极推进中，智库制度体系日趋完善。

北京师范大学将中国社会治理智库、中国教育政策研究院相关资源有效整合，成立北京师范大学中国教育与社会发展研究院。坚持依法办院、科学办院、民主办院的方针，在已发布的13项规章制度基础上又研究制定《资政科研成果奖励办法》等5项制度，不断推进工作规范化、制度化和程序化。

中国工程院研究制定了《中国工程院高端智库建设和管理实施细则》和《中国工程院国家高端智库专项经费管理细则》，指导并支持全院战略咨询工作开展。2016年6月，工程院主席团会议作出了《中国工程院关于学习贯彻习近平总书记重要讲话精神的决定》；院常务会议审议通过了《深入学习贯彻习近平总书记重要讲话精神，进一步加强我院国家高端智库建设的意见》。

3. 统筹规划，明确运行机制

新华社发挥媒体与智库的双重优势，建立起高效顺畅可持续的智库工作机制，主要包括多层次沟通机制、课题督办机制、选题策划和碰头会商机制与选题报送机制等。

华中科技大学健康政策与管理研究院不断优化运行机制，实现组织内部模式创新，努力打造成为一个面向全校、全省、全国乃至海外的多学科、跨学科开放式研究平台，实行"自我发展（虚体）和学校指导（实体）"相结合的组织体系，兼顾校情、国情和国际规则，实现了专职和兼职研究人员相结合、学校资助经费和自筹经费相结合。

中国浦东干部学院根据全国党校工作会议提出的"探索学员参与决策咨询有效途径"要求，创新决策咨询课题立项机制。该院要求培训项目组根据班次培训主题和学员构成，聚焦国内外研究前沿和现实问题，随时申请立项；研究以学员讨论、问卷调查、个别访谈、跟班听课、分析"两带来"材料等方式开展，形成的课题成果发表于内参方可结项。截至2016年12月中旬已立项29项，对推动教研咨一体化发展效果明显。

中国宏观经济研究院采用"结对子"形式畅通供需对接渠道，各研究所与国家发改委西部司、经贸司、外资司、东北司、基础司等20多个司局正式签订了"结对子"协议。院所参与相关司局文件起草、政策评估、重要调研、各类会议等各项任务70余项，20多人长期在相关司局借调参与具体工作，较好地完成了国家发改委有关司局委托和交办的研究任务，形成了丰富翔实的合作成果。

（三）资金筹措及使用机制多点突破

资金是智库运转的基本所需，是支撑智库开展研究与活动的必要保障。两办《意见》指出："深化经费管理制度改革。建立健全规范高效、公开透明、监管有力的资金管理机制，探索建立和完善符合智库运行特点的经费管理制度，切实提高资金使用效益。"2016 年，随着智库工作向纵深拓展，各类智库一面创新经费筹措机制，打造与智库需求相匹配的资金"蓄水池"；一面改革经费保障制度、创新经费管理和使用制度，使研究团队心无旁骛地投入研究。统观全年，在经费筹措及使用方面突破较大的，多为国家高端智库和社会智库。

根据《国家高端智库管理办法（试行）》《国家高端智库专项经费管理办法（试行）》相关要求，首批高端智库试点单位纷纷按照"稳定支持、遵循规律、绩效导向、专款专用"原则，探索建立规范高效、公开透明、监管有力的经费管理机制——

新华社、复旦大学中国研究院、中山大学粤港澳研究院等智库制定了自己的专项经费管理细则，合理高效使用经费。

军事科学院从原科研经费渠道划拨近 500 万元作为智库配套经费，保障智库日常运转，并注重发挥智库专项经费的激励效应，专项经费主要投入项目研究和成果奖励，根据获得中央领导同志批示肯定和进入决策等情况进行追加奖励，对自主研究、没有经费支持的决策咨询类成果实施基础奖励。

上海社会科学院在政府持续稳定投入的基础上，试水建立多元化、多渠道、多层次的经费保障机制，于 2015 年 10 月成立的上海社会科学院智库建设基金会在 2016 年度争取到政府和社会更大支持，促进智库建设资金来源多元化，为院高端智库建设提供了更加充足的经济保障。

中国人民大学国家发展与战略研究院设立"智库基金制"，

初期吸纳社会捐助一亿元，并计划通过"一个基础，一筹一增"运作好智库基金制。"一个基础"是指完善基金理事会制度，通过完整的理事会组织架构、议事规则决定重大资金的使用，确保智库基金使用的正确方向，为基金良好运转提供基础保障；"一筹一增"是指在基金来源上，一方面做好"筹"，拓展智库基金的融资渠道，引入社会资本共建的制度体系；另一方面做好"增"，积极探索资金自我循环和增值的良性发展规律，促进资金的良性循环和增值。以此为突破口，一套符合智库研究内在规律和逻辑的新型管理模式初现端倪。

社会智库普遍有经费来源广泛、使用较为灵活的机制优势。中国（深圳）综合开发研究院在数十年建设中形成了"以咨询收入支撑智库发展"的特色制度，院经费来源中80%靠市场化的咨询收入，形成了类似于兰德公司"合同订购"的智库发展模式，有一套治理完善、监管有力的智库运行机制，建立了有利于激发智库活力的分配制度，财务更具独立性和灵活性，已经具有较强的自我发展能力。

中国与全球化智库在独立性、非营利原则下，严格执行收入和支出预算，积极拓展资金筹集渠道，以实现自我造血和维持良性运营目标。经过多年实践探索，该智库逐渐实现资金来源多元化，目前主要来自政府研究课题收入、出版物收入、活动收入、社会赞助、理事捐赠等多种渠道。

（四）科研组织与研究方法持续创新

研究成果质量是智库的生命线，是智库一切工作的出发点和落脚点；深化研究体制改革是智库完成核心使命、更好咨政启民的必要保障。《意见》提出，"鼓励智库与实际部门开展合作研究，提高研究工作的针对性实效性""健全课题招标或委托制度，完善公开公平公正、科学规范透明的立项机制""推进研究方法、政策分析工具和技术手段创新，搭建互联互通的信息共享平台"等等。循此方向，各类智库在 2016 年度纷纷迈出改革步伐，为决策咨询加强制度保障和实际支持。

由江苏省委宣传部、南京艺术学院、江苏省文化投资管理集团三家共建的紫金文创研究院尝试建立高效的科研组织形式，建立了智库科研课题管理制度，明确了选题征集、课题立项、中期检查、课题结项、成果鉴定、学术评估相关办法，以提高科研管理水平。该智库还聘用专职课题协调员，在研究院理事会、学术指导委员会、专家委员会层面充分征集课题意向，和研究团队深度沟通。

为提高智库思想水平和研究质量，中国国际经济交流中心2016 年分类别出台了《国经中心交办课题管理办法》《国经中心咨询课题管理办法》等管理办法，对各类课题研究的总体目标、阶段性要求、终期质量评价做出更为明确、更具有可操作性的设计，使研究工作有章可循。基金课题是中心年度课题的"基本盘"，中心从课题设立起便注重推进规范化管理，明确课题总要求，突出基础性、战略性、超前性和现实针对性，向中心理事长、副理事长、常务理事、执行局组成人员和中心一线研究人员广泛征求选题建议；形成初步课题建议后，再分别召开中心学术委员会、咨询委员会专门会议，听取各位专家意见；之后提交中心理事长会讨论决定。交办课题是中央有关部门给中心的重要"命题作文"，是中心发挥智库决策参谋作用的重要途径。对于此类课题，中心强调内外结合发挥平台作用，针对交办研究问题内容，邀请国内一流专家和政府部门一线工作同志听取意见和建议，确保研究成果质量。此外，中心还着力规范课题成果评定，一是组织本领域外部专家进行结题评审，对年度课题按等级排队，对于等级为"优"的给予一定奖励，对于评审结果为"差"的，扣减该课题一定比例的课题费；二是改革课题责任人制度，解决了过去个别课题存在的课题指导和实际研究工作脱节、结合松散的问题，为提高课题质量提供了有力保障。

中山大学粤港澳研究院建立"选题征集—项目管理—成果管理"的链式科研组织机制，切实保障研究成果质量：加强选题策划与项目遴选，建立决策需求与决策研究相对接的科研选题组织与评审机制，强调前瞻性研究、储备性研究和针对性研究相结合，形成中长期选题、年度性选题、应急性研究选题和项目库；对研究项目实施全过程管理，采取委托和公开招标结合，建立开题、项目过程管理及项目验收的项目管理机制，力争按计划保质保量完成决策研究报告；建立智库研究报告评审遴选机制，严把研究成果质量关；建立健全高效顺畅的成果报送和传递制度，建立应急研究成果上报的快速反应机制；建立成果运用与转化机制，积极拓展成果报送渠道，推动研究成果转化应用。

云南省社会科学院开发应用了全新的科研管理信息化系统和软件，全面使用科研全过程动态管理系统进行跟踪管理和考核，重新整合全院六大智库团队，打破内部学科壁垒和部门壁垒，通过跨学科、跨部门的人力组合和资源共享，形成开放、协作的研究方式。

上海财经大学上海国际金融中心研究院建立了问题导向的科研组织形式，研究院科研项目主动对接国家、地区和社会需求，通过与政府部门沟通并针对业界进行专题调研确定研究方向，之后发布课题公告，通过公开招标和定向邀标方式汇集校内外学者专家参与课题研究，设立课题项目。项目实行合同管理，各阶段成果均有专家验收，并召开课题研讨会、验收报告会，确保项目成果质量。研究院鼓励院内专家接受政府部门、金融机构的委托，针对政府部门、金融机构关心的重大战略和发展问题，以及风险管理或产品设计等方面的紧迫需求，开展专项研究。项目承接后，研究院根据项目需求，为课题组推荐业界专家加入团队，安排调研、组织研讨等，有效搭建平台，开展协同研究。

国防大学创新研究模式，探索建立了对象跟踪、对策分析、对抗模拟三位一体、有机衔接的重大战略问题研究模式，坚持定性与定量相结合，政策研究与模拟推演相结合，对一些重大决策咨询问题采取工程化研究方式，着力提升战略对策研究的可靠性、可信度；创新科研组织方式，按照"小核心、大外围，小机构、大网络"的思路，挖掘和拓展校内外、军内外优质研究力量和资源，加大"请进来、走出去"的力度，加强与国安办、中国社科院、中国现代国际关系研究院等有关智库以及专家学者的交流，促进协同创新；创新成果转化形式，在充分发挥《国防大学研究报告》《科研要报》《战略关注》等原有刊物作用的同时，创办了《国家安全研究简报》《情况要报》《外军学员要情反映》等刊物，并开通了直达中办的信息传输专线，即时报送研究成果和重要信息。

河北省社会科学院坚持跨学科专业、跨部门单位，在全省范围内聚合研究力量，整合研究资源，从体制机制方面形成创新突破，不断积累智库建设运行经验。智库大数据中心以河北省社会科学数据资源仓储平台、科研成果评价平台、科研成果转化平台为依托，为各级党委、政府科学决策和全省社会科学研究提供数据支持。舆情监测分析重点实验室充分发挥了智库服务省委乃至中央决策的参谋助手作用。

国观智库确立"总—分—总"的项目研究模式，由各部门首席研究员、高级研究员等参与第一个"总"——开题报告，确立研究方向、思路、框架、导向；由智库自有研究团队及部分高级研究员完成"分"；再由有关决策部门的决策人员以及首席研究员、高级研究员参与第二个"总"——结题，确立最终观点和审结报告。

北京市信访矛盾分析研究中心持续整合智库资源，完善跨学科、辐射全国的信访综合研究平台。2016年11月4日，研究中心与深圳大学合作成立"中国信访与特区法治研究中心"。至此，研究中心已在北京、上海、天津、重庆、武汉、成都、西安、广东、深圳等地成立了16个分中心、2个研究所，形成"1＋X"工作模式。该中心还在大数据背景下运用现代量化分析方法开展信访与社会矛盾研究，开发"信访数据深度挖掘与决策支持系统"，该系统申请三项国家专利，已通过国家专利局初审。2016年10月24日，研究中心与中国政法大学联合设立全国首个"信访数据实验室"，拥有专门场所、专职人员对信访问题进行量化研究。

知远防务与战略研究所从学术成果标准化、数据格式标准化、军事术语标准化三方面从手，加大学术研究标准化建设，先后发布了"译文格式须知""简报撰写与样式""论文格式与要求""注释体例规范""数据录入规范"等内部文件，为研究开展打下了坚实基础。目前，研究所正在筹建军事术语标准化系统与军事翻译语料库系统。

民生银行研究院自主开发了研究成果共享平台，对国内外宏观经济、金融行业、产业发展、监管政策、区域、国别等经营环境变化情况和最新动态进行实时分析，并提供对热点事件和发展趋势的要闻周评、月度报告以及相关统计数据跟踪，及时发布研究院最新研究成果。

（五）人才管理及激励机制逐步破冰

智库的核心产出是公共政策类思想产品，智库的核心资源是有足够能力生产这些思想、战略、方案的人才。因此，如何适应中国特色新型智库建设要求，多渠道引进人才、高效使用人才、科学培育人才、有力激励人才，就成为各级各类智库必然面对的关键问题。《意见》为此作出具体规定："实施中国特色新型智库高端人才培养规划""推动党政机关与智库之间人才有序流动""深化智库人才岗位聘用、职称评定等人事管理制度改革，完善以品德、能力和贡献为导向的人才评价机制和激励政策"。过去一年间，各类智库依据自身实际情况积极探索，成效引人瞩目。

1. 广开门路选聘人才

由北京师范大学牵头的中国基础教育质量检测协同创新中心实行基于统一任务的人事聘用制度，基于养事不养人原则，按需设岗，明确岗位责任、任职条件、聘用期限；以岗选人，实行全员聘用，多种聘用方式相结合；建立动态调整机制，根据已有任务的完成和新任务的增加，实时调整队伍。目前已经建立了事业编制、合同制并轨管理的 6 级管理体系。

作为规模较小的专业性智库，武汉大学国际法研究所采取

"小机构、大网络"的工作模式开放办智库，根据工作需要大量吸收国内外国际法专家参与智库工作，按照"专兼结合、分类聘用、自主选择"的原则，实行专兼职相结合、长短期相结合、编制管理与人事代理相结合的办法。团队首席专家和其他研究人员可以根据自身条件和实际承担任务情况，通过全职聘用、兼职工作、短期聘用三种方式，自主灵活地加入研究工作，并获得相应薪酬。

上海财经大学上海国际金融中心研究院坚持"科学设岗、择优聘任、内外结合、合同管理、团队考核、优劳优酬"原则，人事聘任方面以项目为载体，通过定向邀请或公开招聘等方式，聘任校内外专家学者，组建知识服务团队，创立了高层次、多学科、跨界别的专家队伍，项目研究人员的工作职责和相关待遇相互挂钩，通过项目研究合同加以约定。

知远防务与战略研究所采用自主培养和广泛吸纳优秀中青年退役军官的模式，打造自己的专家型队伍。2015年，中央军委主席习近平在纪念中国人民抗日战争暨世界反法西斯战争胜利70周年阅兵现场宣布中国将裁军30万后，研究所积极做好招聘准备工作，从军队各单位遴选博士后、博士、硕士6人充实到研究队伍里，同时逐步吸纳具有海外留学经验的研究人员，2016年选聘客座研究人员２０位。

中国（深圳）综合开发研究院60%的研究人员通过市场招聘，还面向全球招聘高水平研究人员，持续改善人才结构、提升人才质量与国际化水平。

2. 多措并举提升人才

为增强研究能力和学科创新能力，封面智库 2016 年发起"智识共享"青年学者菁英计划，打造服务于学科研究的"智识云端"，以互联网思维推进智库青年人才培养模式创新，以"智识共享"为理念，平衡智识供需矛盾，致力于挖掘一批有潜力、有能力、高水平的青年学者，使之成为中国学研界的骨干力量。

浙江师范大学发挥高校智库"孕才"优势，依托非洲研究智库，积极开展"非洲学"人才培养实践创新与理论探索，已拥有多个对非学科的硕士点、博士点，建构起完整的人才培养平台，开发形成了较为完整的课程、教材、教学与实践体系，解决了长期以来我国高校没有专门化非洲学人才培养平台与教学体系的缺陷，既为智库发展提供了重要支撑，也撬动了全校教学科研改革。

国务院发展研究中心着力推进"研究提质计划""人才创优计划""保障升级计划"，不断扩大人才队伍建设的政策和措施投入，加大人才吸引、交流、培养力度，让高端人才引得来、出得去，能上能下，从而逐步造就一支专业化、复合型、高素质干部人才队伍。

"旋转门"是智库人才与政府人才双向流动的特色机制，对智库人才政策素养、研究水准的双重提升作用显著。如何"打开"中国特色的智库人才"旋转门"？一些智库在此方面积极探索。中国国际经济交流中心聘请离退休党政部门领导干部担任理事、研究员，充分发挥其从政智慧和决策经验；中国石油经济技术研究院开辟了与国家能源局的人才双向输送渠道，国家能源局选派干部赴研究院挂职，研究院选派专家到能源局参与能源规划和改革方案编制；江苏师范大学"一带一路"研究院鼓励支持现有研究人员到国内外研修深造，或推荐其到地方党政机关挂职锻炼，力保研究队伍规模、结构实现"双提升"。

民生银行研究院承担了民生银行博士后工作站管理职能。研究院专程赴北大、清华就博士后管理工作进行交流探讨，建立了月度例会制度，完善了博士后规范管理制度，通过博士后的培养与使用，提升并充实了智库研究力量。

3.真招实策激励人才

中国石油经济技术研究院出台了《中国石油集团经济技术研究院智库成果奖励办法（试行）》，对智库研究报告、智库工作动态、媒体和国际会议发声及以院名义公开发布的研究报告等有关成果进行奖励，智库报告根据采纳和批示情况酌情奖励 1 万元至 8 万元。

广东国际战略研究院确立了"人才引进不拘一格、职称晋升不设限制、提升手段不事停歇"的人才工作理念，既引进在业界具有较大影响力的"成熟股"，也为"潜力股"的成长与"冒尖"提供最佳条件。作为学校特区，战略研究院为研究人员的职称晋升提供了全校最坚实的支持，不受名额限制，最大限度地保证了研究员人员的利益最大化。同时，研究院还创造各类条件，为智库科研人员、行政人员创造最佳的发展、晋升空间。

江苏师范大学"一带一路"研究院对主办智库活动、出产智库产品分国家级、省部级、市厅级等三个级别进行奖励，对于参与国际、国内智库平台对话，在国际、国内主流媒体或刊物上发表研究成果，产生较大影响者也给予相应奖励。

武汉大学中国语情与社会发展研究中心实行"项目主导、专兼结合、因需聘任、绩效管理、责权利统一、良性流动"的基本人事制度和管理模式，构建"公平竞争、优化配置、人尽其才、各得其所、优胜劣汰"的用人机制，积极构建科学有效的考核评价和激励机制；坚持绩效和质量至上、优胜劣汰的基本原则，逐步推行以绩效、质量和贡献为核心的考核评价办法；建立成果奖励制度，引导研究人员多出高水平成果。

由南开大学牵头的中国特色社会主义经济建设协同创新中心2016年进行了人事管理制度、激励约束机制、人才培养模式、科研评价机制等四项改革。在激励约束机制改革方面，中心制定了科学系统的绩效指标体系和切实可行的业绩激励机制，把绩效考核结果作为经费分配、职务晋升、绩效奖励的依据。中心还设立奖励基金、制定奖励政策，对经学术委员会评定的协同创新任务承担人员提供激励，提高创新人员工作的积极性。对于评价不合要求的人员，依例实行淘汰。

中国基础教育质量检测协同创新中心实行基于统一任务的多

元评价激励机制，将对团队的评价与对个人的评价有机结合。打破资历、职称限制，改变以论文和课题作为主要依据的传统个体考核方式，以个人对团队和中心的实际贡献为标准激励评价人员，提高中心人才使用的有效性。此外，专设"解决国家重大需求"等非传统评价维度；建立评聘绿色通道，专设"2011研究员、副研究员"职称体系，加强中心人才队伍建设力度。

中国石油经济技术研究院积极推进行政序列与技术序列的"双序列"改革，加快专业技术系列通道建设，构建"集团公司资深专家→集团公司高级专家→院一级专家→院二级专家→院一级工程师→院二级工程师→院三级工程师→院四级工程师→院五级工程师"的九级专家成长序列，技术序列的待遇高于同级别的行政序列。同时，设置院特聘专家、后备专家，积极拓展专业技术人员的发展空间，激发创新创造活力。

中国（上海）自贸区供应链研究院通过分类评估、分类考核、分类激励，完善研究基地"特区"绩效评价体系。团队分类评价指标体系包括人才队伍、研究基地、科学研究、社会服务、国际合作等5个一级绩效评价指标及相应的二级指标；主要依据学术地位成就、学科参与水平、科学研究能力、社会服务能力、国际合作能力等因素进行分类考核；结合高峰学科建设建立激励机制，以平台、团队、项目等层面为导向，实现资源投入、统筹和配置向绩效倾斜；以研究咨询、教育培训、国际合作等任务为重点，实现团队收益和个人收入与绩效挂钩。

西南政法大学于 2016 年 11 月 9 日批准通过《西南政法大学智库成果认定办法（试行）》。《办法》根据智库成果的影响力，将内参文章、领导批示认定为校定 A 类、B 类、C 类和 D 类智库成果，将其纳入成果评价体系，对智库研究人员给予相应奖励。

（六）传播转化与国际交流稳步推进

当前衡量新型智库影响力，通用维度至少有如下四类——决策影响力、社会影响力、学术影响力、国际影响力。每一类影响力的提升，在以智库咨政研究实力为基础的同时，也考验着智库的成果传播与转化能力、国际交流与合作能力，由此，智库传播转化机制、国际交流机制的构建便显得尤为重要。

在传播转化机制方面，越来越多智库"内外兼修"，一手加强自媒体、自办刊物的营运与推广，一手强化与大众传媒的紧密合作、全程沟通，通过搭建多元的传播渠道、建立稳定的合作关系，实现与媒体交流的全程化、稳定化、制度化。

中国与全球化智库拥有多个对外传播平台，包括中英文官方网站，"中国人才 50 人论坛"官方网站，《中国与全球化智库》月刊，"中国与全球化智库""中国人才 50 人论坛""中国国际企业"微信公众号，"中国与全球化智库"微博号、头条号，中英文邮件通信，Facebook、Twitter、Linkdin 等英文社交媒体，并在 FT、中国网、新浪网、新华网、中国日报网、和讯网等媒体开设专栏，持续将自身的研究成果、专家观点、研讨活动等内容向社会传播。

中国基础教育质量检测协同创新中心在积极与媒体机构和各大网络信息发布平台建立联系的同时，自办网站、微信公众号等自媒体，并创办《基础教育质量监测信息简报》和《国内教育政策动态日报》，面向全国教育系统、研究机构定向发放。其中，中心设计搭建的中国基础教育质量监测协同创新中心网站集群，是全国38家协同创新中心中唯一一个协同网站集群，起到了信息发布与交流的重要作用。

中国语情与社会发展研究中心主办的内部简报《中国语情》《中国语情特稿》《中国语情月报》，开发的"中国语情监测分析系统"和"中国语情动态资源库"，开办的"语言与社会"网站等，及时编发关于语言新变化和语言生活中的重大问题、热点问题及突发事件的研究成果，为国家有关决策提供参考，为学术研究提供资料，为社会有关需求提供服务，成效显著。中心还借力公共平台，发挥引导功能，充分利用媒体就语言生活中的重要现象和问题发表看法，积极引导社会舆论。

江苏沿海发展智库充分利用"一心（江苏沿海开发信息中心）、一网（江苏沿海开发网站）、一刊（《沿海发展研究》）、一报（《江苏沿海开发信息快报》）、一号（沿海发展微信公众号）"为江苏沿海开发提供信息服务。已出版《沿海发展研究》集刊2期，向国家相关部门、省委省政府、沿海地区各市县政府部门以及相关学术研究机构提供 12 期《江苏沿海开发信息快报》，获得广泛好评。

西南财经大学中国家庭金融调查与研究中心开办中英文网站、微博微信等宣传平台，与全国 100 余家主流媒体，200 多家地方性媒体建立了良好的合作往来关系，在《科学》杂志、纽约时报、华尔街日报、CNN、彭博等国际媒体和新浪、网易、财经等国内媒体发表专栏文章、展示智库智慧。

西南政法大学人权研究院成立智库成果编辑部，编发两份智库刊物：《人权与中国》和《西政智库》，前者服务中央层面领导决策，后者服务地方层面领导决策，其效应已经初步得以显现。

对内提升公众影响力、发挥智库"启民"功能；对外拓展交流合作渠道、提升智库国际话语权与研究成果的国际水准。2016年，各类智库扬帆出海势头更健，在全球舞台上的显现度、话语权稳步提升。开展国际合作项目研究、参与国际智库平台对话、举办各类国际会议……随着相关活动制度化、体系化，中国智库正在成为公共外交、国际交流中一支不可或缺的生力军。

围绕"一带一路"中蒙俄经济走廊建设而组建的中俄蒙合作研究院，积极建立国际专家网络和数据库，初步与俄罗斯、蒙古国智库建立起以"一联盟、一论坛"为纽带的智库交流机制，同时通过签订框架合作协议、项目合作等方式与韩国、英国和瑞典等国家开展不同形式的交流合作。研究院已联系中蒙俄三国专家170 位左右，并协调、组织和推进了以中俄蒙合作研究院为常设秘书处的中蒙俄智库合作联盟平台建设，2016 年新增 18 家理事单位。截至目前，理事单位由中蒙俄三国 83 家单位组成。

浙江大学西部研究院 2011 年启动面向东盟的高级研修班，目前已成为重要而稳定的对外交流合作平台。2016 年 3 月，"东盟参与'一带一路'高级研修班"举行，来自东盟 8 国和蒙古国的 19 位高级行政官员来到浙江大学研修，学员通过授课学习、现场教学、实地考察和对接洽谈等，全面、深入地了解"一带一路"建设的推进情况、政策措施和合作前景。

中国社会科学院组建的中国—中东欧国家智库交流与合作网络在 2016 年健康运转，效果良好。该网络制度化整合中国国内和中东欧 16 国智库的优势资源，积极贯彻新型智库建设、中欧伙伴关系、"一带一路"倡议等，积极配合与推动"16 + 1 合作"，目前已联合中东欧国家智库机构在国外召开了多次智库交流与研讨活动，并产生了大量中外协同的学术成果，对我国外交作出了独到贡献。

三、聚焦大势的咨政研究

2016 年，智库咨政研究亮点纷呈——紧跟时事热点，主动应对国际环境变化，切合国家大政方针及战略性调整，形成了相对集中的研究选题，涌现出了一批优秀的咨政成果。这些成果主要集中在"十三五"规划、供给侧结构性改革、"一带一路"建设、G20 杭州峰会、所谓的"南海仲裁案"、健康中国、互联网安全治理、全面从严治党、应对"黑天鹅"事件等方面。诸多智库聚焦于这些重大议题，不断以智库报告、内参等形式与决策层对接，同时通过媒体不断将研究成果送进大众视野，充分展现了咨政建言、理论创新、舆论引导、社会服务、公共外交的智库担当。

（一）为"十三五"规划谋势谋远

2016 年 3 月，十二届全国人大四次会议通过的《国民经济和社会发展第十三个五年规划纲要》（下文简称《纲要》）明确了新时期发展的总体思路，成为贯穿中国 2016 年政治经济社会发展的一条主线。各界智库积极投身"十三五"规划研究，通过媒体发声、公共外交、开展第三方评估等方式为国家、地方以及各行业"十三五"规划的制定与实施献计献策。

2016 年全国两会期间，中国宏观经济研究院联合国家发改委政策研究室成立专门研究小组，对《纲要》提出的新概念、新理论、新思维进行深度解读，并通过中央人民广播电台持续播送；盘古智库则第一时间梳理解读《纲要》中的新亮点，相关点评文章被中国政府网全文刊发。与此同时，清华大学国情研究院院长胡鞍钢先后率团赴日、赴美，在日本产经省作了"中国'十三五'规划——对中国与世界的影响"专题讲演，与美国布鲁金斯学会、国际战略研究中心、美国进步学会等多家智库机构就"十三五"规划交换意见,得到了世界各国媒体的广泛关注。

除了为国家"十三五"规划制定出谋划策,各地区及各行业的"十三五"规划也得到了智库界大力支持。例如,中国财政科学研究院应邀参加教育部"十三五"教育规划研讨会、卫计委"十三五"医改规划研讨会、国家减灾委员会"十三五"减灾规划研讨会,为各部委编制"十三五"规划建言献策;武汉大学中国语情与社会发展研究中心主任赵世举应邀参与《国家语言文字事业"十三五"发展规划》核心专家组,为《国家语委"十三五"科研规划》的制订建言献策;清华大学应急管理研究基地首席专家薛澜以"十三五"国家发展规划专家委员会委员身份参与编制"十三五"中国信息化行动议程和"十三五"国家战略性新型产业发展规划。此外,湖北长江教育研究院《关于对国家教育事业发展"十三五"规划的建议》中的部分建言被纳入国家教育事业发展"十三五"规划;中国石油经济技术研究院参与国家"十三五"能源规划的编制;北京师范大学中国社会管理研究院完成的《青年信用体系建设规划(2016—2020 年)》被列入国家"十三五"专项规划。与此同时,东中西部区域发展和改革研究院承接了内蒙古、天津等省份委托的"十三五"课题;方迪智库承担完成北京市相关部门委托课题 20 余项,不少成果转化为北京市"十三五"重点专项规划;中南财经政法大学法治发展与司法改革研究中心完成了武汉市、咸宁市、宜昌市委托的关于"十三五"规划的课题项目,为湖北省"十三五"规划制定贡献智慧。

此外，智库界还积极承担起对"十三五"规划实施情况开展第三方评估的工作。其中，中国（深圳）综合开发研究院首席经济学家樊纲负责主持对国家"十三五"规划相关情况的第三方评估工作；中国国际经济交流中心则承担了国家发改委委托的有关"十三五"国家级专项规划编制方案的第三方评估。评估的阶段性成果已经反馈给相关部门，为"十三五"规划的科学实施提供智力支撑。

（二）围绕"创新"助力供给侧结构性改革

2016 年 5 月，中共中央、国务院印发《国家创新驱动发展战略纲要》，进一步明确了"创新"在国家发展全局的核心位置。作为新发展理念中的关键概念，"创新"不仅贯穿于供给侧结构性改革全过程，同时也成了中国智库深入一线调研、开展咨政研究的立足点、突破口。

"双创"是推进供给侧结构性改革的重要体现，许多智库研究围绕通过做大"双创"格局、打造"双创"高地，助力供给侧结构性改革集中展开——中国宏观经济研究院将"双创"生态系统研究列为重大课题项目，北京师范大学中国社会管理研究院《关于发展社会企业推进"双创"战略的建议》、城乡社区社会管理湖北省协同创新中心《关于将大众创业、万众创新细化为行动计划的建议》等研究报告均产生了一定的决策影响力和社会影响力。这些研究成果系统总结了"双创"发展的新趋势，深入分析了"双创"与供给侧结构性改革的关系和开展工作的着力点，从发展科技创新服务业、提供技术和人才支撑、发挥好政策协同效应等方面为供给侧结构性改革提出了真知灼见。

如何打通创新与供给侧结构性改革之间的关节？在优化创新机制研究方面，社会智库的咨政建言尤为活跃：东中西部区域发展和改革研究院院长于今提出的"成立国家创新局"的建议被国务院参事室内参《国事咨询》刊载，得到了相关决策部门的高度重视；中国与全球化智库邀请全球创新界知名人士、奇点大学创始人彼得·戴曼迪斯来华演讲，就中外协同创新与中国智库界进行了深入交流，相关政策建议为供给侧结构性改革提供了新思路、新思维；北京市长城企业战略研究所承办了中国科技体制改革研究会高新区专委会品牌活动"创新双月谈"，活动围绕供给侧结构性改革设置议题，形成了《中关村独角兽报告》《中国瞪羚发展报告》等智库研究报告，博得了社会各界的广泛关注。此外，中国国际经济交流中心围绕创新展开智库研究，研究成果《以知识产权产业化推动创新发展》《临沂创新的新做法新经验新成绩》等通过《研究报告》上报，引起了地方和相关行业决策部门的高度关注。由方迪智库编制的"中关村指数 2016"自 2012年起已连续发布 5 年，该指数被业界称为中国"硅谷指数"，成为表征中国高新技术产业创新发展的风向标。

（三）发挥智库影响力，服务"一带一路"建设

2016 年 8 月 17 日，习近平总书记出席推进"一带一路"建设工作座谈会并发表重要讲话，指出"要以钉钉子精神抓下去，一步一步把'一带一路'建设推向前进"。2016 年，中国智库主动对焦、深入研究，在"一带一路"的学术研究、理论支撑、话语体系建设等方面取得了显著成绩。

理论创新不断深化。1 月 13 日，江苏长江产业经济研究院院长刘志彪在《人民日报》发表《"一带一路"是全新开放观》，引发理论界广泛关注；中国社会科学院国家全球战略智库承担了关于"一带一路"泛化虚化问题的研究，上报的《"一带一路"泛化问题的表现、根源及对策建议》为起草相关重要文件提供了参考；武汉大学中国语情与社会发展研究中心主动聚焦语言服务"一带一路"的策略、途径和方式，研究报告《努力建构合适的"一带一路"话语体系》为决策部门制定相关政策提供了理论依据；中国人民大学教授王义桅所著《世界是通的——"一带一路"的逻辑》一书于 2016 年出版，该书对"一带一路"面临的机遇和挑战做出了辩证而深刻的解析，被中宣部理论局列入向党员干部推荐书目。此外，由中国人民大学重阳金融研究院主笔的《"一带一路"三周年进展报告》在 9 月召开的"一带一路"国际研讨会上发布，引起全球关注。

研究视野不断扩展。2016 年，中国石油经济技术研究院总

结海外投资环境多年研究成果出版了《"一带一路"油气合作环境》以及《"一带一路"油气合作国别报告》系列成果，为"一带一路"区域内各国能源投资和合作研究提供了重要参考；国防大学《打造空中丝绸之路的思考与建议》以及中国民航大学临空经济研究中心《临空经济区：空中丝绸之路的战略支点》等报告为"空中丝绸之路"的建设打开了思路；中国（深圳）综合开发研究院为肯尼亚蒙巴萨基里菲特殊经济区、毛里求斯晋非合作区、朝鲜南浦综合保税区等多个项目提供规划咨询服务，为中国企业"走出去"参与"一带一路"建设提供了帮助；"一带一路"百人论坛发布调研报告《发挥香港国际窗口优势形成陆港合力推动"一带一路"》《"一带一路"建设应重视澳大利亚作用》等，在相关国家和地区产生了重要而积极的舆论影响。

2016 年 5 月，中央电视台开播纪录片《海上丝绸之路》，该片顾问团中多名专家具有智库身份；10 月，国家信息中心发布《"一带一路"大数据报告》，报告对 2016 年 30 余家国内智库针对"一带一路"的 1578 篇研究报告进行统计分析，充分展现了智库在"一带一路"理论研究、舆论引领、话语体系建设方面起到的引领作用。

（四）通过 G20 杭州峰会传递"中国智慧"

2016 年 9 月 4—5 日，二十国集团（G20）领导人第十一次峰会在中国杭州举行，"构建创新、活力、联动、包容的世界经济"的倡议对国际经济金融体系改革产生了深远影响。

全球治理、智库先行。2016 年，中国智库积极探索，为 G20 打造重要的外围平台；积极与媒体合作，以 G20 为契机传递"中国声音"；深化理论研究，为 G20 贡献思想与智慧。

自中国接棒 G20 以来，中国社会科学院世界经济与政治研究所与上海国际问题研究院、中国人民大学重阳金融学院共同牵头了 2016 年全年的 T20（二十国集团智库会议）活动，为 G20 的成功召开作出了重大贡献。其中，世界经济与政治研究所承担了财政部、外交部 G20 部分课题的研究支持工作，撰写相关学术论文 41 篇、要报内参 25 篇，在主流报刊发表文章 141 篇；人大重阳在 G20 会议期间推出"G20 智库热线"，向全球媒体推介吴晓求、王义桅等 15 位 G20 研究专家，引导国内外 G20 研究舆论热潮，同时接受央视等各大媒体访谈 130 多次，发表文章 60 多篇，其中多篇报告获得重要批示；上海国际问题研究院在 G20 杭州峰会前后多次举办国际研讨会，邀请加拿大前总理、"G20 之父"保罗·马丁发表演讲，《中国主办 2016 年 G20 峰会——目标、主题与议题选择》《G20：全球性大国的竞争与合作》等研究报告产生了重要影响。

除上述三家 T20 牵头智库，各界智库也积极行动，通过各种方式为 G20 贡献力量。由华南理工大学公共政策研究院研究员郑永年撰写的研究报告《G20 杭州峰会中国应向世界传达什么样的信息》被《国家高端智库报告》采纳，相关论点被中外媒体广为引用，近百家网站转载。全国经济综合竞争力研究中心福建师范大学分中心组织撰写的《二十国集团（G20）经济热点分析报告（2016—2017）》《二十国集团（G20）国家创新竞争力发展报告（2015—2016)》黄皮书对二十国集团的经济创新潜力等进行了系统的研究。

G20杭州峰会前后，新华社国家高端智库围绕习近平总书记13场会议活动、11次演讲致辞、同27位外方领导人会晤等重要活动，第一时间组织智库专家发声解读，并综合运用全媒体传播形态，充分发挥海外传播优势，重点稿件集中在美、英、法、德等19个G20成员所在地主流媒体发布。北京大学国家发展研究院卢锋教授在央视财经频道和财新网开设专栏，对G20的看点、亮点进行解读，《G20杭州峰会六大看点值得关注》《中国G20新思维》等文章获得了很可观的转载量；盘古智库策划了"G20与全球治理：中国角色与贡献"等专题会议，系列文章在各大网络平台累计点击量过亿次；中国（深圳）综合开发研究院充分发挥在港澳研究领域的优势，利用凤凰卫视、大公报、香港文汇报等港澳媒体，解读G20背景下港澳发展的新机遇，研究院院长樊纲接受央视英语频道专访，向英语世界解读G20杭州峰会各项议题。

（五）开展智库外交，坚定捍卫南海权益

2016年7月12日，应菲律宾单方面请求建立的南海仲裁案

仲裁庭公布了所谓的"最终裁决"，荒谬地认定中国没有在南海宣称主权的"历史权利"。闹剧面前，中国智库主动出击、响亮发声、明辨是非、坚决维权，充分发挥智库在二轨外交和舆论引导方面的优势，有力捍卫了中国在国际社会的地位和尊严。

围绕南海局势，多家智库充分利用国际会议等平台阐明中国立场，批驳菲律宾的无理主张——社科院国家全球战略智库常务副理事长王灵桂研究员撰写的《南海仲裁案后美下一步走势研判及建议》《南海仲裁案后涉美南海舆论战走势研判及建议》《对南海"国际仲裁"的形势评估及对策》《南海问题中十个不容改变的基本事实》等系列报告为中央应对南海仲裁案提供了重要参考。

5月10日，美国《国家利益》杂志网站发表了中国社会科学院国家全球战略智库首席专家傅莹的英文万字长文"South China Sea：How We Got to This Stage"（《关于南沙争议和南海紧张的缘由》，与吴士存合撰），该文在 Facebook 上获近千次转发，有力扭转了国际社会在南海仲裁案上对于中国的偏见。

南海仲裁案期间，复旦大学中国研究院和观察者网联合推出视频《南海仲裁案真相》，该视频通过优酷、腾讯等平台播出，几天内点击量就近 500 万，英文版上传至 YouTube 网站，由美国最大互联网媒体《赫芬顿邮报》发布，被包括菲律宾在内的多国网站转载；此外，国防大学、军事科学院智库专家从军事战略视角出发，揭穿了美国、菲律宾在南海仲裁案中的无理要求，系列文章《南海仲裁案十问十答》等在互联网上被广泛转载。

在南海仲裁案最终裁决公布之后，上海交通大学舆论学研究院围绕南海局势的舆论生态展开研究，上报的《南海仲裁案国内舆情分析》得到有关决策部门高度重视。与此同时，武汉大学国际法研究所主办或参与了在海牙、华盛顿、新加坡举行的 3 次国际会议，充分论述了该案程序和实体的非法性，并组织留荷兰国际法学生学者联谊会在全球发布了《联署南海仲裁案公开信》，该信得到新华社、人民日报、纽约时报、欧洲时报以及全球各大门户网站、各机构官微的持续关注和报道；该智库还组织国内外著名专家学者在 *Chinese Journal of International Law* 发表系列论文，从学术上评析南海仲裁裁决的非法性。中国南海研究协同创新中心设立了"海疆与海洋安全研究"二级学科，形成了南海研究和人才培养的学科群，自创办以来，中心持续编辑出版《年度南海局势深度研究报告》，为支持中国在南海问题上发声提供了智力积淀。南海仲裁案期间，由该中心上报的多篇分析报告获得中央领导批示。

（六）为互联网安全治理提供"中国方案"

2016 年，徐玉玉事件、魏则西事件、网约车监管等使得"互联网安全"成为公共舆论的热点和社会治理的难点。11 月，十二届全国人大常委会第二十四次会议通过《中华人民共和国网络安全法》；11 月 16—18 日，习近平主席在第三届世界互联网大会上发表视频讲话，将"安全有序"作为网络空间发展的四个目标之一。

在互联网治理尤其是互联网安全管控方面，中国智库积极探索、勇于实践，从不同的专业领域为维护互联网安全探索着切实可行的"中国方案"。

围绕互联网安全与互联网立法关系问题，重庆大学国家网络空间安全与大数据法治战略研究院和北京大学、中国政法大学和腾讯公司围绕互联网安全问题开展校企联合研究，共同申报课题"国家网络空间安全法律保障机制研究"，为网络空间安全保障提供系统的法律机制理论构建和对策建议；中南财经政法大学法治发展与司法改革研究中心承担国家社科基金特别委托项目"网络安全法"，《推进网络社会治理法治化的几点建议》等多篇研究报告通过中国法学会《专报》和教育部《高校智库专刊》上报有关决策部门，为相关政策法规的制定提供了及时有效的智力支持。

此外，易观智库发布的《中国互联网市场 2015 盘点及 2016 趋势预测》《2016 年中国互联网发展趋势分析报告》等报告对互联网安全治理提出了具体思路和建议；中国青年政治学院互联网法治研究中心与封面智库联合发布《中国个人信息安全和隐私保护报告》，通过大数据分析指出了互联网信息安全方面所存在的漏洞并提出政策建议，被有关决策部门采纳；湖南大学信用研究中心承担国家社科基金重大项目"加快社会信用体系建设研究"，阶段性成果《加强移动互联网自主性管控的建议》通过全国哲学社会科学规划办公室《成果要报》上报，该成果分析了移动互联网时代国家信息安全面临的主要问题，提出积极推进国家信息安全立法进程、力推核心信息技术产品"国产化"等政策建议，得到有关部门的高度重视；中央社会主义学院正式成立统一战线高端智库，围绕互联网政治安全等课题开展智库研究，研究报告《网络人士统战需要关注的四个问题》获中央统战部门高度重视。

（七）为"健康中国"建设献计献策

党的十八届五中全会明确提出推进"健康中国"建设，对保障人民健康作出了制度性安排。2016年，"健康中国"建设稳步推进，8月26日，习近平总书记主持召开中共中央政治局会议，审议通过《"健康中国2030"规划纲要》；10月25日，中共中央、国务院印发《"健康中国2030"规划纲要》；11月21日，第九届全球健康促进大会于上海召开。

中国是健康促进的积极倡导者，也是坚定践行者。作为国家战略，"健康中国"的设计与实施离不开中国智库的研究支撑。

2016年1月，北京师范大学中国社会管理研究院向有关决策部门提交《关于制定"健康中国中长期规划"的建议》，获得重要批示，为起草健康中国文件提供了参考。2月，清华大学国情研究院院长胡鞍钢应邀参加了"健康中国"文件起草工作专家座谈会，提出的"健康中国的核心要义是实现人的生命发展全周期、全过程、全覆盖"等建议被文件起草部门采纳。9月，文献纪录片《健康中国》在央视开播，中共中央党校、中国社会科学院、国务院发展研究中心等智库的专家对"健康中国"政策与实施进行了深入浅出的解读，使"健康中国"建设更加深入人心。11 月，国家行政学院举办"省部级干部推动卫生与健康发展专题研讨班"，向各省（区、市）政府以及中央国家机关有关部门负责同志解读中央关于建设"健康中国"的战略部署和重点任务。此外，山东社科院与美国兰德公司开展合作，就医疗卫生体制改革开展智库研究，吸收海外先进经验，为"健康中国"建设提供"他山之石"。

（八）加强党建智库建设，为全面从严治党提供智力支撑

2016 年 3 月 23 日，习近平总书记对全国党建研究会第六次会员代表大会作出重要指示，希望全国党建研究会发挥党建高端智库作用，深入总结全面从严治党实践经验，为加强和改善党的领导、确保党始终成为中国特色社会主义事业的坚强领导核心作出新的更大的贡献。

2016 年，党建类智库充分发挥专业优势，围绕党建理论与实践的前沿问题以及党的十八届六中全会通过的《关于新形势下党内政治生活的若干准则》《中国共产党党内监督条例》开展智库研究，为开启全面从严治党新征程贡献智库力量。

全国党建研究会、中共中央党校党的建设教研部、国防大学中共党史党建教研室、中国人民大学中国共产党历史与理论研究

院等党建智库充分整合研究资源、加强协同创新，着力研究解决党的建设根本性、深层次、前瞻性问题和党员干部关注的热点难点问题，为各级党委提供党建方面的决策咨询。由教育部、中央党史研究室联合设立的"高等学校中国共产党革命精神与文化资源研究中心"整合复旦大学、嘉兴学院、湘潭大学、井冈山大学、赣南师范大学、遵义师范学院、延安大学、河北师范大学等8个研究基地进行协同创新，将共产党革命精神的研究上升为国家工程，很好地体现了党史资政育人的功能。

中央党校教授辛鸣在《光明日报》发表的《全面从严治党新意蕴》一文转载量和被引用率颇高；中国浦东干部学院向参加培训的基层干部发放调查问卷，了解党建一线所面临的重点难点问题，研究成果《"严格党内政治生活，净化党内政治生态"问卷调查报告》获有关部门高度重视；上海华夏社会发展研究院参与研制"北京市丰台区党建评价考核指标体系"，将党建评价考核指标体系的构建与创新作为推进基层党建的载体和抓手，为加强基层党建提供了新思路、新办法。

（九）展现智库担当，应对"黑天鹅"事件

2016 年被国际社会称为"黑天鹅元年"，英国"脱欧"、特朗普赢得美国大选、OPEC 八年来首次达成减产协定……多起"黑天鹅"事件给世界政治经济局势带来了诸多不确定因素。对此，中国智库及时跟进、以快应变，迅速拿出针对性强的调研报告和

操作性强的政策咨询，为决策部门应变、应急、制策提供了强有力的智力支撑。

上海国际问题研究院、中央党校国际战略研究院、复旦大学国际问题研究院等智库对英国"脱欧"问题进行了预判和前瞻，形成了多层次、多角度的研究成果。其中，商务部国际贸易经济合作研究院研究报告《英国"脱欧"对我经贸领域多双边权利义务的影响》获中央领导肯定；中国国际经济交流中心围绕英国"脱欧"后的中欧贸易关系召开多次研讨会，相关观点通过内部刊物《智库言论》《研究报告》上报有关决策部门。

在美国大选方面，中国国际问题研究院、中国现代国际关系研究院、清华—卡内基全球政策中心、中国人民大学重阳金融研究院、察哈尔学会、海国图智等智库持续关注美国大选，在美国大选的重要节点就国际社会和国内民众关心的话题发表看法、提出预期，理性引导舆论。其中，中国与全球化智库（CCG）先后举办从总统大选看中美未来走向、中美关系的挑战、机遇与大选预测等数十场圆桌论坛，并围绕大选后中美双边贸易投资、中美公共关系等话题持续发声，引导国内舆论理性看待美国大选对中美关系的影响。此外，南京大学国际关系研究院院长朱峰撰写的《特朗普政府上台与亚太安全局势的新挑战》等智库报告通过多种渠道上报，得到相关决策部门高度重视；盘古智库发布《美国当选总统特朗普候任期观察报告》，系统全面地记录了特朗普的执政准备工作，展望特朗普政府的执政脉络。

人民币加入 SDR 后，中国人民大学国际货币研究所与人民日报、China Daily、Global Times、海外网建立长期约稿机制，推出系列专题文章数十篇，并通过货币金融圆桌会议、大金融思想沙龙、麦金农大讲堂等在人民币贬值问题上阐释中国政策、传递中国声音；上海福卡智库立足中国金融市场前线，持续关注人民币在国际市场上的地位变化，在拳头产品《福卡分析》《高层内参》上发表多篇研究报告，有力回击了"人民币崩溃论"。此外，中国石油经济技术研究院聚焦国家能源安全重大战略问题开展研究，加强对能源行业发展规律以及对全球性、地区性热点问题的跟踪研究，例如，在 OPEC 减产动向问题上快速反应，形成研究报告数十篇，为相关决策部门提供了重要的决策咨询。

此外，京津冀协同发展、东北振兴、长江经济带、精准扶贫、人工智能发展、中医走向世界等热点事件背后，都有智库的发声建言，推动着政府决策的科学化以及社会公众理性思考氛围的形成。可以说，中国智库的视野几乎实现了对 2016 年内政外交、国计民生、环境生态、国防军事等各个领域热点难点问题的全覆盖，在咨政启民之路上发挥着愈加重要的作用。

四、众彩纷呈、亮点突出的智库活动

2016 年，智库活动进一步呈现繁荣活跃景象——以服务国家经济社会发展大局为主线，铺展出积极、健康、优质的基本面；在此基础上，敏锐把握全球大势和国家大事，应时而动、乘势而上，一系列坚守国家立场、彰显智慧力量的重点活动独领风骚、世人瞩目。智库活动的品牌意识进一步增强，通过精心培育和拓展品牌力，智库的显示度和辨识度进一步加强，影响力和号召力进一步提升——持续推进既有品牌建设，保持品牌的连续性和稳定性，使品牌效益最大化，同时创造新的品牌和新的活动组织形式，为智库活动注入新内涵，成为智库创新发展的生长点。智库活动的足迹不断向基层和海外延伸——智库到基层调研的脚步更加密集，从大地上采撷灵感、从群众中获取滋养，与此同时，通过开展形式多样的活动，使智力成果服务于大众、普惠于社会；"走出去"开展活动的步伐加快，在将"地理客场"转变为"中国话语主场"的艰辛之路上，通过不懈探索和实践，积累经验、稳健前行、实现突破。

（一）点多面广、众彩纷呈，铺展积极、健康、优质的基本面

2016年，智库活动呈现欣欣向荣、春意勃发的生态景观。智库机构纷纷以论坛、对话会、发布会、闭门会、研判会、讲座等各种形式为载体，汇聚意见、激荡思考、凝练成果、传播价值、积蓄力量，议题设置涵盖政治、经济、军事、文化、外交等治国理政各个方面，直指新形势下党和国家事业发展的一系列重大理论和现实问题。这些点多面广、众彩纷呈的海量智库活动，

全方位、多角度、宽领域地为党和国家战略决策提供智力支持，有力地服务了党和国家事业发展大局，对智库自身建设和发展也起到固本培元、祛邪扶正的作用。

1. 围绕中心、立足特色，智库活动成为咨政建言的"思想池"

各智库紧密结合自身特色和主攻方向，立足独特的资源禀赋，务实有效开展各项活动，为党和国家事业发展提供了大量专业、前瞻、富有针对性和可行性的意见建议，成为智库发挥咨政建言功能不可或缺的智慧源泉。如由国务院发展研究中心主办的主题为"新五年规划时期的中国"的中国发展高层论坛 2016 年年会，吸引了来自全球企业界、学术界和中央及地方政府部门、国际组织代表共计 1100 余人出席。东中西部区域发展和改革研究院举办以"2016'智库筑基中国梦：国家安全、公共安全问题与应对"为主题的季度研判会，与会专家学者围绕"国家安全、公共安全问题与应对"，从军事、外交、经济、社会、历史等多学科视角，对我国国家安全与公共安全的核心问题、外部形势、瓶颈短板等进行了全方位、多角度的剖析，提出了应对和解决国家安全、公共安全问题的建议和对策。中国财政科学研究院召开"中国会计改革与发展 2016 学术论坛"，12 位专家及 150 余位学界代表与会，重点围绕我国会计改革与发展诸多重点、热点问题等展开深入的探讨与交流；召开"财政与国家治理暨财政智库 60 年研讨会"，150 余位与会专家就"公共风险与国家治理""现代财政制度与国家治理"及财政智库建设等问题展开研讨。中国民生银行研究院与国家发改委国际合作中心联合举办"中青年改革开放研讨会",从专业视角对推动我国经济领域、金融领域改革建言献策。瞭望智库 2016 年召开中国特色小镇发展研讨会、2016 中国新金融高峰论坛、新能源汽车政策与市场闭门会等研讨会、论坛近百场。中国社会科学院国家金融与发展实验室围绕 G20 的中国议题、中国债务问题、"去杠杆"问题、中国金融改革问题、不良资产的现状及处置对策、新一轮全球"货币战争"、全球低利率和负利率等重大经济金融问题展开深入研究,召开了 12 次全国(国际)研讨会,产生大量咨政成果。

2. 应时而动、乘势而上,一系列重点活动独领风骚、世人瞩目

各智库以系列重点活动为依托,汇聚专家学者远见卓识,在深入解析世界风云变幻、助力国家全球治理、服务国家重大活动和重大战略等方面,展现出独到作用和独特风采。如东中西部区域发展和改革研究院、国家智库编辑部、上海大学智库产业研究中心举办"大国关系专题——美国大选后的中美关系"智库专家对话,深入分析特朗普胜选后中美关系可能面临的机遇、挑战和应对策略。清华大学中国与世界经济研究中心召开多次"一带一路"投融资研讨会,推动金砖国家新开发银行和中国银行等金融机构合作发行人民币绿色债券,推动"一带一路"合作项目解决资金难问题。中国社科院国家全球战略智库召开的"一带一路国际研讨会"，27 个国家的 30 多位专家和 30 多位国内专家到会；召开的"周边命运共同体国际研讨会"，29 个国家的 30 多位外国学者和 40 多位国内学者到会。G20 杭州峰会期间，中国社会科学院世界经济与政治研究所作为二十国集团智库会议（T20）中方首席牵头智库与上海国际问题研究院和中国人民大学重阳金融学院在北京、深圳、上海、美国华盛顿、秘鲁利马、德国柏林、瑞士日内瓦、印度孟买、浙江安吉共同举办了 9 次国际会议，并向 2016 年 G20 峰会第三次协调人会议提交了政策报告。为充分配合 G20 的宣传和筹备工作，该研究所积极参与二十国集团工商界峰会（B20）、二十国集团劳动会议（L20）、二十国集团妇女会议（W20）、二十国集团民间社会会议（C20）等一系列活动。此外，还承担了财政部 G20 项目及外交部 G20 部分课题的研究支持工作。盘古智库举办包括"共享、创新——2016 香山全球智库论坛"在内的百场左右高水平国际论坛和研讨会，主题涵盖全球治理、一带一路、创新驱动、宏观经济与金融、G20、金砖机制等热点问题。

3. 积极融入、有效支撑，为国家治理体系和治理能力现代化提供助力

各智库充分发挥智力密集、思想富集、术业专攻的优势，通过做专题报告和讲座、组织研讨会、进行主旨发言等形式，服务政府职能部门，积极融入和有效支撑国家治理体系和治理能力现代化。如中国语情与社会发展研究中心多次应邀为国家语委机关、全国语委干部、全国民委干部和全国语言应用研究中青年骨干培训班作专题报告。中国民生银行研究院赴 20 多个国家部委、地方政府等作专题讲座，在政府部门组织的 20 余个研讨会、国际论坛上作主旨发言。

4. 反身内求、强筋健骨，为加强智库建设搭建思想交流平台

加强智库自身建设、提升智库治理能力，是建设符合发展规律、满足党和国家需要的高水平智库的必由之路。因此，有必要将智库治理提上智库研究的重要议程。智库界通过举办论坛、研讨会等形式，为智库宏观治理部门、各级各类智库、智库研究界搭建观点交锋、思想交流、智慧碰撞的平台，为建设中国特色新型智库、更好地发挥智库功能、服务党和国家事业强筋健骨。如上海社会科学院智库研究中心、美国宾夕法尼亚大学智库项目组和中国与全球化智库联合主办的"2016 上海全球智库论坛"，由光明日报社、南京大学主办的"2016 中国智库治理论坛"，由紫金传媒智库与中科院文献情报中心联合主办的第二届"中国新型智库建设"学术研讨会，中国社会科学院中国社会科学评价中心主办的"国家高端智库建设"学术研讨会，全国社会科学院第十九届院长联席会议暨首届智库论坛，等等，都体现出智库界加强自身建设的积极努力。

（二）持续推进、加强创造，品牌建设成果丰硕

2016 年，智库高度重视品牌的延续性和成长性，以经营"老字号"的精神，持续推进品牌建设，积极吸取国际优秀经验，使智库活动品牌在决策咨询界和社会公众中的知名度和美誉度稳步提升。与此同时，智库积极发挥能动性，创造新的活动品牌和活动组织形式，以新气象适应国家和社会对智库活动的新期待。

1. 精心呵护、持续推进，既有活动品牌成为智库宝贵的无形资产

保持既有活动品牌的延续性，是扩大智库影响力的有效途径。如清华大学中国与世界经济研究中心连续三年举办金砖国家经济智库论坛、"一带一路"国际智库峰会、"一带一路"国际金融论坛，受到业界、决策层、媒体关注。由复旦大学等主办的"中国大学智库论坛"年会汇聚全国高校智库精英，探讨年度重大议题，正日渐发挥出重大影响。中央党校国际战略研究院每年年初的"国际战略研讨会"、年中的"全国党校系统国际战略研讨会"和年底的"国际问题研究青年学者五十人论坛"连续举办 4 年，已成为该院的重要品牌，在业界和社会上具有较大影响力。截至 2016 年底，北京大学国家发展研究院已成功举办 74 届"朗润·格政"论坛。该论坛以格物致知的态度邀请国内外的专家学者分析重要经济现象、推究公共政策选择。中国文化软实力

研究中心主办的中国文化软实力研究高层论坛，已经成为国内文化软实力研究的一个品牌，引领和培育文化软实力学科健康、快速、向好发展。

2. 瞄准国际、取长补短，国际经验和理念融入活动品牌建设

为进一步提升智库活动品牌质量，许多智库虚心借鉴国际先进经验和理念，使自身活动具有国际水准和世界影响。如中国与全球化智库（CCG）借鉴美国布鲁金斯学会模式，创办多个智库活动品牌，包括"中国与全球化圆桌论坛""中国人才50人论坛""中国企业全球化论坛"等。其中，中国企业全球化论坛已连续举行3年，吸引了来自国内外政府、企业界以及学术界近千位精英人士踊跃参加，成为中国企业国际化主题下最具有代表性和权威性的高端论坛。CCG还与曾掌舵"达沃斯世界经济论坛"15年之久的原总经理 Claude Smadja 深度合作，吸取国际会议举办经验和理念。

3. 创新载体、延展触角，新的活动品牌陆续开创

北京市信访矛盾分析研究中心是全国信访系统成立的第一个，也是目前唯一一个现代理论与信访实践交汇的前沿研究平台，创设了"社会矛盾预防与应对国际论坛""社会公共治理亚洲论坛""中国法国西班牙人民权益保护制度论坛"3个国际性、常设性高端论坛。召开全国首届"信访制度理论与实践"年会。今后，该会议将每年召开一次。中国财政科学研究院推出多领域、跨学科百科知识型的高端交流平台"新知大讲堂"，旨在将其打造为学术交流和理论探讨融为一体的品牌论坛。"新知大讲堂"推出以来，品牌效应凸显，有效扩大了该院学术交流的社会影响力。阿里研究院主办了主题为"新经济、新治理、新智库"的 2016 首届新经济智库大会，产生了较好的业界影响。

4. 科学有效、活力释放，活动组织形式不断开拓

江苏长江产业经济研究院创新活动组织形式，将线上活动和线下互动相结合。线上活动部分：每周六晚上 8—10 点，在该院微信群里针对某个选题进行讨论，通常选题会提前预告，智库的各个研究人员针对选题进行准备，进而深入讨论。线下活动部分：以"当前产业发展中的新情况、新问题、新对策"为主题安排主题发言，同时也有小组讨论。会后将发言材料整理归档，并且在产经智库的公众号中分期推文发表。

（三）亲近大地、反哺社会，与基层互动更加紧密

智库奔赴基层调研和考察的脚步更加密集、深入、广泛，通过开展形式多样的活动，向社会大众释疑解惑，凝聚社会共识、弘扬社会正气、引导社会热点，与地方政府和有关方面共享智库思想成果。

1. 横向到边、纵向到底，基层调研和考察活动成果丰硕

中国财政科学研究院主动、及时开展现实重点问题研究。

2016年上半年和下半年，财科院先后派4个调研组赴东、中、西和东北地区就"降成本""地方财政经济运行"开展大型调研。中南大学中国村落文化智库组织了"中国传统村落遗存与保护现状"暑期田野考察活动，共派出云南一组、云南二组、贵州一组、贵州二组、湖北组、江西组、江浙组、闽皖粤组、广西组、陕甘宁青组等8个组，考察对象涵盖了我国（长）江（黄）河流域18个省（区、市）的传统村落，采集相关数据3万多份，形成调研札记文章209篇，拍摄图片及手绘资料3万多幅。2016年9月起，该智库以扎实的田野考察数据为基础，启动《中国传统村落保护蓝皮书》撰写工作。这是我国首部与传统村落相关的蓝皮书，将为我国传统村落文化的后继保护及相关政策法规的制定提供翔实可靠的重要依据。在江苏，紫金传媒智库、新华传媒智库两大新型智库联合走进溧阳，对溧阳进行深度调研，并发布《新型智库看溧阳》白皮书。

2. 凝练共识、引导热点，智库活动成果反哺社会，反响强烈

智库通过拍摄纪录片、举办讲座等多种形式的活动，在凝练社会共识、弘扬社会正气、引导社会热点中发挥积极作用。中国村落文化智库和湖南卫视国际频道联合拍摄了多部传统村落文化系列纪录片，引发了良好的社会反响，对于宣传和保护中国传统村落文化起到了重要作用，也增强了中国村落文化智库的社会影响力。中国文化软实力研究中心通过举办讲座或讲学，广泛传播

社会主义核心价值观，2016 年度中心专家共计受邀讲授文化软实力相关问题达 100 余次，社会反响较大。

3.有机联动、成果共享，智库活动与地方政府和有关方面密切合作

中国农村研究院与新乡医学院中国城乡卫生调查研究中心联合举办"健康中国与卫生事业改革研究成果新闻发布会"；和南方报业传媒集团、新兴县人民政府在广东省云浮市新兴县举办"第十二届中国农村发展论坛暨新兴农村一二三产业融合发展论坛"。由"一带一路"百人论坛、商务印书馆、北京语言大学、镇江市创业精英联合会联合主办的"一带一路"百人论坛第二届年会在江苏省镇江市举行，年会主题为"'一带一路'双引擎：城市与企业"。

（四）放眼四海、无远弗届，积极"走出去"开展活动

智库积极"走出去"开展活动，通过开展跨国议题研究、召开或参加各种国际会议、高层人员互访对话等形式，在国际舞台上发出中国声音，

在公共外交和文化互鉴中的作用进一步凸显，对于树立中国良好形象，推动中华文化走向世界，发挥了不可替代的作用。与此同时，在国家重大核心利益面前，智库通过各种活动鲜明发声，阐释中国立场，有力配合了国家外交工作。

1. 走出国门、搭建平台，智库积极提升国际影响、传递中国声音

各智库积极走出国门，搭建交流平台，以国际研讨会和论坛为载体建立起与国际智库、政府机构和媒体的广泛联系，对于增强智库对外传播能力和话语体系建设、提升智库国际竞争力和国际影响力，表达中国主张、传递中国声音都起到了重要的推动作用。中国国务院发展研究中心、国际关系和可持续发展中心、波兰信息与外国投资局以及联合国开发计划署在波兰共同主办"丝路国际论坛暨中波地方与经贸合作论坛"，中国国家主席习近平出席开幕式。中国社会科学院、16＋1智库交流与合作网络、波兰国际事务研究所在波兰联合主办"中波外交政策论坛：进展、潜力、前瞻"国际学术研讨会。中国驻肯尼亚使馆与浙江师范大学等在肯尼亚蒙巴萨合办中非媒体智库研讨会。中国国际问题研究院与美国布鲁金斯学会在华盛顿合办研讨会。北京师范大学中国社会管理研究院与法国图卢兹大学在法国合作举办"第三届中法社会治理研讨会——社会变革：治理新趋势"，形成多项研究报告和国际论文成果。上海社会科学院举办世界中国学论坛东亚分论坛，等等。

2. 放开脚步、张开怀抱，智库与国际交流互动的频率日益提高

各智库围绕国家重大战略与现实问题，坚持多种形式的引进来与走出去相结合，不断深化国际交流合作。中国社会科学院世

界经济与政治研究所全年对外学术交流出访 125 批 189 人次，分赴 40 多个国家和地区。出访形式呈现多样化：中短期培训和进修、参加院里代表团出访、出国参加相关会议、为国家领导人出访"打前站"，进行政策宣示，等等。来自 30 多个国家和地区的 255 批 600 多人次外国学者、政府官员来所进行学术交流，其中与港澳台进行的学术交流共 13 批 20 多人次。北京师范大学中国社会管理研究院应邀赴美国、德国、英国、法国、加拿大、芬兰等国家参加国际会议和学术交流，接待来访百余人次。复旦发展研究院博享访问学者项目主要接收与中国研究相关的学者，目前每年吸纳访问学者 50 人次以上。仅 2016 年启动的"一带一路"访问学者项目就已有来自美国、俄罗斯、英国、印度、巴基斯坦、奥地利、韩国、西班牙、哈萨克斯坦等国的 20 位学者参加。浙江大学中国西部发展研究院 2011 年启动面向东盟的高级研修班。2016 年"东盟参与'一带一路'高级研修班"举行，来自东盟 8 国和蒙古国的 19 位高级行政官员来到浙江大学研修。学员通过授课学习、现场教学、实地考察和对接洽谈等，全面、深入地了解"一带一路"建设的推进情况、政策措施和合作前景，并参加"东盟与中国地方官员及企业家对接洽谈会"，与中国西部地区政府官员、企业家、专家学者等开展对接洽谈。2016 年，中国现代国际关系研究院国际交流 1000 多人次、出访团组上百个。

3. 理性对话、阐明立场，智库公共外交活动风生水起

智库外交是我国公共外交工作的重要组成部分，对于推动中国参与全球治理、提升中国在国际上的话语权具有不可替代的作用。如中国国际经济交流中心与美国全国商会联合举办的"中美工商领袖与前高官对话会"已成为中美两国间的对话渠道。中心还携手国务院发展研究中心、中国金融四十人论坛，与美国布鲁金斯学会、彼得森研究所等在北京举办了首届中美智库经济对话。2016 年 7 月，中美智库南海问题对话会在美国华盛顿举行，来自中国南海研究院、南京大学、上海社会科学院等机构的 10 多位中方专家，与来自美国卡内基国际和平基金会、布鲁金斯学会等学术机构的 15 位美国学者和前外交官对话，就南海仲裁问题发出理性声音。中国南海研究协同创新中心骨干研究团队前往 11 个国家宣介中国的南海政策，并围绕菲律宾单方面挑起的所谓仲裁案组织多场揭批研讨会。

4. 文化交流、文明互鉴，智库成为不同文明间相互融通的重要使者

文明因交流互鉴而丰富，文化互鉴是推动人类文明进步和世界和平发展的重要动力。智库以其独特的文化品性和功能特性，成为不同文明间的重要使者。2016 年 11 月起，中国村落文化智库启动了"欧美亚传统村落文化传承与保护经验研究"的专题考察活动，首先考察了法国、匈牙利、捷克、德国等四个欧洲国家的传统村落，行程 2000 多公里，得到大量图片及文本资料，为

我国传统村落文化的保护和研究提供翔实可靠的重要参照。

五、日趋理性的自身研究与评价

2016 年，随着我国智库建设热潮迭起，一批旨在推动新型智库自身建设的智库研评机构深耕精研，在保留原有特色产品基础上，不断完善评价指标体系，引入崭新的智库评价维度，构建数据分析管理平台，为智库建设提供数据支撑、理论探索与思想启发，以更加科学立体的评价研究成果投射中国特色新型智库前进之路。

对于智库成长发展来说，自身建设与研究反思是不可剥离的两面。如果把智库与决策的关系比作"供给侧"与"需求侧"，那么，对于智库自身的研究与评价，都是为了促进智库的"供给侧"改革。研究评价在明标准、选标杆、廓方向、找短板方面持续发力，其价值在于促进智库有效产出政策建议、高效供给决策参考。

尽管我国智库研评工作尚处于起步阶段，智库评价体系有待完善、智库评价指标有待推敲、智库评价维度有待延展，但是研究与评价工作的先行先试，搅动着中国特色新型智库建设一池春水，提升了广大智库从业者、研究者的行业自觉。

在"智库热"的背后，加快中国特色新型智库建设，当务之急就是要加快构建符合中国特色新型智库发展要求、运行规律、价值取向的评价体系和科学标准。要总结不同研评手段的优势和不足，进而制定相应的发展战略和改进措施，以日趋理性的研究评价助推中国特色新型智库建设。

（一）研评机构：强体健身、协同创新

1.上海社科院智库研究中心

2016 年 3 月，上海社会科学院智库研究中心召开了 2016 年度理事会，与会专家就完善智库指标体系提出建议。会议认为，中心应将原有的先发优势继续发扬光大，在思想方法和体制机制上加强创新，借助新的工具手段，提出富有建设性的意见建议。

4 月，该中心举行"中国特色新型智库发展的评价体系"专家咨询会。就中国特色新型智库评价体系总体考虑与主要框架、评价指标方法和评价流程等听取专家意见。来自多家智库及研评机构的专家学者仔细"把脉"，就如何针对高端智库和地区智库设置不同的评价指标、如何开展主观与客观相结合的评价、如何借助大数据信息化手段开展评价等提出了意见建议。

按照规划，上海社会科学院智库研究中心将聚焦前沿性、前瞻性和重大战略性问题，通过举办新智库论坛，编撰《新智库专报》、国内外重点《智库动态》，充分发挥高端智库的决策影响力，推进国内外智库合作交流，推出一系列连续性、原创性和有影响力的智库研究系列成果。

2. 南京大学中国智库研究与评价中心

南京大学中国智库研究与评价中心（CCTTSE）是专门从事智库研究与人才培养工作的校级重点研究机构，也是江苏省哲学社会科学规划办与南京大学共同建设的智库研究与评价机构，主要围绕国家与江苏智库治理工作需求，开展智库数据收集处理、智库机构评价和管理咨询等工作。

该中心和光明日报智库研究与发布中心合作开发了我国第一个大型智库垂直搜索引擎——"中国智库索引"（CTTI），该系统于2016年9月28日上线运行，并于当年年底发布首批489家来源智库名录。双方除了CTTI数据收集和评价合作外，还启动了《中国智库管理指南》编纂项目，创设了年度活动品牌"中国智库治理论坛"。中国智库治理论坛旨在为智库宏观治理部门、各级各类智库、智库研究界打造专业化的交流平台，推动共商、共建、共享的新型智库共同体建设，为中国特色新型智库建设贡献力量。

中心组织翻译出版了包括《经营智库：成熟组织的实务指南》《完善智库管理》《国会的思想》《思想的掮客》《兰德公司》等西方智库研究名著。

3. 光明日报智库研究与发布中心

加强中国特色新型智库建设，主流媒体责无旁贷。2016年，光明日报智库研究与发布中心接续发力，依托光明日报《智库》版、光明网、"光明智库"微信公众号等融媒体渠道，展示中国智库尖端研究成果、助推中国特色新型智库建设，努力打造智库成果与声音的发布平台、智库发展与建设的研究平台、智库风采与成长的展示平台、智库联系服务公众的沟通平台，为建设中国特色新型智库发出主流媒体应有的声音。

9月28日，光明日报智库研究与发布中心学术委员会成立仪式在京举行。国务院研究室原主任、党组书记魏礼群；中共中央党史研究室副主任冯俊，国防大学战略教研部主任任天佑，中央党校原副校长张伯里，北京师范大学校长董奇，中国社会科学院学部委员、副院长蔡昉等33人受聘担任中心首批学术委员，魏礼群任学术委员会主任。首批学术委员均为国内各类代表性智库、智库管理部门、研究机构主要负责人及权威专家。学术委员会是光明日报智库研究与发布中心的学术指导机构，主要负责中心的科研规划、学术交流、科研队伍建设和科研成果鉴定、评审及推荐工作。

为推动中国智库治理现代化、专业化和科学化，12月17日，由光明日报社、南京大学主办，光明日报智库研究与发布中心、南京大学中国智库研究与评价中心承办的2016中国智库治理论坛在南京举行。来自中央及各省市智库管理部门、中国智库索引（CTTI）首批来源智库、智库研究界的专家学者等近700人，围绕"高端智库治理模式、智库结构和治理机制创新；官方智库治理中的挑战与机遇；创新驱动战略下的科技智库治理探索；党校行政学院的智库定位、产品规划与人员激励；创新工程与社科院智库治理创新；智库治理的制度供给与政策创新；社会智库定位特色与营运模式创新；高校智库治理之现状、难点、破解之道"等主题进行深入讨论、交流经验，共促智库发展。

4. 中国社会科学院社会科学评价中心

2016 年 4 月 20 日，由中国社会科学院中国社会科学评价中心主办的"国家高端智库建设"学术研讨会在京举行。来自清华大学国情研究院、中共中央编译局、中国国际经济交流中心、北京大学国家发展研究院、中共中央党校、中国石油经济技术研究院、中国现代国际关系研究院、中国人民大学国家发展与战略研究院等首批国家高端智库试点单位的 20 余位学者与会并研讨交流。

7 月，国家智库报告《全球智库评价报告（2015）中英文版》由中国社会科学出版社出版发行，用该中心研创的智库评价体系对世界智库发展状况进行了评价与分析，具有一定的开创意义。

11 月 30 日，由该中心主办的第三届全国人文社会科学评价高峰论坛在京举行。来自中国社会科学院、清华—卡内基全球政策中心、英国查塔姆社、武汉大学国际法研究所、中山大学粤港澳研究中心、商务部国际贸易经济合作研究院、中国（深圳）综合开发研究院等机构的近百名智库专家围绕"全球智库研究与展望"进行研讨。

5. 武汉大学世界一流智库评价研究中心

"武汉大学世界一流智库评价研究中心"是武汉大学成立的

智库研究评价机构，中心以"创新研究、评价服务"为宗旨，立足中国、面向世界，通过项目研究、人才培养、交流合作，打造智库研究和评价的开放平台，努力建设成为"智库的智库"，为推进中国特色新型智库建设服务。

中心计划实施"六个一"工程，陆续推出系列成果和重大活动：一个智库知识库，系统搜集整理国内外智库状态数据；一个专业刊物，刊发本中心智库评价和研究成果，为智库研究和实践提供交流平台；一系列课题研究，努力争取承担和完成教育部、科技部等政府部门、高校、科研院所、企业的委托研究和咨询项目，提供对口、有效的咨询报告；一个连续性的学术会议，与美国、欧洲的智库合作，定期召开"世界一流智库建设与评价国际研讨会"等，广泛开展国际合作和交流；一本评价著作，根据中心特色和优势，每年合作出版《中国高等教育质量评价与发展报告》；一个智库排行榜，计划定期研发和出版《世界一流智库评价报告》，为政府部门、企事业单位和各类智库提供决策服务。

6.浙江工业大学全球智库研究中心

浙江工业大学全球智库研究中心集研究、评估和咨询三大职能于一体，计划按照中国大学智库研究、中国智库研究、全球智库研究的"三步走"战略，建立中国自身标准、特色和话语权，力争为中国特色新型智库建设贡献力量。

该中心启动了"十个一"工程：搭建一个研究平台，建设一支研究队伍，完成一份年度报告，发布一个智库排行榜，出版一份学术刊物，开设一个网站，举办一个智库论坛，建立一个智库数据库，出版一批译著，形成一系列研究成果。

2016 年，该中心设计了中国大学调查问卷，筛选了 200 余家高校智库，并发放调查问卷，通过实地调研获得了部分智库的一手信息，撰写完成《中国大学智库发展报告（2016）》。

7. 四川社会科学院中华智库研究中心

该中心旨在探索中国特色新型智库建设的规律和实践，通过打造高品质的智库产品，促进智库间有效合作，培养智库人才和团队，扩大智库决策服务力和社会影响力。

自成立以来，倾力打造三个拳头产品：《中华智库影响力报告》《中国区域创新指数报告》和《天府智库报告》，每年定期向全国推出。

2016 年出版《天府智库报告：2012—2014 重要决策咨询成果精粹》；2016 年 11 月发布《中华智库影响力报告（2016）》；2017 年 1 月发布《中国区域创新指数报告》。

（二）评价排名：投射中国智库前进之路

从总体上看，我国智库研评工作刚刚起步，智库评价体系尚不完善，不同研究者对评价标准、评价方法和评价程序等往往各执一端，莫衷一是。然而，对智库进行研究评价最大的作用之一就在于催生了广大智库建设者、研究者的行业自觉。在"智库热"的背后，学者普遍感到，加快中国特色新型智库建设，当务之急就是要加快构建符合中国特色新型智库发展要求、运行规律、价值取向的评价体系和科学标准。

对广大智库进行评估评价，不仅为智库发展提供了标尺，有利于唤醒智库的自律意识；还为智库产品的使用者——党和政府提供了参照系，有利于选好用好智库、管好建好智库。同时，反思各种评价与排名，有利于发现不同研评手段方法的优势和不足，进而制定相应的发展战略和改进措施，以持续打造并健全适合我国国情、符合智库发展规律的较为理想的智库评价工具。

1.《2015 中国智库报告——影响力排名与政策建议》：不容忽视的中国智库圈层结构

上海社会科学院智库研究中心 2016 年发布了《2015 中国智库报告——影响力排名与政策建议》。报告认为，智库影响力与社会结构存在着强对应关系，以直接或间接的方式将影响力作用于决策过程。报告把智库的影响力分解为决策影响力、学术影响力、社会影响力和国际影响力四个方面，综合考察智库影响力的多维特征。

报告立足中国智库发展现状，紧密结合中国改革创新与转型发展对智库建设的实际需求，在主动走访调研国内重要智库，广泛收集中国智库和中国智库评价信息的基础上，通过无记名调查问卷方式，运用信息技术和多轮主观评价法，综合了学者、智库专家、决策部门和媒体从业人员的意见，分别就中国智库的综合影响力、分项影响力、系统内影响力和专业影响力四个方面进行评价与排名，以期更加全面、科学、客观、准确地观察和评估中国智库发展现状、特点及其影响力，从而对提升中国特色新型智库的影响力和国际话语权提出相应的对策建议。

报告提出，在构建中国智库评价体系时必须结合中国国情，考虑中国智库的圈层结构。分析中国特色新型智库圈层结构的意义在于，位于不同圈层结构的智库，实际采用了不同的营运策略，以最大限度地发挥自身在决策咨询体系中的作用并持续扩大智库的影响力。比如，位于内圈层的智库同政府部门和决策者距离更近，因而相对更容易获得与决策层的互动（如批示等），这一机制反过来又强化了内圈层智库在营运策略上偏向于通过递送专报和内部研究报告强化其决策影响力；位于外圈层的智库往往倾向于发挥其他方面的影响力，如学术影响力和社会影响力等，从而间接影响决策层。从这个意义上讲，科学的智库评价标准既要考虑智库发展的内在规律与特点，又要从符合中国国情的智库结构出发，综合观察与考量影响智库影响力的各类因素。

2.《中国智库网络影响力评价报告》：夯实中国智库的智力资本和传播交流能力

7月12日，光明日报智库研究与发布中心和南京大学中国智库研究与评价中心在京联合发布《中国智库网络影响力评价报告》。报告指出，智库网络影响力是指智库的资源和能力在网络空间中对他者的劝说能力和支配能力，本质上是一种软性的、教化的、理性的"权力"或者"实力"。"互联网＋"时代，网络成为信息传播的主要媒介，智库综合影响力与智库在网络空间的影响力日渐趋同，智库网络影响力已成为衡量智库综合影响力、竞争力的重要指标之一。

报告首次提出智库网络影响力 RSC 雪球评价模型，选取 68 个国内典型智库作为评价对象。依据评价结果，中国社会科学院、中共中央党校、国务院发展研究中心、中国金融四十人论坛、国家行政学院、清华大学当代国际关系研究院、清华—卡内基全球政策中心、中共北京市委党校、零点研究咨询集团、北京大学国家发展研究院位列前十。

智库网络影响力评价的 RSC 雪球评价模型由三部分构成，分别为智库的网络资源指标 R（Resources）、智库网络传播能力指标 S（Spread）和智库网络交流能力指标 C（Communication）。智库网络资源指标不仅反映智库网络传播的内容总量，而且反映智库在网络世界中的表现、品牌与声望；智库网络传播能力指标，即智库利用自己的实体资源和虚拟资源在网络空间影响决策者和公众的能力；智库网络交流能力指标，通过呈现智库资源的双向交换和互动关系，反映智库网络地位。

在 RSC 雪球评价模型中，三类指标分别代表"雪球"在空间中的三个维度，当智库在三个维度上不断"滚雪球"时，其网络影响力就会不断增强；当智库仅在一个或两个维度上"滚雪球"时，"雪球"就变得长条化或扁平化，其影响力必然受到影响；当智库不再"滚雪球"时，"雪球"便不再变大，影响力逐渐消失。

报告分析指出,中国社会科学院、国务院发展研究中心、国家行政学院等排名靠前的智库,其自身资源丰富,又拥有较多的社会网络资源,在网络环境中有一定传播资源和传播渠道。而一些排名较低的智库虽然传播能力和交流能力较强,但由于自身资源相对较少,其网络影响力也受到了很大影响。一些边缘智库,既没有丰富的社会网络资源,又没有较强的传播能力和交流能力,从而成为孤立点,其网络影响力十分微弱。因此,对于拥有丰富资源的最核心智库,其任务是加强传播能力、扩大传播范围,增强与其他智库包括国外智库的交流,提高在网络中的社会、国际影响力;对于具有较强传播能力而没有足够资源的智库,应丰富自身的资源成果,加强自身的思想成果产出;处于边缘的智库,应不断加强自身思想成果产出与公开范围,提升影响力。从评价体系可以看出,智库资源能力建设主要体现在学术功底、思想成果产出和社会网络资源等方面。智库的资源能力建设不能急于求多、求快,要注重思想成果的学术理论基础,以科学方法指导决策建议。

报告认为,这种评价体系指出了提升智库网络影响力的努力方向:不仅要增加自身的资源建设能力,也要重视资源的传播能力和与其他机构之间的交流能力;智库传播能力强可以增加智库的交流机会、协同创新机会,并促进产出更多新的研究成果,增加自身资源建设能力。

3.《中华智库影响力报告（2016）》：中国智库的空间分布和结构组成值得关注

11月9日，四川省社会科学院、中国科学院成都文献情报中心推出《中华智库影响力报告（2016）》，公布了其研创的2015中华智库影响力排名及指标体系，并对当前我国智库建设和发展的特征、面临的困境进行分析、提出建议。

报告以决策影响力、舆论影响力、社会影响力、专业影响力和国际影响力5个一级指标，12个二级指标，23个三级指标，构建了2015中华智库影响力指标体系；并采用层次分析法（AHP），利用较少的定量信息使决策的思维过程数学化，从而为多目标、多准则或无结构特性的复杂决策问题提供简便的方法：基于评价系统的目的、评价指标及替代方案等要素建立多级递阶的结构模型；对同属一级的指标（要素）以上一级的指标（要素）为准则进行两两比较，建立判断矩阵；计算判断矩阵的特征向量以确定各指标（要素）的相对重要度；通过综合重要度的计算，确定指标的权重。

课题组对纳入2015年度影响力评价榜单的232家智库机构进行综合影响力排名和分项影响力排名。

课题组依据对2015年度中国各类智库发展形势的观察与分析，得出如下结论：在空间上，我国智库分布呈现"集聚"和"扩散"两大趋势。"集聚"表现在优质智库持续"北上"，较大比例集中于北京和上海；"扩散"表现在优质智库向沿海和内陆两个方向延伸。在结构上，重心向高校和社会智库倾斜。从质的角度看，国家级智库、高校智库水平普遍较高。从量的角度看，高校智库、社会智库明显数量占优。比较 2014 年数据，我国智库结构的重心逐渐从国家级智库、地方性智库向高校智库和社会智库转移。在行为上，智库凸显积极性与开放性。在传播上，智库表现出"上线"与"联媒"的偏好。智库"上线"意识加强，通过微博、微信、开发 APP 应用，传递智库思想，凸显"互联网＋"时代的特色。智库与媒体合作成为普遍态势，从"联合发布成果"到"共同成立机构"，浅度和深度、临时与长期的合作拓展了智库思想传播的路径。

4.《中国智库大数据报告》《中国智库透明度报告》：为智库评价增添新维度

由清华大学公共管理学院副院长朱旭峰领衔完成的《2016年度中国智库大数据报告》《中国智库透明度报告》于 2016 年 12 月先后在京发布。

社交大数据评价是对智库评价方式方法的探索。中国智库大数据报告课题组对国内 510 家智库进行采样，搜集 1800 万微信公众账号、510 个智库微信引用、1.5 亿个微博账户、529 个微博专家账户的数据信息，并对智库微信公号影响力、智库微博专家影响力、智库微信引用影响力、智库大数据综合影响力进行排名。报告认为，基于大数据的智库评价，突破了智库客观评价的技术瓶颈，提供了对智库建设和运作认识的新维度。

《中国智库透明度报告》从国际智库透明度建设入手，比较了中外智库透明度建设的差异，对中国智库透明度进行介绍。报告选取100家中国智库作为数据样本，通过智库组织机构信息、研究活动信息、财务信息以及信息公开平台四个维度，对百家智库"透明度"予以考察和数据分析，最终形成排名榜单。

依据排名情况，报告认为，社会智库总体来说拥有较高的透明度，党政智库透明度处于平均水平，而高校智库因缺乏党政智库的内部推动机制和经费拨款机制的外部压力，透明度总体表现出较低水平。

就提升中国智库透明度，该报告建议：对于智库界及智库自身，建立智库透明度规范；对于智库上级管理机关，加强智库透明度管理；对于智库经费资助方，完善各类基金资助制度；对于智库评价和研究者，将智库透明度作为重点考察范围；对于政府决策部门，提高政府决策和咨询活动信息的透明度。

5."评价之评价"：养成研究评价方法论自觉

有研究者指出，智库排名只是智库评价的一种形式而绝非全部，把排名混同于评价，实际上是将排名工具化，失去了排名应有的效应。

评价评估是智库管理的有效工具，智库排名是把"双刃剑"——在认真系统的研究基础上做排名，以评促建，可推动智库良性发展；反之，在基本概念都不清楚的情况下，拼凑数据搞排名，那只能是自娱自乐，并很可能产生误导，阻滞智库健康发展。为此，专家呼吁，应审慎对待智库评价与排名，避免一拥而上、重复滥制。应由针对智库的专业研究机构从第三方角度，科学构建评价指标体系、设计评审流程，保证评价的独立性、客观性、公正性，以真实反映我国智库发展的现状，提高排名的公信力，并提出发展问题和改进建议。

由此，养成智库研评方法论自觉的重要性日益凸显。目前，国际上对智库影响力评价体系大致分为两大派系，一派是以唐纳德·阿贝尔森为代表的客观评价法，主张采用媒体引用率和出席国会听证会的次数等核心指标对智库的影响力加以评判。另一派则以美国宾夕法尼亚大学的詹姆斯·麦甘和由他主持的《全球智库报告》为代表，主要基于主观评价法，通过电子网络收集智库提名、形成排名。

杨亚琴、李凌在《探索建立中国特色智库评价指标体系》一文中指出，影响力是智库的生命线和价值所在。对影响力的评价结果往往取决于评价主体的意识与情感，带有明显的主观色彩，在这个意义上，智库评价的主观方法有其一定的合理性，采用调查问卷的形式可以直截了当地从评价主体获取有用信息。相比于问卷一手资料的主观性、琐碎性和随意性，运用客观指标对智库影响力做出评价，往往更具有权威性和系统性，也增强了排名评价的可比性，有助于形成科学量化的指标体系与评价标准。但是，难点在于相关数据难以获取，智库活动有时涉及决策机密，这就使得智库的研究一般不为外人所知。为此，可以将智库评价的主观与客观方法结合起来，互相补充。

国务院发展研究中心研究员李国强指出，建立科学的智库评价评估体系和方法，应处理好以下六对关系：要把正确的评价导向和科学的评价方法相结合，发挥好评价评估的导向性、促进性和示范性作用；方法上，要把问卷调查评价与实地走访调查相结合，与专业权威机构和人士评价相结合；智库专业化评估与社会多元主体评价相结合；要把决策咨询过程与决策咨询结果的质量、是否"管用"相结合，智库评价与决策者评价相结合；主观评价与客观评价相结合；产出与成效、规模与质量、特色与专业、开放与合作、自主研究与组织研究相结合。

山东社会科学院办公室副主任黄晋鸿表示，科学评价智库，关键在于确立科学的评估方法和指标体系。评价者将不同类型的智库用一个排名体系一测算时，容易出现细节上难以"量体裁衣"的情况。为此，智库评价需要注意避免被模型"绑架"，事物运行不可能完全符合任何公式或模型，模型中需要的参数也是人们根据经验或参照体系设想的，不可能完全与实际相符。要通过细化分类、改进指标和精确收集数据，认识到各个智库的不同特点、不同要求和不同使命。因此，在用同一指标体系评价不同智库时，可以进一步细化指标，设计出更加符合智库特点的计分方法。

（三）数据管理新开园地，更添"利器"

为解决全面描述、全面收集智库数据，提供数据整理、数据检索、数据分析、数据应用的功能，南京大学中国智库研究与评价中心联合光明日报智库研究与发布中心开展了"中国智库索引"（CTTI）的研究开发工作，并于 2016 年 9 月 28 日正式上线。12 月中旬，中国智库索引（CTTI）完成数据采集工作，公布来源智库名录并发布效能测评报告。

CTTI 包括机构数据库、专家数据库、机构产品数据库和机构活动数据库 4 个数据库子集，力求全面准确地描述和反映来源智库的基础信息、人员、成果、活动、影响力等方面情况，对新型智库的各要素进行准确"画像"。截至 2016 年 12 月 12 日，已收录来源智库共 489 家，拥有专家数据 7443 条、智库活动数据 7127 条、成果数据 32866 条，是目前国内体量最大的、具有完整知识产权的智库垂直搜索引擎和数据管理平台。

首批入选 CTTI 的 489 家来源智库，是经过全国智库机构摸底调查、委托有关机构推荐来源智库、业内专家评审、数据审核等环节遴选确定的。首批来源智库的有效期限为 2017 年 1 月到 2018 年 12 月。CTTI 来源智库 MRPA 测评报告与来源名录同步发布。该测评指标体系由 M（治理结构）、R（智库资源）、P（智库成果）、A（智库活动）等 4 个一级指标和 19 个二级指标构成，以第三方身份对智库机构运用资源方式的能力和效益进行过程一结果导向型评价。

MRPA 测评系统包含智库排序、专家排序、大学智库指数排序等 3 个子系统，可从资源占用量和资源运用效果 2 个维度进行评价。全部 871 个字段实现了对智库基本信息、专家信息、成果信息、活动信息等各种属性的全面覆盖，可成为今后其他智库系统开发的元数据，为我国新型智库评估评价提供具有针对性的基础数据。

（四）勾画智库研究者年度思想版图

1. 中国特色新型智库体系：定位明晰、特色鲜明、规模适度、布局合理

国务院发展研究中心副主任隆国强指出，应形成多层次互补、多元发展、多功能兼备的智库体系。在服务对象上，有的智库服务于中央政府，有的智库服务于地方政府。在研究领域上，除了少数综合性智库以外，大多数智库要走专深路线，聚焦于某一专业领域深耕细作，力争成为经济、外交、科技、国防等方面的"单打冠军"。

江苏省社科联研究室副主任刘西忠提出，要遵循决策咨询规律和智库发展规律，注重发挥研究基地和各类学会研究会等决策咨询机构的作用，形成高端智库、重点智库和研究基地齐头并进又梯次发展的格局。通过改革、改造、改组，促进智库主体的分工协作、智库要素的优化调整、智库平台的整合提升，实现集成

创新，放大整体效应，产生 1 + 1 + 1 大于 3 的效果，构建形成定位明晰、特色鲜明、规模适度、布局合理的新型智库体系。

李国强认为，应从宏观和微观两方面促进我国智库改革创新发展。一方面，要促进官方智库加快转型发展，着重于组织形式和管理方式创新；同时，规范、引导社会智库健康发展，着重为其提供研究成果报送的渠道和参与平台。另一方面，要加强智库宏观管理，从组织形式和管理方式上对各级各类智库资源进行有效组合和创新管理。

上海市政协原副主席、上海社会科学院原院长王荣华把高端智库的功能定位归纳为"5 + 1"。"5"是指五项功能：战略政策的储备库、社会大众的指南、庄严的学术殿堂、人才培养的蓄水池、国际交流的对话平台。"1"是指提出新理论、新观点、新见解的"头脑产业"。

2.智政相互作用机制深入探讨：开闸放水与产品供给

让智库全程参与决策，助推决策科学化，需要决策部门主动打开公共需求的"闸门"，接上智库产品供给这一"活水"。一方面，决策部门要有虚怀若谷的精神和善于纳谏的勇气，公开相关信息，做好制度性安排，把善待智库、善用智库变成现实；另一方面，各类智库要创新组织形式和管理方式，以高质量的智库产品有效供给党和政府决策。

思想者与行动者、学者与官员通过"旋转门"机制实现身份转换，在一定程度上沟通了学界与政界、思想与权力。对此，中国与全球化智库中心主任王辉耀建议，选取与智库研究关联度较大的相关政府部门作为智库学者挂职锻炼或借调工作的试点，逐步建立政府官员与智库学者间的轮换、挂职机制，逐步建立健全公务员等体制内人才向智库、学界、企业流转的制度和法律体系，完善相关保障措施。

王荣华提出，高端智库要与政府保持"若即若离"的关系，"若即"就是紧紧围绕党和政府关注的重大理论现实问题开展研究，提出切实可行的方案供决策层参考；"若离"要求智库必须具有理论性，坚持独立思考、独立研究，保证研究成果的客观性。

江苏省委宣传部原副部长、新华日报社总编辑双传学指出，决策部门要自觉加强制度建设，在公共政策研究与设计环节，要主动借力智库、问需智库，搭建决策需求发布平台、决策信息共享平台、协同攻关平台。加快建立健全政府信息公开制度、重大决策意见征集制度、政府购买决策咨询服务制度、政策评估制度，切实解决供需渠道不畅的"最后一公里"问题，努力使智库在政策制定上"插得上手""说得上话"。

刘西忠提出，智库机构要强化客户意识，坚持以党委政府的政策需求为导向，把智库研究与国家社会的发展需求结合起来，做到供需对接、供适所需。在改革制度设计日益成熟的新形势下，智库研究重点应更多地由聚焦中观层面、提出一般的对策建议，转向提供具有引领性的高端思想层面和操作端的战术层面。

3.智库人才的专业素养：以学科建设支撑人才持续发展

高质量的智库离不开高质量的人才。隆国强指出，智库人才的特殊性在于其从事的是公共政策研究，无法像科技人才一样去申请专利，而既具备政策研究能力又在主观上具有高度奉献精神的智库人才目前极为短缺，因此，亟须创建一套符合智库特点的人才机制，将高水平且富有奉献精神的人才聚集起来，使他们心无旁骛地研究自己擅长的问题，为党和政府拿出"管用"的决策建议。他强调，很多智库在从事低水平重复研究，反映了学科布局的不合理。为此，在学科布局上富有远见，既要重视当前的热门问题研究，也要重视那些和现实距离较远、和热点关系不大的"高冷学科"，才不至于"人到用时方恨少"。

人才是思想与理论创新的主体，更是实现智库可持续发展的基石和生命力所在。中国人民大学党委书记、国家发展与战略研究院理事长靳诺表示，要深化智库体制机制改革，改变原有的单一学术背景、论资排辈的模式，建立有利于产出高质量政策建议的科研管理机制和激励机制，为智库人才创造适宜的发展空间和平台，造就一支坚持正确政治方向、马克思主义基本理论功底扎实、德才兼备、具有创新能力的高端智库人才队伍，推出一批学贯中西、善于开展跨学科研究的复合型人才，培养一批能够运用马克思主义立场观点方法分析解答党和国家关注的重大理论和现实问题的政策专家。

南京大学智库研究与评价中心副主任李刚表示，智库要有自己的学科体系，学科要承担人才培养的重任。我国现有学科中，无论是政治学还是公共管理学科都没有系统培养智库政策分析人才的具体指向。建立学术体系是智库内涵式发展的重要内容和有力保障。

华南理工大学公共政策研究院执行院长杨沐建议，应当双轮驱动，在充分发挥学科带头人作用的同时，建立一支梯队化的人才队伍，率先走出去和引进来，扩大国际影响力。

刘西忠提出，深化智库人才管理体制改革，实现由兼职化、中低端向职业化、中高端转变。应对社科类人才实行分类管理、分类培养，将智库研究机构、资源和人员相对独立出来，强化政策支持，深化人才职称、职务、薪酬制度改革，培育一批专业化、职业化的智库专家。鼓励高校智库发挥学科建设和人才培养优势，逐步加强应用研究类硕士生、博士生等研究人才的培养，重点招收具有一定工作经验和社会经验的人员，培育智库持续发展所需的专业新生力量。

4.塑造中国智库价值之魂

隆国强认为，智库要有意识地培育智库文化，如经世济民的责任意识、淡泊名利的谋士情怀、唯实求真的科学精神、协同创新的团队意识等，要在智库营造尊重知识、鼓励创新的良好风气，形成自己的"核心价值观"，并通过人才薪火相传，积淀出持久的吸引力和长远的影响力。

复旦大学中国研究院院长张维为指出，要办好中国智库，智库研究者要有为中国崛起而奋斗的使命感。

5.研究著述：为新型智库建设提供经验参考与思想启发

《新智库的探索与实践》（上海人民出版社2016年1月版）一书完整记录了上海社科院原党委书记、院长，上海社科院智库研究中心名誉理事长王荣华十多年来主持智库建设的探索与实践之路，积极围绕"努力把社科院建设成为国内一流、国际知名的社会主义新智库""努力把社科院建设成为市委市政府用得上、信得过、靠得住、离不开的思想库和智囊团"，将智库建设开创道路上的困难、险阻、收获一一展示在读者的眼前，为建设中国特色新型智库战略提供了借鉴。

该书提出，智库建设必须紧紧围绕咨政建言、理论创新、舆论引导、社会服务、公共外交的职责，为政府提供专业客观的政策建议。要防止纯学术化和商业化两种倾向，既不能脱离国情和改革实践，完全依赖逻辑思辨，照搬国外经验和学理，把构建理论模型、形成论文专著作为唯一价值目标；也不能为功利所左右，趋炎附势，成为个别利益集团的代言人。该书强调，要以理论创新为基础，以改革发展实践的重大现实课题为着眼点和着力点，主动开展战略谋划和综合研判，为政府提供及时而又管用的政策建议，积极推动决策咨询成果向公共政策转化。智库要通过理性、客观的品格和专业化、高质量的产品，成为政府离不开的助手和推手。

由上海市高校智库研究和管理中心编写的《全球思想版图

2015》（上海人民出版社 2016 年 1 月版）立足经济全球化视角，紧密结合中国现实，采集了全球 60 家顶尖智库 2016 年在各个领域的所思所言，研判它们的言论和报告对国际大势、人类走向产生的影响，为读者拼接出一幅全球思想版图，为应对人类社会共同面临的诸多问题与风险，提供可资借鉴的经验与方法。

由新加坡国立大学东亚研究所所长郑永年撰写的《内部多元主义与中国新型智库建设》（东方出版社 2016 年 6 月）提出，一种文明，如果没有自己的知识体系，就难以变得强大。从各方面的客观条件看，建立亚洲知识体系的希望在中国。为此，该书从世界智库和中国智库的历史起源和现实发展角度出发，厘清中国智库的独特之处，并回答中国需要什么样的智库、能够建设什么样的智库以及如何建设新型智库等问题。该书强调，中国智库建设的核心就是要摆脱思维和思想的"被殖民"状态，重新构建中国自身的知识体系，并且在这个知识体系上进行政策分析和政策建议。

黄誌的《大国智库：智者的江湖》（中州古籍出版社 2016 年 6 月版）叙述了多个"战略智者"的故事，通过剖析美国高端智库作为决策"新高地"角色功能的研究锐度、运作模式和体制环境，展现了全球特色智库的专业特质、决策气质和运营品质，呈现大国智库的研究力、思想力、传播力、影响力和竞争力。

由柯银斌、吕晓莉撰写的《智库是怎样炼成的？——国外智库国际化案例研究》（江苏人民出版社 2016 年 11 月版）选取了国际上不同发展阶段、不同成长模式的 10 家智库,力图挖掘出国外智库获得高度国际影响力的经验,为中国智库的发展提供经验借鉴参考。

该书总结了国外智库成功的"3 + 5 法则"。其中三条必要法则——拥有独具特色的发展战略与发展模式、聚集高水平的研究人才、产出具有国际影响力的高端研究成果或品牌项目。五条可选法则包括核心领袖的独特魅力与作用,保持和政府良好沟通与独立性研究的并行不悖,高效与全方位的传播方式,充足的研究经费,以及多样化的合作伙伴。

中国人民大学重阳金融研究院执行院长王文根据创建人大重阳的亲身经历,在走访、调研并与全世界数十家知名智库与机构展开深入合作的基础上,对智库的国际化与传播进行了深入思考和总结,在国际议程设置、国际舆论影响等方面凝练心得,推出《伐谋》(人民出版社 2016 年 12 月版)一书。该书指出,一流智库既要从事社会政策研究,又要广泛介入全球事务,研究、设计与推动本国对外战略。

由陈瑜所著的《世界著名智库的军事战略研究——观点、做法、启示》(九州出版社 2016 年 5 月版)简明扼要地叙述世界智库军事战略研究,为读者提供了世界著名智库在军事战略方面的关注议题、世界著名智库军事战略研究的突出做法与特点。该书建议,创新发展军队智库军事战略研究,为军队智库军事战略研究奠定坚实的基础;深化科研改革,促进军队智库军事战略研究水平整体飞跃；坚持政策导向，始终把着眼点放在谋划夺取战略主动权上；重视历史研究，坚持用整体的观点看待史、论和现状研究；要强化"过程"研究，拉近学科理论与现实战略运作的距离。

由南京大学中国智库研究与评价中心译介、南京大学出版社出版发行的"南大智库文丛"为详细了解国外智库的运行、管理提供了有益借鉴。首批图书包括《完善智库管理：智库、"研究与倡导型"非政府组织及其资助者的实践指南》《思想的掮客：智库与新政策精英的崛起》《国会的理念：智库和美国外交政策》。

《完善智库管理：智库、"研究与倡导型"非政府组织及其资助者的实践指南》（美国学者雷蒙德·斯特鲁伊克著，李刚、孔放等译）一书重点关注如何激励员工降低流动率、聘用和组建研究团队、组织员工培训、培养团队领导者、质量控制、充分重视董事会、内部沟通与决策、制定策略激发创新、政府资助、问责制和绩效监管等。

《思想的掮客：智库与新政策精英的崛起》（美国学者詹姆斯·艾伦·史密斯著，李刚、邹婧雅等译）以美国智库为中心，探索了20世纪以来的美国智库机构的发展历史，包括成立背景、研究领域、咨询的成功与失败等内容，并着重描绘了这些智库的重要时刻，深入揭示了政策专家在美国政治生活中不断变化的角色。

在《国会的理念：智库和美国外交政策》（加拿大学者唐纳德·E.埃布尔森著，李刚、黄松菲、丁炫凯等译）一书中，作者将论点建立在对美国几个精英智库如何影响美国对外政策的细致考察上，通过案例，为读者提供了一种研究智库的视角，即智库在新兴政策议题上是以何种方式、在何种条件下影响公众态度和信念的。

（执笔：光明智库王斯敏、曲一琳、贾宇、张胜、姬泰然）

下　编
分析建言：步入内涵式建设之路

一、进展与特征

2016 年，新型智库建设在诸多方面取得新的进展，呈现出一些新的特征。

——以国家高端智库理事会制度运行为标志，新型智库治理机制逐步建立。科学的治理机制是智库发挥作用的重要前提。随着国家高端智库管理制度的不断完善，各类智库特别是部分新涌现的社会智库大胆创新、积极探索，智库的运行和管理体制日益完善，成果认定与评价标准等取得重大突破。

——以"一带一路"智库合作联盟不断壮大和 2016 年二十国集团智库会议（T20）在北京召开为标志，中国智库的国际影响力进一步加大。中国正日益走向世界舞台中央，迫切需要智库成为前行者、呐喊者、谋划者。2016 年，中国智库的思想自信、理论自信和话语自信更加雄厚，走出去的步伐开始加快，国际影响力持续增强，智库成为参与国际事务的重要力量，推动中国的国际话语权和软实力进一步提升。

——以中国智库治理论坛举行和中国智库索引（CTTI）的建立为标志，一个共建共治共享的智库共同体正在逐步形成。线上线下各类智库联盟建立，智库发展呈现社群化、联盟化的特征，正朝着系统化、体系化的方向迈进，智库的整体影响力日益增强，智库人的专业认同感进一步提升。

——以一批社会智库的兴起为标志，社会力量参与创办智库的热情高涨。随着智库建设的不断推进，社会力量参与智库建设的积极性正在逐步释放，社会智库这块短板有所拉长。一批社会智库的活跃度不断提升，传统的智库圈层结构逐渐打破，开始向扁平结构转化，新型智库体系趋于形成。

——随着智库与政府、媒体、社会的深入互动，政策过程各环节正在形成思想产品生产和流动的价值共创链。党政领导对智库的认同度明显提升，智库与政府的互动作用日益增强，智库参与决策的深度、广度和"长度"均有明显进步。从深度看，部分智库深层次参与决策，已经成为党委政府离不开的重要助手；从广度看，智库广泛参与决策，包括内政外交，都有其身影；从"长度"看，部分智库的决策咨询贯穿党委政府决策事前、事中、事后各个过程，第三方评估成为智库的重要职能之一。

——从智库研究与社会科学学术研究的关系看，二者的话语体系正在逐步贯通并且有所融合。不少学术刊物更多地接受智库研究类论文和应用研究类稿件，一些学术刊物更加关注智库成果，并且涌现出一批以智库命名的新栏目、新版面和新刊物。与此同时，学术研究对智库发展的支撑作用更加明显，基础理论研究与决策咨询研究良性互动的局面正在形成。

二、问题与挑战

习近平总书记在哲学社会科学工作座谈会上的讲话中，针对当前智库建设中存在的问题，一针见血地指出，智库研究存在"重数量、轻质量""重形式传播、轻内容创新""流于搭台子、请名人、办论坛等形式主义"等问题，明确要求"智库建设要把重点放在提高研究质量、推动内容创新上"。据此，可将今天智库建设存在的问题概括为以下几点：

1. 智库概念边界模糊，被有意无意地混淆，"贴牌""拼盘""泛化"迹象明显。尽管《关于加强中国特色新型智库建设的意见》对新型智库进行了界定，明确了新型智库的八个基本标准，但真正符合要求的智库比例并不高。有些机构改头换面，却换汤不换药，一夜之间就成了"智库"。有的高校将校内具有应用研究功能的机构打包"拼盘"，冠以智库之名，组织分散、没有形成实质性的协同研究机构。部分具有多种功能的研究机构被命名为智库，存在如何处理智库功能与其他功能之间的关系等问题。部分决策咨询色彩不鲜明的研究机构和商业咨询公司也自称智库，智库的范域被过度放大。一些智库的目标定位还在基础理论研究、学科性研究与应用研究、规范咨询研究之间徘徊，缺少建设高质量、专业性智库的勇气和胆略。

2.促进智库健康持续发展的制度供给仍然不足。国家高层高度重视智库建设，部分地方党政领导对决策咨询重要性认识不足，对智库的重视程度不够，存在着上"热"下"冷"、冷热不均现象。部分地方党委政府对智库建设的推动还停留在宏观政策层面，与智库发展密切相关的具体的、可操作的政策供给不足，缺少支持智库发展的关键性、实质性举措，如政府购买决策咨询服务制度，规范引导社会智库发展的制度安排等，存在着口头上"热"、行动中"冷"现象。相对于智库界的快速行动、积极作为，部分地方党委政府决策咨询的需求不旺，问策智库的主动性不强，存在智"热"政"冷"现象。

3.供需对接渠道不畅通。智库决策咨询产品的供给与党委政府的决策咨询需求尚不匹配，需求与供给之间存在明显的结构性矛盾。智库供给决策咨询产品的积极性普遍高涨，但数量有余而质量不足，研究和实际决策需求相脱节，在一定程度上存在决策咨询产品结构失衡、供给不足和产能过剩并存的情况，新型智库建设领域也迫切需要推进供给侧结构性改革。

部分决策者认为智库成果都是纸上谈兵，缺乏针对性和可操作性，政策咨询往往被看作论证的工具，甚至被用来"装门面""做姿态""走形式"。党政研究机构和智库运行相对封闭，政府依靠熟人和圈子找决策咨询专家，智库靠"猜测"来对接党委政府的决策需求，双方之间存在信息不对称、供需不匹配、产品不对路等问题。在部分地区还存在智库界"热"、决策圈"冷"的现象：研究机构和高校建设智库的热情高涨，包括新智库成立，老机构翻牌，纵向设分支，横向搞联盟，各种活动、论坛接二连三；决策层对智库建设的态度尚处于观望状态，对智库能否发挥作用持怀疑态度，对如何发挥智库作用心中无数，导致部分智库有力无处使，智力空投，机构空转。有的智库研究和实际决策需求相脱节，党委政府决策部门认为这些智库成果不对胃口，缺乏针对性和可操作性，没什么实际价值；而智库工作者则常常觉得不受重视，抱怨研究成果被束之高阁，难以进入决策层。如何找到两者的契合点、切入点、有效对接点，正是当前需要面对和解决的问题。

4. 智库成果总体质量不高。表现为：追逐热点、浅尝辄止的多，系统研究、入木三分的少；依据二手资料的经验性研究多，依据翔实一手资料的规范性研究少；针对当下政策的阐释性成果多，针对未来趋势的引领性成果少。从总体上讲，智库把握决策咨询问题还不够"对路""精准"，咨政建言尚不能"到位""解渴"，存在"库"热"智"冷现象。这主要是因为部分智库心态浮躁，缺少定力，存在形式主义现象，应用的还是传统的方法，推出的成果往往是应景之作，产品大同小异，低端重复，缺少前瞻性、战略性、储备性。此外，成果转化的质量不高，相关部门尚未形成优秀智库成果转化的规范程序和跟踪机制，致使不少优秀的智库成果一"阅"了之，得不到深度应用，往往被束之高阁。

5.智库内部治理机制不完善，与外界接轨不够。从内部治理上看，不少智库的运营人员以兼职为主，临时凑人做课题的现象较为常见，没有形成良性的运作机制、没有能够可持续发展的实体机构，缺少专门的研究人员和专业的运营团队，缺乏对知识生产的专业化管理。从外部来看，智库管理体制改革特别是经费管理改革"见物不见人"，一些利好政策迟迟难以落地。部分高校智库与学校现有的运行体系不兼容，职称体系、评价体系等方面不接轨，存在"孤岛化"现象。

6.各类智库主体发展不均衡，未形成合力。部分体制外智库抢抓机遇，工作开展得热火朝天，但一些体制内智库仍然具有较大的体制惯性和改革惰性，推进改革的积极性不高。少数智库活跃，在国际国内活动策划和政策制定中扮演着重要角色，成为党委政府用得上、信得过的智库品牌。但智库建设的短板依然存在，智库之间的合力仍然没有形成，研究力量和资源还相对分散，"拢指合拳"不多，"合纵连横"不够，智库研究在一定程度上还存在着同质化、碎片化、低水平重复等问题。

三、建议与展望

面对由于热情驱动而呈现井喷式增长的中国智库，我们需要思考进一步思考：如何以工匠精神，通过"精细化"运作实现智库质量向更高水平的跃升？结合研究，我们认为：中国特色新型智库的未来发展，必须以增强政策供给为动力，以体制机制创新为关键，以精细化、精准化、精致化为主要手段，以智库建设质量和智库产品质量双提升为主线，以更好地服务党委政府决策、支撑社会发展为宗旨。在具体推动过程中，需要重点把握质量、协同、专业三个关键词，处理好三对关系，在九个方面重点着力。

（一）把握三个关键词

1. 质量。要实现 2020 年建成中国特色新型智库体系的目标，2017 年，智库建设能否由重数量转换到重质量的轨道上尤为关键。质量，既包括智库建设的质量，又包括智库产品的质量；既包括外部政策供给的质量，又包括内部治理的质量；既包括智库的"硬件"是否有保障，又包括智库运行的"软件"能否兼容。要在以上几个方面都坚持质量标准和质量取向，推动智库界的一流智库与一流智库学者"双一流"建设。

2. 协同。中国特色新型智库的发展，难以单兵推进，特别需要注重统筹和协同。我们既要注重不同智库主体构成的智库共同体建设，又要注重智库类研究机构与应用类研究机构的协同、与党委政府政策研究部门的协同、与党委政府决策部门的协同、与媒体的协同等，实现思想产品的多层次开发、集成式运用、全方位转化。如果说，社会科学研究者以"单干户"居多，而智库研究则应长于组织团队进行攻关，实现由"跑单帮"到"跑马帮"的转变。要走出小作坊，实现大协同，通过知识的多层次开发、集成式开发而形成能够为实践所用的新知识和方案。

3.专业。推进专业化建设，是新型智库在成长和发展过程中的必由之路，也是实现智库协同、推进智库产品和建设质量提升的关键。智库的专业化，包括研究领域和研究方向的专业化，研究团队和研究方法的专业化。决策咨询关乎国运民生，既要鼓励智库大胆发言，开展高质量的政策辩论，又要适当降噪，防止智库的噪音对政策产生误导，对政策环境和政策生产形成污染。智库专家应恪守专业化原则，谨言慎行，防止主观臆断、一知半解和跨界发言导致的政策风险。

（二）处理好三对关系

1.处理好"谋"与"断"的关系。将决策过程中专业性、技术性较强的论证工作（即"谋"）交由具备相应资质的智库来完成，政府的作用在于政策方案的选取（即"断"）以及决策的执行，做到"谋"与"断"分离。加大政府内设智库类机构的改革力度，科学准确界定其职能，避免智库机构行政机关化导致的"'政''智'不分"。作为汇集民众智慧和思想的新型智库，要科学把握自身的职责边界，把握好参与公共政策的"度"。智库与决策机构最理想的距离，是保持"一臂之遥"，既能够跳出来观察公共政策问题，不至于"只缘身在此山中"，又能够近距离感知体验决策者的需求，在政府需要的时候能够看得到、够得着、用得上。

2. 处理好对策研究与理论研究的关系。新型智库发展，成为近年来哲学社会科学发展的最新、最大增长点，引发新一轮哲学社会科学发展的竞争，最终可能会导致哲学社会科学格局和布局的重构，对区域和学校的综合竞争力产生重要影响。随着一大批智库的崛起，新型智库的地图正在重绘，对哲学社会科学的发展带来重要影响。智库研究需要基础理论与思想支撑，智库提出的问题反过来可以推进理论创新，对策研究和理论研究互为机遇、相互促进。智库对策研究要在提高针对性、及时性、可操作性的同时，借助社科研究机构的理论优势，充分吸收理论界的重大和前沿成果，提供高水平的前瞻性、预测性和储备性思想产品，并对基础理论研究给予"反哺"，实现优势互补、协同创新。从智库研究机构的主体和母体看，要提高运行质量，切实解决内部不健全、外部不接轨的问题，建立双向互动兼容的机制体制，在工作格局上实现由"孤岛式运行"向协调共进型转变。

3. 处理好咨政与启民的关系。近年来，美国知名智库布鲁金斯学会给自己提出了新的方向：过去 100 年，布鲁金斯学会的主要精力集中在如何帮助政府制定决策方面，未来的 100 年，将集中于帮助社会改进治理方面。智库提供智力服务，既有向上的维度，也有向下的维度，要处理好小众与大众的关系问题，把咨政与启民有机结合起来。一方面，智库专家必须能够"走进来、走上来"，为决策者提供咨询服务；另一方面，又必须能够"走出去、走下去"，进行政策宣传推广，为社会公众答疑解惑。智库专家要深入基层，加强和媒体联系，提升民众参与公共政策的意识，引导民众和媒体更加全面客观参与公共政策讨论，提高全社会的政策对话水平，推进基层社会治理的协商民主，凝聚社会政策共识，形成公共政策决策和执行的良好生态。

（三）重点在九个方面着力

1. 着力规范智库发展秩序，维护概念严肃性。近年来，智库机构如雨后春笋，良莠不齐，贴牌、拼盘和泛化现象明显，从总体上看，亚形态智库多，规范性智库少，吆喝型智库多，实力型智库少。为此，需采取如下举措：

第一，加快智库实体化建设。要避免智库名称泛化和智库建设标签化，进一步界定智库概念，进一步完善智库发展格局。严格按照《关于加强中国特色新型智库建设的意见》（以下简称《意见》）中对智库的基本界定，即"依法设立、相对稳定、运作规范的实体性非营利研究机构"，构建中国新型智库管理和评价体系，加快智库实体化建设步伐。

第二，加强智库管理。吸收已有的智库研究和评价成果，扶持第三方智库研究机构编制严肃规范的全国性智库名录，开展智库认证工作。要坚持智库的非营利性和公益性，把以营利为目的、主要从事商业咨询的机构排除在外。建议进一步明确智库的管理部门，赋予其更多的管理服务功能，通过相关的法律法规，净化智库行业；筹建智库行业组织，规范智库的成立标准和运作流程，起到党和政府联系智库、联系智库学者的中介作用。

第三，要处理好各类机构智库功能与其母体其他功能的关系。《意见》将智库分为党政部门、社科院、党校行政学院、高校、军队、科研院所和企业、社会智库七类，表明不同类型的智库分别隶属于这七类组织，但反过来，这七类组织并不一定只具备智库这一单一功能。对于党政部门，在《意见》"构建中国特色新型智库发展新格局"部分，强调增强中央和国家机关所属政策研究机构决策服务能力，"中央政研室、中央财办、中央外办、国务院研究室、国务院发展研究中心等机构要加强与智库的沟通联系，高度重视、充分运用智库的研究成果"，可见，这些政策研究机构和一般意义上的智库机构有着一定的区别。此外，还有一些机构比如人大、政协、决咨委等，也都是中国特色决策咨询体制的重要组成部分，具有相当重要的决策咨询功能，但显然并不是绝对的智库机构。有些智库母体还承担着其他多种功能，比如党校行政学院的主要功能是党政干部培训，高校的首要任务是教书育人。尤其是对高校建设智库而言，要明确大学是高校智库的载体而不是智库本身，妥善处理好高校人才培养、科学研究、社会服务等功能之间的关系。在实际操作中，既不能把高校当作一个大智库来建设，也没有必要把大学里的研究机构都改造为智库，而应当在发挥优势、集中力量建设一个或者若干个特色鲜明的品牌智库的同时，鼓励其他应用类研究机构适度发挥智库作用，参与决策咨询工作。

2.着力完善决策咨询制度，增强前置驱动力。决策制度是置于链条最前端、起引领带动作用的环节，是启动器、牵引机、动力源，是决策咨询制度链的主动轮，通过决策咨询机制将动力输送给智库体系，推动智库发展。要在《意见》的基础上，加大元政策目标下亚政策、子政策的构建，为智库嵌入决策提供制度化保障。要通过制度设计，激发决策部门释放决策咨询需求，通过政府购买决策咨询服务，对新型智库发展形成牵引作用。按照党的十八届四中全会全面依法治国的要求，完善决策程序立法，明确重大决策需有智库参与，确立智库在公共决策中的法律地位，强化政府自觉主动向智库"问策"的意识，为新型智库发挥作用提供必要的舞台。尽快出台政府购买决策咨询服务的意见等后续配套文件，进一步明确购买的范围、程序和双方的责任义务，为智库决策咨询产品交易转化提供制度化保障。要根据中央《关于社会智库健康发展的若干意见》的要求，鼓励社会智库发展，在决策咨询供给端形成多元主体，形成竞争机制，为智库发展营造良好的制度环境。

3.着力畅通对接渠道，沟通思想产品供需。党委政府决策部门是智库最大的客户。没有客户的需求，智库只能处于没有效率的空转过程中。因此，智库必须树立强烈的客户意识，紧紧围绕客户需求提供高质量的决策咨询服务。

第一，释放党委政府的决策需求。从党委政府和智库管理的视角看，要提高政策供给质量，在工作重点上实现由建智库向用智库转变。要善于主动出题目、设议题，引导智库聚焦现实开展研究。重大政策出台前，可通过适当渠道向智库征求意见，吸引智库积极参与，在汇聚众智、集思广益中确保政策设计的前瞻性与科学性。

第二，增强思想产品竞争强度。要通过市场机制创造更多的需求，通过公开招标等方式，鼓励不同的智库主体适当开展规范有序竞争，实行以质论价，形成充满生机和活力的思想产品供给。在给予智库集成性的政策支持、促进其基础建设的同时，逐渐建立基于市场需求的决策咨询项目竞争机制。

第三，建设供需对接平台。决策部门要加强与智库和课题管理部门的联系，课题管理部门要紧紧围绕党委政府的重大决策、重大战略、重要部署，及时发布决策需求和研究课题。智库类人才的培育需要融入公共政策的专业化实践过程，不仅需要人员流动，而且需要信息联通。要建立决策咨询需求信息发布平台，通过决策咨询需求公开，引领智库的研究方向，增强智库研究成果的针对性，避免决策机构与智库机构的双盲选择导致效率低下。要建立健全沟通协调互动机制，推动政府部门政策研究与智库对策研究的有效对接。

4.着力推动智库体系建设，促进分类分层有序发展。智库建设，重要的不在于数量多少，而在于智库功能定位的科学性和分布分层的合理性，在于包括各类智库统筹发展的体系性整体设计。智库建设要注重智库功能定位的科学性和分布分层的合理性，实现各类智库统筹发展。

第一，推动党政机关智库转型，促进智库研究成果的切实转化。实现体制内智库与体制外智库的有效对接，为各类智库等参与决策咨询服务创造良好条件。基层政府在条件尚不成熟的情况下不一定要自己建智库，但要善于用智库，不求所有，但求所用。

第二，规范引导社会智库健康发展。为了进一步发挥好社会智库的"鲇鱼效应"，理应在规范运行、按要求登记／备案的基础上，提供平等待遇，为其参与决策咨询服务创造良好条件。逐步畅通社会智库申报国家社科基金等各类项目的渠道。对一些有条件的智库进行社会化改造，促进一批具有潜力的社会智库快速发展。既要鼓励社会力量兴办智库，解决智库发展的资金问题，又要警惕大资本驱动下的智库异化与利益代言。

第三，统筹建设新型智库体系，加强智库共同体建设。要对不同类型的智库功能进行科学定位，推动各类智库主体共同发展、均衡发展，促进智库要素的整合、智库平台的融合，形成分层分类、协同有序的发展格局。通过智库的联合与合作，促进新型智库服务党委政府决策在服务方式、质量层次上的提升与创新；与媒体有效合作、实现共赢；强化内外部治理，通过建立智库业协会、联合会等，促进智库自律、他律和行业自律。建立系统联盟，如社科院系统智库联盟、党校系统智库联盟、"一带一路"智库联盟和区域智库联盟等，促进新型智库的专业化和集群化，增强新型智库发展的总体动能和势能。处理好政—智互动关系、智库共同体与学术共同体互动关系、智库共同体与传媒共同体互动关系，智库共同体内核和外围各种利益攸关方的关系等多种关系，通过多方联合与合作，促进新型智库服务党委政府决策在服务方式、质量层次上的质变，为构建新型智库体系奠定坚实基础。

5.着力打造智库品牌，推动智库专业化。随着社会发展，党委政府的决策需求越来越专业化、系统化。对于大多数智库来说，发展的方向是专业化、职业化而不是综合化、全能化，不需要也不可能建立一个万能智库。应增强专业意识，强化专业支撑，提升职业水准，推动新型智库走专业化发展道路，包括智库发展的专业方向的精细化，研究问题的精准化，队伍装备的精良化，建设具有专业特色和竞争力的智库品牌。智库要增强专业意识，强化专业支撑，提升职业水准，建设具有专业特色和竞争力的智库品牌。

第一，提升专业化的研究水平。要从社会科学研究和党政人才中吸纳更多的研究资源，组建职业化的研究队伍，着重生产专业化、原创性、高质量的研究成果，提高决策咨询的专业化水平。从专家和智库参与决策咨询与研究的过程和程度看，要由个人参与到团队参与，由表层参与到深层参与，由选择性的动作转换为规定性的动作，在不断深化的参与中提高决策咨询的专业化水平。

第二，开发专业化的研究工具。智库的专业化还体现在研究方法、运作流程和管理体系上。要秉持科学精神，建立专业的调查机构和调查队伍，掌握专业数据资料库。建立一批社会实验室和政策观测点，开展政策评估试点工作，运用专业工具箱对政策的效果进行检验，以专业化、职业化来保障决策方案的科学化。要由传统文献研究、问卷调查向依靠互联网、云计算、大数据平台等新技术转变。

第三，建立专业化的智库团队。不仅要保证研究领域、研究团队、研究资料和研究方法等方面的专业水准，建立并且拥有自身研究领域最全面、最强大的数据库，还要建立专门从事智库运营的职业化团队，负责智库内部运营、成果推广和市场拓展。

第四，弘扬智库专业伦理和职业文化精神。新型智库要注重注入先进的文化基因，加强智库组织文化建设，形成支撑和引领智库长期健康发展的思想文化精神内核。

6.着力推动话语转换，"弥补知识与政策之间的鸿沟"。习近平总书记指出："着力构建中国特色哲学社会科学，在指导思想、学科体系、学术体系、话语体系等方面充分体现中国特色、中国风格、中国气派。"把时代的理论和时代的思想转变为公共政策，这其中有一系列的中间步骤。这个中间步骤就是中国特色新型智库自己的学科体系、学术体系和话语体系，就是中国特色新型智库自己的全方位、全领域、全要素的科学体系。学科体系是指某一类问题、某一领域的知识体系，建立中国特色新型智库的学科体系，要以政治学、管理学、经济学等应用社会科学的理论和方法为基础，从基本原理到政策分析方法，构建一个完整的智库专业知识体系，使中国特色新型智库成为问题导向的、专业化和职业化的跨学科知识体系；学术体系是知识体系的制度性架构和建制，主要是指行业组织、专业期刊、专业交流体系和人才培育体系等。与此同时，新型智库建设是解决哲学社会科学知识和实践脱节的契机。智库无论是研究，还是咨询，都是问题导向的跨学科循证分析，这种思想生产模式有助于克服知识和现实脱节的错误倾向。新型智库建设将有益于推动我国哲学社会科学知识体系重建；政策研究将影响哲学社会科学的知识生产模式和生产路径。智库的发展战略和政策研究涉及社会科学的核心学科，如管理学、经济学、社会学、法学、新闻学等，智库面向实践的研究会反作用于这些学科的发展，使得这些学科不得不面对时代问题、回答时代问题，有助于解决理论和实践脱节的问题。

7. 着力加强人才培养，促进智库队伍的职业化。新型智库产品的对策属性及其工作对象以及无法比拟的复杂性，决定了它需要用一手的资料和数据说话，要有强大的社会理论支撑，必须以对现实社会实践的充分认知为前提。因此，智库研究人员必须"学院派"和"实践派"皆备，进一步强化在人才方面的实践导向。

第一，引导一批社科专家向智库专家转型。实现由关注理论问题到关注现实问题的转变，培养具备高理论学术素养的智库专家，逐步造就一支职业化的智库专家队伍。在高校和研究机构，社科研究力量要适时分化，合理分流，避免身兼多职，疲惫应对。推动智库机构与社科机构之间团结合作，智库与研究机构之间团结合作，实行社科研究机构和智库双聘制度，形成各类智库人才协同攻关的良好局面。我国传统意义上的智库成员，主体是从事学术研究的学者，他们很少有在决策部门任职的经历，阅历不足是我国智库专家的一大短板。要实现智库人才由重学历向重阅历和重学历相结合转变，"推动党政机关与智库之间人才有序流动，推荐智库专家到党政部门挂职任职""推荐知名智库专家到有关国际组织任职"等。

第二，加大智库专业人才的培养力度。适应新型智库发展的要求，从学科建立和发展规律出发，推动建立智库学科体系、课程体系和人才培养体系。要从大学时代抓起，建议设立 MPP 专业学位，与 MPA 并列，招收智库专业的研究生，提高智库专业人才的政策水平。同时，加强在职公务人员的 MPP 教育，提高领导干部的政策素养。

第三，加大对优秀智库人才的激励力度。目前，有关智库成果的物质奖励标准已经有了突破，在职称评定、成果认定等方面也逐渐接轨，但针对智库产品和人才的荣誉称号尚未正式建立。

在建立科学评价体系的基础上，建议加大对智库产品和人才的激励力度，在智库界真正建立起以增加知识价值为导向的分配政策。改变财物管理制度中重物轻人、见物不见人的思维模式，充分尊重智库专家的脑力劳动和智慧贡献。突破对智库人员参照公务员管理的机制，在出访计划、出访天数、出访国家、团组规模等方面制定更加符合科研活动规律的管理办法，切实解决智库专家"走出去"的问题，为其成长创造宽松的环境。

8.着力提高智库产品质量，延伸产品价值链。没有一流的智库产品，就没有一流的智库，智库的竞争力和影响力最终都需要通过高质量的智库成果来体现。要在加强智库外部管理、完善智库内部治理机制的同时，突出智库研究内容创新，强化质量导向，引导智库着力练好内功，推动智库建设由热闹感性向务实理性转变。

一是智库专家要有敬畏之心和责任担当。与一般的学术研究相比，智库的产品与实践的距离是最近的，智库产品一旦进入决策程序，付诸实践，就具有不可逆性。因此，积极鼓励智库开展一线调研，树立"无调研、不智库"的理念，强化智库专家的敬畏之心和责任担当，智库产品，特别是以服务决策为直接目的的政策建议类、政策分析类产品，越接近操作层面越需要有精准的分析，一定要建立在专业基础之上，建立在充分的调查论证、反复推演之上，不能拍脑袋、凭直觉，跟着感觉走，绝不能以智库专家拍脑袋代替领导拍脑袋。

二是强化智库产品的质量评价导向。要在构建智库机构评价体系的同时，注重建立符合智库特点的成果管理和产品、人才评价体系。坚持基于客户、质量和市场的评价导向，坚持短期效应与长效效用相结合，政府、学界、社会评价相结合。智库产品的主要顾客是决策者，成果具有小众性，要强化决策机构及党委政府政策研究机构在智库评价中的权重。要进一步优化决策咨询成果的奖励标准，警惕重奖之下智库发展畸形。

三是提升智库产品价值链的含金量。知识生产具有特殊性，智库成果也呈现为多种形态和多种传播形式。要尊重智库发展规律，尊重智库产品生产规律，尊重智库成果转化规律，着力构建促进智库成果转化的体制机制，让智库成果的价值得到更加充分完整的体现。

9.着力把加强智库建设作为推动国家治理体系和治理能力现代化的重要抓手。要从决策体制变革和推动国家治理现代化的高度，深刻理解中国特色新型智库建设的历史使命与时代意义，在注重发挥智库服务科学决策功能的同时，更加注重智库促进民主决策功能，更加注重以智库建设提升中国软实力。

第一，推动协商民主。智库的对策建议往往是在开展深入调研、大量搜集民意的基础上形成的，对推进协商民主具有重要意义。要运用多种传播方式，拓宽智库影响社会舆论的媒体通道，找到公共政策的最大公约数，促进公共政策的实施。积极主动地运用论坛、网络杂志、社交网站、微博、微信等新媒体，向公众推广新型智库的思想产品，形成政府、智库、媒体和社会良性互动的格局。

第二，推动国家软实力的提升。高端智库要善于伐谋。在全球智库圈中，我国智库的话语权还较为薄弱，我们既没有能够影响全球战略和政策理论生产的英文旗舰刊物，也缺少为国际社会所理解和接受的新概念、新范畴、新表述，更缺乏影响全球知识界的"标识性概念"。中国特色新型智库处在面向世界讲中国故事、为全球治理伐谋的前线，要加强话语权建设，鼓励哲学社会科学机构参与和设立国际性学术组织，支持建立海外中国学术研究中心，加强国内外智库交流。要培育一批有望增强中国国际话语权的智库，在关键领域能够响亮发声，在事关中国国家利益的问题上能够权威引导，讲好中国故事，传播中国思想，建构中国话语。要敢于与世界强手过招，与世界智者对话，把中国打造成为世界瞩目的"智库强国"与思想高地。

（执笔：江苏省社科联研究室主任刘西，南京大学中国智库研究与评价中心副主任、首席专家李刚）

分 报 告

创新智库治理　提高智库能力

——中国党政智库 2016 年度发展报告

　　伴随我国综合国力不断提升、全面深化改革持续推进和国内外形势深刻变化，党政决策面临的复杂性与挑战性大幅增加，智库建设的重要性愈加凸显。一年来，党政智库作为我国特色新型智库体系的中坚力量，积极探索中国特色新型智库建设道路，提升智库治理能力和水平、发挥各项智库功能，为各级党政部门决策提供咨询与辅助，取得了许多新进展、新成果和新经验，主要体现在：管理建制不断强化、职能体系加快拓展、组织架构逐步健全、人才结构持续优化、科研管理更为高效、国际合作显著增多。与此同时，党政智库建设短板仍然存在，亟须进一步提升整体建设水平。主要路径包括：提升咨政能力，强化决策咨询制度保障；健全管理组织架构，完善内部治理结构；优化岗位人才结构，丰富人才培养方式；创新科研与经费管理体制，探索多元激励机制；规范成果转化平台，提升成果转化效率等多个方面。

一、我国党政系统智库年度建设进展与改革探索

（一）管理方式不断创新

加强顶层设计与总体部署，突出引领带动作用。为贯彻落实中央《关于加强中国特色新型智库建设的意见》《国家高端智库建设试点工作方案》等文件要求，我国党政智库普遍对自身管理体制与工作机制加以强化。中央部委机关高度重视智库组织机构建设，普遍研究出台了关于加强本部门新型智库建设的意见和智库工作方案；各省市政府发展研究中心或研究室大都纳入了当地高端智库试点单位，发挥了较好的示范效应和引领作用。例如，吉林省政府发展研究中心从自身作为省新型智库试点单位的机构定位出发，从人事管理、财务管理、开放性科研管理三个方面入手探索经验，实施以能力、品德和贡献力为导向的人才激励机制，完善以满足科研实际需要为目标的财务规章制度，深化"全生命周期"政策研究管理体制，并计划利用3—5年时间健全省域党政新型智库试点工作机制，着力打造具有吉林特色的智库品牌。

重视和加强"党管智库"，坚持正确政治方向。在党政智库建设中，政策研究工作与党建的关系十分紧密，二者既具有相互促进性，又具有不可替代性，党政智库普遍对两者给予足够的重

视，以发挥两者互相推进的正面效用。例如，商务部国际贸易经济合作研究院在"两学一做"学习教育活动中，以加强党建工作促进智库治理水平提升，使政治建设与业务建设相互促进，对强化智库研究人员的党性觉悟与使命责任起到积极成效。

创新智库治理，提升智库能力，注重推进智库宏观协调统筹发展。例如，江苏省委宣传部注重优化智库结构，部署全省智库整体协同发展；山东省委宣传部精心组织遴选各类各方面智库领军人才；国防大学成立"国家安全工程实验室"，中国宏观经济研究院组建"决策咨询系统"等平台，相关的综合性管理组织架构正在我国党政智库中不断涌现。

（二）职能体系加快拓展

全面认识和实施智库各项功能，传统智库实现转型发展。在已有政策研究与决策咨询的基础上，政策解读、评估以及对外交流工作进一步拓展了我国党政智库职能结构。如国务院发展研究中心的职能定位近年来得到大幅度扩展，在原有政策研究工作基础上新增加了政策解读、政策评估和配合大国外交的国际交流，形成了"四位一体"的新功能。在政策解读方面，积极参与党的十八届三中、四中、五中全会精神和中央政策宣讲，为各地区各部门作相关专题辅导报告等活动。在政策评估方面，先后承担"构建开放型经济新体制若干意见评估""'十二五'规划实施情况评估"以及棚户区改造、精准扶贫、外贸稳增长、自贸区建设、促进民间投资等国务院重大政策实施效果评估工作。

加强与社会智库沟通联系，高度重视、充分运用社会智库的研究成果。山东省政府研究室搭建交流平台、创新合作方式，将政府关注的热点问题及时通报给社会智库，并建立研究成果交流制度。

成果转化渠道更为丰富。目前，我国党政智库多已建立起比较稳定的研究成果转化机制，成果转化渠道主要包括内部交流报告、公开出版刊物、网络及新媒体发布平台等三类，大部分试点单位在本领域拥有至少2—3种内参研究报告。此外，互联网作为成果宣传与推广媒介也日益完善，以国务院发展研究中心主办的"中国智库网"、中央编译局的"理论中国网"等为代表的党政智库网上阵地影响力不断扩大。

（三）组织架构逐步健全

结合本部门特点，创新智库组织机构建设。例如，公安部依托所属院校创立了公安部公安发展战略研究所、公安部现代警务改革研究所，取得了良好的效果；国防大学根据国防形势变化与军事前沿领域决策咨询需要，组建"一带一路"安全保障和网络太空安全等十余个战略研究中心；国家发展改革委宏观经济研究院为了充分体现智库特点，聚焦和优化智库核心职能，更名为"中国宏观经济研究院"。

创新组织形式，整合智库资源，形成智库共同体等网络。例如，国家卫生计生委卫生发展研究中心纵向整合各省市相关卫生计生类智库资源，建立"中国卫生政策研究网络"，全面提升该中心的智力支撑能力；国务院发展研究中心每年举办"全国政策咨询会议"与"省区市经济形势分析座谈会"等活动，形成发展研究中心与各省区市政府发展研究中心（研究室）的研究合作制度，既促进相互合作研究，同时更对提升整个政策咨询系统研究质量和水平、加强智库间沟通交流、促进地方政府智库建设起到积极推动作用。

与高校、企业智库建立合作研究平台。例如，河南省政府发展研究中心与河南师范大学共建"精准扶贫与区域发展研究院"，旨在整合高校精准扶贫与区域发展专家学者，使其能够借助省发展研究中心平台开展应用对策与决策咨询研究；大连市政府发展研究中心与大连大学共建"决策咨询创新研究基地"，为东北老工业基地振兴和政府科学决策提供智力支持。

（四）人才结构持续优化

过去一年来，我国党政智库持续探索和优化岗位人才结构，进一步强化专业人才发展框架，力争使业务素养优秀、研究能力突出的研究人员脱颖而出，并从中选拔政治素质好、社会责任感强的人员作为所在智库专业领域首席专家，以其为核心建设专业化研究团队，同时形成稳定、开放、流动的选人用人机制。例如，国务院发展研究中心不断加强自身人才队伍建设，注重培养高素质、多领域、复合型人才，建立了内部不同体制人员双向交流机制。实施"重点政策研究基础领域建设"制度，通过突出重点、长期积累、夯实基础、提高能力，形成一批高水平优势研究基础领域。注重在政策研究和政策评估中统筹国内外社会资源，建立"人才大网络"制度。实施"英才资助行动""海外人才交流计划"，与哈佛大学肯尼迪政府学院、剑桥大学签订访学与成果出版计划；中国宏观经济研究院将优秀研究人员有序纳入"国宏访问学者计划"，使其有机会到国内外知名智库进行访问交流，或到党政决策部门及基层市县挂职锻炼；中国社会科学院针对性建设"重点领域专家人才数据库"，探索试行"创新研究岗位制度"，拟在现有岗位结构基础上增设不同等级的创新研究岗位序列，给予相应岗位津贴；广东省政府发展研究中心与德庆县签署人才双向培养战略合作框架，双方将互相选派干部人员进行挂职锻炼或借调学习，为共建县域发展研究基地提供专业人才支撑。此外，新华社等机构在现有主体研究队伍基础上凝练核心研究团队，遴选一批特聘智库岗位研究人员，打造以首席专家为核心的"网络式"智库人才结构。

（五）科研管理更为高效

选题围绕中心、服务大局，在此基础上，加快改善研究选题机制，把重点放在提高研究质量与政策价值、推动内容创新上，有效提升了智库研究成果的质量。例如，民政部政策研究中心把服务决策作为根本要求，把破解难题作为主攻方向，把指导实践作为终极目标，积极开展民政政策理论研究，促进课题成果转化，有效推进了民政领域工作改革发展创新。

不断完善成果管理机制。例如，国务院发展研究中心建立了严格的研究报告送审制度，实行研究报告三级审稿制度和查重制度，从研究部（所）长到中心主管领导再到中心主任，逐级把关审批，以此保证向中央提供高质量的决策智力支持。对于缺少专门调查研究、没有长期跟踪、拿不出真东西的报告坚决打回去，有力地保障了研究报告的整体质量；新华社对研究成果实行上级部门批示与实际政策贡献"双向引导"的考核评价思路，建立用户评价、同行评价、社会评价相结合的考核指标体系，并对各类评价指标在考核过程中的权重加以明确划分。在具体成果的考核评测中，注重将定量与定性方法相结合，以课题项目的数量、决策影响力和实际政策实施效果等因素为标准，细化出若干子目标层次，进一步量化考核指标体系，与此同时，逐步对会议评议、书面评议、资料检索、个案访谈、问卷调查等辅助性考核评价方式加以完善，建立年度综合考核、半年督导考核与平时动态考核相结合的复合性考评机制。

持续探索岗位激励办法，通过调整收入结构、实行绩效薪酬、丰富激励路径、加强研究成果的社会性宣传推广范围等方式加以实施。例如，山西省政府发展研究中心探索建立更为切合实际的间接经费使用制度和经费报销制度，旨在体现智力付出价值，激励科研人员产出更多更好成果；中国社会科学院、新华社等多家单位在调整优化现行薪酬结构基础上，把智库研究人员的薪酬收入水平同工作绩效挂钩，在部分直属研究院、所建立与岗位职责、工作业绩、实际贡献紧密联系的绩效薪酬制度；中国现代国际关系研究院探索设立"业务绩效专项资金"，将智库研究人员收入划分为包含基本工资、岗位工资、业务绩效及奖励性收入等在内的层次结构，并通过岗位培训、学术进修等途径进一步丰富激励路径。中国宏观经济研究院针对性设立了"中国宏观经济研究创新奖""高端智库建设杰出贡献奖"等具有重要领域影响力的研究奖项，用以表彰符合条件的智库科研成果与一线研究人员。

（六）国际合作显著增多

随着我国参与全球治理的持续深入，党政系统智库参与国际交流的渠道加快扩宽，二轨外交、科研合作、会议座谈、战略共商共建等活动日益频繁。例如，国务院发展研究中心新近确立和继续执行的国家层面重大多边、双边项目已达十余项，包括与英国国际发展部、法国国家战略预测总署、印度国家转型委员会、新加坡国家发展部等多国政府机构建立了国家层面的合作交流机制，同时负责组建习近平主席在联合国发展峰会上宣布建立的"国际发展知识中心"，代表中国政府加入"经合组织（OECD）发展中心"等，不断整合现有多边双边国际合作资源打造重大国际交流合作平台，系统总结和分享中国发展经验，深度参与全球治理研究与政策对话，促进世界各国共同发展；中国社会科学院同 80 余个国家的 200 多个国际社科研究机构、高等院校、智库、基金会、政府部门建立了领域合作联系，对外签订 140 多项学术交流协议；中国现代国际关系研究院与美国布鲁金斯学会、战略与国际问题研究中心、卡内基国际和平基金会、英国伦敦国际战略研究所、法国国际问题研究所、日本国际问题研究所、韩国世宗所等多家国际知名智库建立了对等研究交流合作机制；中央编译局在过去一年中，先后赴德国、奥地利、日本等国家进行科研访问交流，积极推进外交对接，并加快建立研究协调与联络沟通机制。

二、年度建设成绩与存在问题

总体上看，我国党政系统智库一年来在服务中央战略、贯彻政策部署、立足领域发展和创新体制机制方面持续探索，并在机构建设与改革发展实践中形成了以下特征：

准确把握政治方向与研究价值指向，在"四个全面"战略布局和"推进国家治理体系与治理能力现代化"改革总目标导向下，为以习近平同志为核心的党中央治国理政新理念新思想新战略提供规划与路径支持，做好新时期党和政府科学决策的参谋助手；聚焦建设优势研究领域和重点研究方向，根据自身职能分工与本地区改革发展实际，重点围绕"党政思想理论建设""区域经济社会发展""科技进步与创新"以及"外交、国防和国家安全"等重点领域进行研究建言，政策建议涉及经济建设、社会治理、地区安全等十余个方向；着力提升综合研究能力与科研管理水平，重点针对党的十八大以来党政建设与国家发展中的关键改革部署与决策需要，建立统筹谋划、内外联动和持续投入的长效研究机制；努力提高专家型人才队伍素质，立足智库主要依靠高层次、专业化人才进行智力性投入的业务运行规律，结合自身机构定位，在编制内人员基础上推行长、短期相结合的研究人员聘用制度与岗位管理制度，持续探索研究成果质量导向的绩效薪酬制度；着力创新智库管理体制机制，重点针对职能配置、机构设置、人员编制、经费来源结构与运行支出管理等问题在合理范围内探索更多的灵活性；进一步加快拓展国际交流与合作，充分发挥智库在"二轨外交"与国家话语体系构建等方面的特有职能，打造形式各异的国际合作机制与成果交流平台，结合自身所在地区经济社会发展需要，积极参与跨国合作与全球治理议题研究，提升外围资源整合能力。

在取得上述建设成绩同时也要认识到，党政系统智库在咨政辅政能力、牵引带动作用、管理制度创新等方面与党和国家决策要求相比还存在不少差距。

一是咨政能力与成果实效不强。首先，战略谋划与综合研判能力不强。缺少紧密对接中央整体改革发展部署的操作性对策研究和针对地区重大现实问题的改革路径研究，业务工作"重数量、轻质量""重复建设""浅轻散"等问题普遍。其次，研究方法与技术手段比较滞后；政策研判中定性推论较多、定量分析较少，合理运用大数据、云计算等信息化手段分析发展趋势、研判政策走势的尝试较少。再次，成果评价不够健全，缺少战略性与对策性研究的差异化评价机制。

二是岗位类型与人才结构单一。首先，岗位类型的多元化程度不强，缺少具有适度竞争性、以决策咨询需求为核心导向的多层次、聘用性岗位设置，首席专家、资深研究员等管理型研究岗位尚未从行政管理岗位中完全分离，其先导示范效应和引领带动作用难以得到充分发挥。其次，高水平研究队伍总体上还比较匮乏，大部分党政智库研究工作体系缺乏结构合理的专业化人才梯队支撑，且尚未建立起灵活高效的选人用人机制。再次，人才流动不够充分，缺乏有效且相互促进的人才"留住机制"与"流动机制"，党政智库与决策部门间的职能配合与沟通联系还未常态化、制度化。

三是绩效管理与激励机制不足。首先，大多数党政智库仍普遍参照行政类管理体制，针对业务类研究人员及其成果的绩效管理模式尚不成熟，经费支出结构、人员奖励办法、预算决算方式等较之以往缺少明显突破。其次，作为政策研究与决策咨询、评估、解读相结合的部门，智库人员的智力性成果产出比较多元，部分决策咨询类和政策评估类成果由于实效性、涉密性等原因无法纳入常规绩效考核范畴，欠缺不同类型成果间的权重定位与绩效转换机制。再次，党政智库研究成果具有高度的政治指向性，其评价思路与评价标准需要在决策贡献力、领域公信力与社会影响力之间做好划分，而现阶段对于具有重大决策贡献研究成果的奖励尚不到位。

四是协同建设与制度保障缺失。首先，面向党政综合性智库与面向依托高校、科研机构、企业及社会组织建设的专业化智库的管理办法趋同，缺少符合党政智库运行规律与特点的组织管理方式，党政智库"小机构、大网络"的组织形式无法得到充分发挥。其次，欠缺党政智库深度参与决策所需的制度安排，智库工作与政策实际运行脱节的问题还没有明显改观，其咨询与评估职能尚未成为决策过程必备环节。再次，党政智库自身普遍未形成健全、高效的内部治理机制，行政管理与科研管理之间如何高效分工与协同仍亟待探索。

三、加快推进我国党政系统智库建设的几点建议

推进中国特色新型智库建设是一项全新而复杂的系统工程，需要在具体实践中多方面探索和创新。党政智库要认真学习贯彻两办《意见》，特别要把重点放在提高研究质量、推动内容创新上；要坚持问题导向，"急决策者之所急，想决策者之所想，急决策者之所未急，想决策者之所未想"，开展全局性、综合性、

战略性、前瞻性政策研究和决策咨询。

（一）提升咨政能力，强化决策咨询制度保障

首先，要进一步提高党政智库决策服务效率，在决策系统与智库间建立稳定的供需对接与成果应用机制，持续加强党政智库在所属决策咨询领域的研究深度与能力积累。其次，现阶段要以党政高端智库建设试点单位和有代表性省市政府研究系统为依托，探索推进智库纳入公共决策过程的标准化流程及其制度与政策设计，明确智库与相应领域决策部门间的决策问询机制和政策评估机制，将其咨政职能真正植入政策形成与运行过程。再次，要建立起面向国家重大改革发展议题的智库研究协作机制，构建党政智库"小机构、大网络"的组织形式，突破"办论坛""请名人"等浅层次智库交流模式，通过研究协作促进党政智库与其他类型智库的协同建设。

（二）健全管理组织架构，完善内部治理结构

首先，要在准确把握智库建设规律、统筹国内党政智库发展共性问题基础上，研究制定针对党政智库的差异化政策供给，明确其发展目标与业务工作规范。其次，要健全党政智库管理组织架构与议事职能机构，充分发挥好"国家高端智库理事会"等官方平台和"'一带一路'智库合作联盟"等社会组织在促进供需对接、增进研究协作、规范评价机制、促进对外交流等方面的管

理协调职能。再次，要创新党政智库现行内部治理结构，加快完善党委（党组）领导下的学术委员会或智库理事会业务管理体制，探索首席专家在具体领域研究工作中的责任制度，促进行政管理与科研管理分工协作。

（三）优化党政智库岗位人才结构，丰富人才培养方式

创新党政智库专业类人才管理体系，在专业性岗位全面推行研究能力与咨政绩效导向下的岗位聘用制度与绩效奖励制度，同时积极在参公管理类型智库中探索专业技术类公务员制度。

建立并丰富党政智库人才建设专项，着力培养高端综合人才与专业领军人才，同时遴选出对中央决策作出突出贡献的智库专家构成"资深研究员"队伍，与"首席专家"共同带动所在智库研究领域与队伍建设。

率先在党政智库与相应领域决策部门间设立人才交流机制，通过调动、挂职、借调锻炼等方式，探索建立智库人员与党政官员之间的常态轮转交流制度与专业履历考核制度。

（四）创新科研与经费管理体制，探索多元激励机制

首先，要改进和优化党政智库科研选题流程，建立面向党和国家重大发展议题的选题申报机制和决策部门定向课题委托机制，强化决策与咨询供需对接，同时使短期与中长期研究课

题合理兼顾，避免"重量轻质""低水平重复研究"等问题。其次，要加快健全党政智库建设评价机制，制定符合党政智库核心职能导向的成果评价体系，细化研究成果质量管理，将智库内部评价与领域同行评价、社会第三方评价有机结合。要加快建立和规范标准化评价机制，科学合理制定评价标准与评价程序，对党政直属智库建设有序开展评估，促进形成良性竞争机制与试点进出机制，提升党政直属智库的业务能力与公信力。再次，要提高党政智库经费使用机制与业务运转需要的匹配效率，重点加强在实地调研、人才专项、奖励激励、基金建设等方面的经费与政策支持力度，重点在支出结构、分级预算、基金管理等方面加强研究和创新探索，根据研究人员参与决策咨询与政策研究、评估工作的实际贡献形成多劳多得、优劳优得机制。

（五）规范党政智库成果转化平台，提升成果转化效率

一方面，要精简和集中内参性成果报送渠道，建立内参报告分级制度与领域研究简报制度，分类管理和遴选不同等级智库研究成果，在严守保密制度前提下适当拓展不涉及国家安全相关成果的公开发表范围，健全成果监督路径与问题追责机制。另一方面，要加强科研成果转化平台与宣传推广机制建设，规范党政智库公开出版物的管理、筛选与信息化体系支撑，在此基础上允许

其加大与主流媒体、国内外重点研究机构间的交流合作，充分发挥好其舆论引导与公共外交职能。

（执笔：国务院发展研究中心李国强、李曜坤）

打造"雁阵结构" 强化咨政功能

——中国党校行政学院智库 2016 年度发展报告

作为我国哲学社会科学五路大军之一，作为我党直接掌握的一支重要的哲学社会科学研究力量，党和国家对党校行政学院中国特色新型智库建设寄予厚望。中共中央办公厅、国务院办公厅印发的《关于加强中国特色新型智库建设的意见》专门强调指出："支持中央党校、国家行政学院把建设中国特色新型智库纳入事业发展总体规划，推动教学培训、科学研究与决策咨询相互促进、协同发展，在决策咨询方面发挥更大作用。地方社科院、党校行政学院要着力为地方党委和政府决策服务，有条件的要为中央有关部门提供决策咨询服务。"《中共中央关于加强和改进新形势下党校工作的意见》指出，党校要"积极推进新型智库建设"。习近平总书记在全国党校工作会议上的讲话中指出："希望党校成为党和国家的重要智库"。这些都为党校行政学院智库建设指明了方向、作出了部署、提出了要求、增添了动力。

长期以来，各级党校行政学院在党和政府决策中一直发挥着重要的智库功能。中国特色新型智库建设要求的提出，全国党校工作会议的召开，为党校行政学院智库建设注入了新动能。2016年是党校行政学院智库建设集中发力、快速发展的一年，目前以中央党校、国家行政学院为第一方阵、以省级、副省级城市党校行政学院为第二方阵、以地市级及以下党校行政学院为第三方阵的"雁阵结构"已经形成，在中国特色新型智库建设总体布局中体现出了鲜明的特色和独特的优势。

一、目标定位明确

2016年，随着实践的推进，各级党校行政学院对智库建设的目标定位越来越明确。这个目标定位可以概括为：坚持以马克思主义为指导，以服务党和国家决策为宗旨，以政策研究咨询为主攻方向，以完善组织形式和管理方式为重点，以改革创新为动力，努力建设中国特色新型智库，为党和国家科学民主依法决策、为推进国家治理体系和治理能力现代化发挥党校行政学院优势，凸显党校行政学院特色，发出党校行政学院声音，贡献党校行政学院力量。

（一）落实中央要求

2015年12月印发的《中共中央关于加强和改进新形势下党校工作的意见》指出："中央党校和省（自治区、直辖市）委党校要聚焦党和国家中心工作、党委和政府重大决策部署、社会热点难点问题进行深入研究，及时向中央和地方各级党委反映重要思想理论动态、提出有价值的对策建议。"党校和行政学院的职能和工作任务密切关联，这里提出的是共性的要求。不惟中央党校和省级党校，各级党校行政学院的智库建设都应当围绕"一个聚焦、一个反映、一个提出"来展开。

（二）明确主要职能

中央党校常务副校长何毅亭把党校的职能归纳为干部培训、思想引领、理论建设、决策咨询四个方面，并指出党校的行政管理工作、干部人才工作、服务保障工作等都要围绕这四个方面来思考、来给力，群策群力把工作进一步做好。各级地方党校也应当自觉对照，找准位置，抓住重点，发挥作用。"干部培训、思想引领、理论建设、决策咨询"勾画出了党校行政学院的主要职能，也凸显了党校行政学院智库建设需要努力的方向。

（三）深化认识理解

2016年，中央党校副校长黄浩涛在《求是》《光明日报》等报刊撰文认为，中央党校国家高端智库建设要塑造党校智库的精神特质：在政治方向和价值追求上坚持姓"马"姓"共"；在理论方向上坚持以马克思主义为指导，发扬理论联系实际的学风；在队伍建设上坚持政治强、业务精、作风好的标准；智库建设要与哲学社会科学创新体系建设整体推进。中央党校校委委员、副教育长兼科研部主任韩庆祥认为，智库不只是一种机构，更重要的是生产思想、战略和对策即述学立论、建言献策的一种机制；智库建设不宜"贪多求大"，关键是发出强有力的声音，建设好"思想中国"；智库建设不能搞"千库一面"，必须体现党校的特色、重点和优势。

二、注重发挥自身优势

在中国特色新型智库建设工作中，党校行政学院智库具有许多独特的、不可替代的优势，这些优势为党校行政学院智库建设提供了诸多有利条件。

（一）决策咨询传统优势

中央党校、国家行政学院及各级党校行政学院在为党和政府建言献策方面有着悠久的传统。一个具有划时代意义的事件是：1978 年 5 月 10 日，中央党校内部刊物《理论动态》发表光明日报社供稿的《实践是检验真理的唯一标准》的理论文章。11 日，《光明日报》以"本报特约评论员"名义在头版发表，新华社当天发了通稿。12 日，《人民日报》《解放军报》以及《解放日报》等全文转载；13 日，又有多家省报转载。由此，关于真理标准问题的大讨论在全国展开。

无论在中央还是地方，党和政府在进行重大问题决策或重要文件起草时，都注重邀请党校行政学院的专家参与座谈或撰文，使他们直接参与到决策过程之中。2008 年出台的《中国共产党党校工作条例》就已经提出，要"发挥党校在党委和政府决策中的思想库作用"。2009 年出台的《行政学院工作条例》也提出，行政学院要发挥"政府决策咨询的思想库作用"。

（二）学科和研究队伍优势

整个党校系统的马克思主义基础理论学科布局完整，学科建设特色突出，特别是在马克思主义哲学、马克思主义政治经济学、科学社会主义与国际共产主义运动、中共党史、党的建设等学科领域优势明显。中央党校有着一支政治素质过硬、学术造诣高、社会影响大、事业心和责任感强的教研人员队伍，拥有一大批国内外著名的哲学社会科学专家、学者和优秀中青年学科带头人。国家行政学院则在经济学、法学、政治学、领导科学、公共管理、社会管理等方面有一大批知名专家学者。

（三）成果报送平台优势

中央党校的《思想理论内参》和《研究报告》两个内参平台，直接报送至中央决策高层。中央党校还拥有《学习时报》《理论动态》《中国党政干部论坛》《理论视野》《中共中央党校学报》《科学社会主义》、中央党校网、理论网、学习时报网等具有广泛社会影响力和学术知名度的媒体资源。中央党校中国特色社会主义理论体系研究中心是全国十五大基地之一，自2009年以来，以中心名义在中央主流媒体发文的质量和数量连续七年居全国各大基地之首。国家行政学院办有"参阅件"、《国家行政学院学报》等，影响很大。省级、副省级党校行政学院也都有直接向党委政府报送决策咨询成果的"内参直通车"，也都拥有一份或多份有一定影响的学术期刊。如仅北京市委党校（行政学院）就拥有《北京行政学院学报》《新视野》等全国核心刊物，近两年还创办了内参《党校送阅件》，专门报送决策咨询报告，目前已在全市产生较大影响。重庆市委党校专报市委、市政府领导的资政内参《领导视窗》创办十多年来，已经成为该校智库建设的一张名片，发挥了决策参谋的积极效用。

2016年，为进一步发挥党校及行政学院新型智库作用，及时解读中央和地方重大决策部署精神，反映当下社会思潮、重要思想理论动态，一些党校及行政学院创办了各具特色的刊物平台。如黑龙江省委党校又创办内刊《学习研究参考》，根据内容确定不同报送范围，由于其短平快、精准透的特点，得到了省内各级领导干部的高度认可。

（四）学员资源优势

中央党校和地方党校具有着丰厚的学员资源与优势。作为轮训培训党的高中级领导干部和马克思主义理论干部的最高学府，党校的学员都是来自党政军及国有企业的领导干部，具有丰富的一线工作经验，本身就是政策的制定者和执行者。他们带着建议和问题来到党校，在学习过程中同党校的教研人员交流座谈。一方面，他们既能帮助党校教研人员准确把握问题所在；另一方面，党校教研人员也能为学员答疑解惑，将党校智力融入决策咨询中，实现教学相长，充分发挥党校行政学院智库功能。众多的学员资源是党校行政学院智库建设的一座"富矿"。稳定的教师队伍是党校行政学院智库建设的核心力量，而来自一线的学员资源则是流动的"思想富矿"，只有找准二者的连接点，才能实现理论优势和实践优势的对接，给党校行政学院智库建设插上腾飞的翅膀。

2016年，北京党校在发挥学员资源建智库方面取得良好成效。研修9班全体学员与指导老师合作撰写的关于《反磁力"微中心"有效疏解城六区人口》的咨询报告今年经中央党校《研究报告》内参报送后，获得了张高丽、郭金龙、王安顺等领导同志批示。

（五）系统优势

除中央党校、国家行政学院外，全国共有省级党校33所，副省级党校15所，市地级党校360多所，县级党校近2500所，拥有近10万教职工。另外，不少党政部门、国有企业、高等学校、部队等也办了党校。遍布全国的党校网络和队伍庞大的党校工作者，使党校系统协同合作具备了良好的架构基础。能够充分凝聚和调动党校系统智力资源，互联互通，携手并进，这是党校行政学院智库建设的有力依托。

如海南省委党校，2016年继续推进办好"全省党校系统决策咨询课题"项目，面向全省市县党校招标"决策咨询课题"择优立项。同时，加强对全省党校系统决策咨询研究骨干人员的培训，聘请省委政策研究室、省发改委等单位人员作专题讲座，引导全省党校系统教职工开展有针对性的研究。

此外，党校行政学院在智库建设上还有许多其他有利条件，比如熟悉决策内情、熟悉话语体系、熟悉党政官员，还有挂职任职的便利、调查研究的便利、获取资讯的便利等，这些都对党校行政学院智库建设起到重要推动作用。

三、成绩效果明显

2015年底全国党校工作会议召开后，中央党校、国家行政学院国家高端智库建设步入快车道，地方党校行政学院智库建设工作的热情空前高涨，在实际工作中也作出了许多尝试，取得了一定成绩。

2016年是中央党校作为首批25家国家高端智库建设试点单位开展智库建设的开局之年，在中央党校校委的领导下，中央党校国家高端智库建设在领导体制、平台建设、建章立制、成果转化、人才队伍、工作交流，以及加强对党校系统智库建设工作指导等方面，取得了不少成绩。

（一）顶层设计科学合理

将国家高端智库建设要求融入"中央党校教学与智库创新工程"，把智库建设作为中央党校工作的一个重要方向；召开"中央党校国家高端智库理事会会议"，明确了中央党校国家高端智库建设的特点优势、组织架构、工作思路、战略重点等；设立了中央党校国家高端智库理事会、学术委员会，领导指导智库建设工作。

（二）规章制度不断完善

制定并完善了《中央党校国家高端智库管理办法（试行）》；建立了校直属单位智库建设工作联系人制度；制定并下发了《关于加强我校高端智库建设和成果宣传工作的通知》等；建立了议题设置、课题管理、学术团队、闭门会议、成果发布等机制。

（三）智库工作扎实推进

向国家高端智库理事会创办的内部刊物《国家高端智库研究报告》和《国家高端智库工作简报》经常性报送智库成果和工作情况；组织认领和确立了41项国家高端智库课题并进行督促检查，组织认领了31项"十八届六中全会"专项智库研究课题并启动研究；自 2016 年第十一届全国党校科研评奖开始，增设了"决策咨询"奖，在征集评选全国地方党校科研精选文库丛书书稿中首次设立了"决策咨询"类，与原有的"基础理论"类并列；请地方党校持续报送决策咨询成果，作为中央党校《研究报告》《思想理论内参》及其他报送平台的稿源；在继续办好《研究报告》和《思想理论内参》两份高端智库品牌刊物的同时，创办《中共中央党校国家高端智库动态》内刊；发挥中央党校中国特色社会主义理论体系研究中心思想引领和理论建设的"轻骑兵"作用，积极主动发声亮剑；积极回应和解答学员的"两带来"问题，以思想理论研究成果有效影响学员；召开了"加强党校系统智库协作调研座谈会"，互相借鉴和分享了智库建设工作经验体会。同时，常务副校长何毅亭同志、副校长黄浩涛同志、副教育长兼科研部主任韩庆祥同志等通过报刊发文、接受访谈、参加会议等形式，积极研究阐述中央党校智库建设的规律特点、经验做法，社会反响良好。

国家行政学院同样作为首批 25 家国家高端智库建设试点单位之一，通过全力实施创新工程，不断提高教科咨等各项工作质量；坚持改革创新，建立健全创建一流学府和高端智库的体制机制；坚持以人为本，建设一支与一流学府和高端智库相适应的人才队伍；坚持学做结合，努力弘扬规范严谨、团结协作、求真务实、昂扬向上的行政学院院风。重点抓好国家行政学院国家高端智库相关管理办法完善、修改和印发工作。不断提高《送阅件》

编报质量，定期向国家高端智库理事会报送高端智库信息、《国家高端智库研究报告》。做好高端智库项目中期评估工作，迎接国家高端智库建设试点工作情况专题调研。高质量完成相关重要文稿起草工作。开展季度经济形势分析、大数据与失业率、国家治理体系和治理能力现代化、"放、管、服"改革重大问题等重大课题研究。

2016年9月，中央党校科研部面向省级副省级党校就智库建设工作进行了一次系统的书面调研，调研的内容主要包括：主要的做法和成绩，存在的问题和困难，对加强全国党校系统智库建设的意见和建议。调研结果显示，地方党校行政学院在加强中国特色新型智库建设方面，立足本地区本部门实际，积极探索，大胆创新，成效明显。

1. 创新管理保障机制

截至2016年，各级党校行政学院基本上完成了中国特色新型智库建设的管理保障工作。主要体现在：创新领导机制，由校委集体领导、常务副校（院）长亲自上手、分管科研工作副校（院）长负责，确保智库工作顺利推进；创新规章制度，完善智库建设的制度建设，出台相关奖励、考评办法，成立决策咨询项目评审管理委员会，促进决策咨询工作制度化、系统化和规范化；成立专门管理机构，如决策咨询中心、省情研究中心等，统筹智库建设协调管理；推进分工协作机制，科研处或决策咨询中心牵头智库建设工作协调，教研部门组织实施课题研究工作，办公室负责成果报送，财务处负责经费管理，形成全校各部门齐抓共管的格局。

自 2013 年起，北京市委党校为了加强智库建设，专门设立决策咨询部，并先后制定出台了《关于加强决策咨询工作的意见》《主体班学员参与决策咨询工作直通车计划》《决策咨询项目管理办法》《关于推进教学科研咨询一体化发展的意见》《决策咨询工作量计分办法》和《决策咨询工作考评奖励办法》《高水平决策咨询项目支持及成果奖励办法》等规章制度，成立决策咨询项目评审管理委员会，促进了决策咨询工作制度化、系统化和发展。

河北省委党校早在 2012 年就出台了《关于加强为省委省政府决策服务工作的意见》和《决策服务项目管理办法》，强化了决策服务导向，设立了决策服务项目，并对决策服务项目研究进行科学化、规范化管理。2016 年初，为贯彻落实中央和河北省委关于加强新型智库建设的意见，出台了本校《关于加强新型智库建设的实施意见》，明确了智库建设的目标任务和主要措施，为加强智库建设奠定了制度基础。

上海市委党校成立教研咨一体化领导小组，由常务副校长任组长，分管教学、科研的副校长任副组长，教育长任执行副组长，成员包括组织人事处、教务处、科研处、学员处、培训处、研究生部、校刊编辑部、相关教研部门等负责人，其目的就在于加大教研咨之间的统筹整合，形成工作合力。领导小组下设办公室，由教育长任办公室主任，教务处、科研处、培训处、学员工作处和上研院等部门的负责人参加，通过召开办公例会等形成，建立畅通的沟通运作机制，在组织内部首先打破各个条线的藩篱界限，不断加大资源配置科学化的管理力度和协调强度。

江苏省委党校先后制定出台了《关于进一步推进思想库建设的意见》《关于加强新型智库建设的实施意见》等规章制度，积极探索实行校院领导项目制，健全学员参与决策咨询的工作机制，着力完善新型智库建设的激励机制，加大了对决策咨询研究的资助和成果奖励力度，鼓励教研人员在服务省委省政府决策中有更多作为。

浙江省委党校作为浙江省5家高端智库试点单位之一，高度重视智库的体制机制创新，先后制定出台了《关于打造高端智库的意见》《关于加强高端智库建设的实施办法》《高端智库建设试点实施方案》《关于聘任高端智库专家的意见》《校咨政奖评选办法》等一系列规章制度，规范、创新智库建设的体制机制。

河南省委党校打破校内学科界限和教研部界限，建立开放、合作的科研工作新模式；在决策咨询研究方面，采取委托和招标相结合等多种方式，鼓励强强联合和跨部门合作，组建研究团队，扎实调研，形成研究合力。

重庆市委党校制定了"十三五新型智库建设规划"，从体制机制、队伍建设、平台搭建、经费投入等方面落细落实，做好智库建设顶层设计。该校十分重视发挥青年科研力量，打破学科和教研部界限，组建"中国特色社会主义民主政治发展研究""地方政府治理""法治发展与治理现代化""中国共产党执政能力现代化研究""资源环境承载与新型城镇化建设"等6个青年科研咨政创新团队，先后承担"重庆市突发事件风险管理实践问题与对策研究""互联网＋时代社会治理机制研究""重庆市'大众创业、万众创新'的政策措施落实情况第三方评估"等市政府、市级部门委托的智库研究项目23项。不仅提升了咨政成效，也增强了党校行政学院智库的影响力。

济南市委党校专门出台了《教研人员社会调研管理办法》，把重大专项调研与日常调研有机结合起来，鼓励广大教师根据实际情况，合理调配调研时间，把平时调研与集中调研结合起来，组织撰写高质量的调研报告，增强调研效果。宁波市委党校出台了《加强调查研究推进智库建设的意见》，把调查研究作为智库建设的重要基础，鼓励教研人员到基层蹲点调研，校领导亲自带头领任务，带队到基层调研，形成了全员开展调查研究的良好氛围。

2016年10月出台的《中共成都市委关于加强和改进新形势下党校工作的实施意见》提出："加强对成都发展战略的前瞻性研究，强化对党委决策部署的跟踪研究，及时报送高质量的研究报告。充分发挥党校学员作用，创新党校学员参与重大决策咨询机制。各级党委、政府要多向党校交课题、交任务，注重吸纳党校教研人员参与重要文件、重大决策研究和党政部门重大课题调研。"建立完善符合党校科研、智库运行特点的项目管理、经费使用、考核评价、成果转化等机制。建立既符合智力劳动特点和规律，又充分体现教研人员智力价值的教学科研咨询奖励制度。"2016 年 10 月出台的《中共长春市委关于加强和改进新形势下党校工作的实施意见》提出要充分发挥党校的重要智库作用，"从重视程度、资金保障、机构人员、成果运用等方面努力为党校智库建设创造良好条件。"地方各级党委纷纷出台的《实施意见》为各级党校行政学院在新型智库建设方面创新管理保障制度提供了充分的政策空间。

2．加强队伍建设

为加强中国特色新型智库建设，地方党校行政学院普遍重视人才队伍建设，打造智库团队，取得了显著成绩。如浙江省委党校高度重视智库人才资源的整合，聘任资深学者型领导干部和有关专家担任高端智库专家，组成外围研究团队；推进教研咨一体化，提高学员咨政研究参与度；加强系统协作成立党校高端智库联盟；在各重点学科方向打造若干个创新研究团队。如天津市委党校，初步考虑新型智库的运行模式为"新型智库建设工作委员会＋专家委员会＋中心（学会、协会）"。工作委员会为决策层，拟邀请有关市领导牵头，相关职能部门负责同志组成，主要负责制定智库建设发展规划，协调解决智库建设发展重大问题，决定决策咨询重大选题，工作委员会的日常工作推动由天津市委党校具体负责；各专家委员会为执行层，主要依托相关教研部所和相关领域部门的研究部门牵头,由国际、国内和市相关领域的专家组成,主要落实工作委员会决策;每个专家委员会都会依托一个研究中心或相关专业学会、协会,具体承担一些重大课题和项目,开展课题研究和涉外培训等具体工作。工作委员会也可根据需要聘请国内外知名专家作为名誉主任或名誉顾问。

江苏省委党校把学科建设作为党校工作的基础工程,在学科方向凝练、人才队伍引进培养等方面采取一系列举措。一方面聚焦党校特色,加大力度建设马克思主义理论、党史党建、经济学、政治学等专业特色明显的优势学科,同时以重大理论和现实问题为主攻方向,加强学术研究,提升理论创新能力。另一方面加大相关学科人才队伍建设力度和人才培养力度,近三年先后引进党校特色专业博士 30 多名,为科研转型储备了较为充足的后备人才。在选送骨干教师参加培训的基础上,加大青年博士的挂职锻炼力度,加快成长的步伐。

3.推进"教研咨"一体化

2009 年出台的《行政学院工作条例》就已经提出,要"坚持教学培训、科学研究、决策咨询三位一体,紧密结合,相互促进,协调发展"。各级党校行政学院积极构建"教学出题目,科研做文章,成果进课堂、进决策"的一体化机制,打破教师与科研人员界限,实现教学水平与科研水平、咨询水平共进,教学成果与科研成果、咨询成果互通。为此,有的地方党校调整教学科研咨询工作的考核办法,打破教学与科研咨询隔离屏障,使教学成果与咨询科研成果能够互比互代。有的地方党校为了发挥学员优势，吸引学员参与到决策研究中来，修订了《学员考核规定》，对学员参与决策研究的渠道，考核办法和奖励办法作明确规定。

上海市委党校自2014年制定并实施《拓展学员资源加强决策咨询研究的实施办法（试行）》以来，加大学员参与决策咨询研究力度，有力地促进了教研咨一体化发展、极大地提升校院决策咨询研究的社会影响力。2016年学员参与并提交16期决咨成果，其中11份获省部级及以上领导16人次肯定批示。

从2015年秋季学期开始，北京市委党校提出学员在培训期间要增强成果意识，紧紧围绕当前全市工作中亟须破解的重点难点问题，开展调查研究工作。研修班学员在班委的带动下，积极响应，在培训期间撰写出了高质量的咨询报告，较好地提升了学员研修环节的质量和水平。2016年7月完成的一份关于首都治理的调研报告先后获得多位中央领导的批示；还有多篇研修报告获得北京市委领导的批示。决策咨询部报送的"西山文化带文化传承与创新的对策建议"咨询报告，分别获得多位市领导的肯定性批示。

有的地方党校还建立了学员专家遴选库。比如天津市委党校借助天津市"十三五"城市发展中青年干部专题培训班，建立了城乡建设规划专家遴选库，20余名城市建设规划方面的领导干部人选。整合优势资源，借助全市党校系统"两学一做"学习教育宣讲团的师资力量，建立了"两学一做"学习教育专家遴选库，80余名党建方面的专家学者成为特邀智库专家。

河北省委党校为进一步促进教学、科研和资政的有机结合，制定了《关于推进教研咨一体化的实施意见》和《教研咨一体化实施办法》，提出了教研咨一体化的主要途径，制定了教研咨一体化专题评选办法，设置了教研咨一体化奖项，为进一步提高教学实效性和科研资政水平提供了制度保障。为推进成果交流，在校园网设立了"决策咨询"专栏，及时发布决策咨询成果发表和领导批示情况及动态，供教研人员参考使用。

青海省委党校遵循学科发展的内在规律，立足青海省情，深入实施学科特色战略，有重点、有计划地推进"学科聚焦工程"，以"加强基础学科，培植优势学科，突出重点学科，开发新兴学科，以优势学科牵引重点学科，以重点学科带动相关学科，促进学科建设的整体发展"为总体思路，明确了各个教研部门的主攻学科和研究方向，聚焦攻关，聚力突破，为决策咨询打下坚实基础。同时，打破以教研部为主导的传统研究组织模式，跨学科组建了三江源生态文明、民族宗教、藏学、循环经济等11个非社团性质的研究中心，实现了开放、交叉、相容的学科建设发展新格局。

重庆市委党校将"加强教学研究，推进教研咨一体化"设立为2016年度学校重点工作项目，立项8项教学研究专项课题，开发的新专题已进入主体班课程，评教满意率均在94%以上，相关研究成果及咨政报告同步推进，教研咨三位一体、联通转化迈出实质性步伐。

为更好发挥科研对教学的支撑作用，推动教研咨一体化，江苏省委党校启动了2016年教学研究专项课题，选题紧扣当前理论热点问题和省委、省政府战略部署，围绕江苏经济社会发展重点，并要求以课题组名义申报，鼓励跨部门、跨学科组成课题组，最终确立了6项校重大（教学专项）课题；参与学校教学专题的研究和讨论，推进教学中的科研含量。进一步深化主体班教学改革，组织8个班学员紧紧围绕江苏经济社会发展重大问题开展系列课题调研，并指派教研人员予以指导，形成了高质量的咨询报告。

广州市委党校在各主体班和专题研讨班全面开展课题组研究式教学，通过课题指导组方式，实现教研咨一体化：选派承担国家或省、市社会科学规划课题的教师下班，与学员共同开展决策咨询课题研究；由教研部成立指导组，围绕学科建设方向确定决策咨询研究主题并开展课题调研；由市情研究所牵头组织决策咨询课题组下班开展调研。课题研究成果以决策咨询报告形式报送市委、市政府主要领导和相关部门。

4. 优化智库建设布局

各地方党校积极参与省（区、市）委、省（区、市）政府重大决策咨询工作。围绕省（区、市）委、省（区、市）政府中心工作，组织参加省（区、市）委、省（区、市）政府重要文件和领导讲话的起草以及各类决策咨询专题会议等。积极承担重大调研任务，承担省（区、市）领导直接交办的重大调研任务，组织决策服务项目立项研究。同时，积极承担省（区、市）委宣传部等单位委托的研究任务，并通过省（区、市）社科基金项目成果专报、省（区、市）委宣传部舆情摘报等报送研究成果。

上海市委党校结合新型智库建设工作，全面梳理校院级虚拟研究中心建设状况，2016 年制定《关于研究中心的管理规定》，成立 6 个具有较强学科优势、定位清晰、特色鲜明、布局合理的研究中心，为中青年教研人员积极搭建研究交流平台，推进科研咨询工作再上新台阶。

浙江省委党校努力优化智库建设布局，提高高端智库的组织化水平。一是组建省委党校智库体系。拟成立高端智库决策咨询委员会，作为智库建设领导决策机构；组建专门的决策咨询部为日常管理机构；由"2 + X"（即以马克思主义研究院、决策咨询部为核心机构，各研究院、研究中心、研究所为专业特色智库）组成党校智库体系。二是在"十三五"期间成立浙江省党校智库联盟。浙江省委党校历来重视全省党校系统的建设工作，开展全省党校系统优秀咨政成果评选、组织覆盖全省党校师资的科研咨政能力培训、每年进行重大项目的合作研究等工作已经开展多年，带动了市县党校的智库建设的热潮，现在全省每个市县区都基本完成科研工作的转型，均开辟了各自的咨政成果报送渠道，每年均有成果获得当地党委政府领导的批示和实际工作部门的采纳，有部分成果通过省委党校的《决策参阅》报送，获得省领导的批示。三是高度重视校地合作，与多个市县建立长期合作关系，如与浦江"四个全面"战略布局试点县的合作、与嘉善县合作成立科学发展研究院等。同时加强与省委宣传部、省委政研室、省发改委等工作部门的联系，取得良好成效。

河北省委党校目前已经在河北省沿海增长极之一的沧州渤海新区建立了首个调研基地，为教研人员深入一线开展调查研究、加强与实际工作部门合作交流搭建了平台。同时，拓宽合作渠道，推动与职能部门科研协作，先后与河北省发改委、省工信厅、省科协等单位建立了协作关系，在课题研究、共建调研基地等方面达成战略合作协议。河北省委党校还注重挖掘利用党校学员资源，发挥市县党校作用，建立了向学员和市县党校征集专题研究报告机制，组织校内外资源开展决策服务研究，初步形成了校内教研人员、学员和市县党校广泛参与的智库建设格局。

江苏省委党校成立了中国特色社会主义理论体系研究中心、马克思主义理论教学研究中心、省情研究中心、调查研究中心和青年学者论坛，进一步聚焦党委政府中心工作。2016 年，调查研究中心组织主班次调研，形成了 7 篇调研报告，3 篇获省领导批示；省情研究中心按照年初计划，围绕年度研究关键词，组织中心成员外出实地调研，撰写了多篇内部研究报告，并组稿编著江苏制造业研究。在党的建设研究基地和江苏决策咨询研究基地的基础上组建江苏省委党校"党的建设理论与实践创新研究院"，并被授牌江苏省重点培育智库，为更好发挥智库作用提供了重要平台和载体。基地成立以来，聚焦江苏党的建设重大理论与现实问题，已举办四届"江苏党的建设高层论坛"。江苏省委党校还加强与省委研究室、省政府研究室等部门的合作。三批 9 人次参加省政府研究室调研，并参与起草政府文件。多人次参加省委、省政府专家咨询会议。

咸阳市委党校先后在全市 13 个县市区建立了党的基层组织建设、新农村建设、现代农业高科技、孝文化等 10 个科研基地。一方面，科研人员定期深入基地进行调研，发现问题，形成报告，促进工作；另一方面，基地在工作实践中遇到的难点问题反馈给科研人员，科研人员确定课题，深入基地进行对策研究。

5. 重视激励奖励制度建设

设立校级课题并予以资助和奖励，专设决策咨询成果奖项，增设校级课题计分，突出有关优秀成果计分，加重决策咨询成果计分，有效调动教研人员积极性；制定倾斜政策，在职称评聘、工作量考核、成果奖评审、工作组织奖评审、研究基地和创新团队建设等多个方面对决策咨询研究予以倾斜；制定后期资助制度，针对决策咨询研究时效性强与成果导向的特点，对于未经校院资助而又取得咨询成果的，给予追加资助；将智库成果作为重要因素纳入教学科研、专业技术职务评审、岗位聘任等各环节，建立成果评价激励机制，确保既出成果又出人才。

浙江省委党校专门出台《精品和优秀咨询成果奖励》《高端智库专家课题资助奖励暂行办法》《咨政奖评选办法（试行）》等

系列激励奖励制度，明确研究教研部门和管理部门、教师和学员、在职和退休、校内和校外一体化的奖励制度，充分调动了各方力量为智库建设、浙江省中心工作和长远发展献计献策。同时把决策咨询成果作为职称评定的必备条件之一，激励教研人员科研转型。

上海市委党校适时颁布了《决策咨询研究奖励办法》，明确决策咨询研究奖励的范围以及七种决咨成果奖励类型，把决策咨询研究成果与岗位考核、职称评聘、岗级聘任、经费资助、经费奖励、先进评选、出国进修等一系列工作挂钩。获中央政治局常委、党和国家其他领导人肯定批示的，每项对应不同档次的奖励，在职称评聘中可折算 1 篇权威期刊；获国家部委办、市委、市政府、市人大、市政协主要领导及其他在职领导、省部级领导肯定批示，每项也对应不同档次的奖励，在职称评聘中可折算 1 篇核心期刊等。

河北省委党校对决策咨询成果在研究资助的基础上，每年进行一次优秀成果评选奖励，一等奖每项奖励 2 万元，二等奖 1 万元。

南京市委党校实现科研转型发展，努力用好"学术研究、理论宣传、决策咨询"三支笔，努力推进新型智库建设，强化决策咨询，成立市情研究中心，专司决策咨询；制定了《优秀（决策咨询）成果奖励办法》，以政策牵引和激发决策咨询。

6. 提供高质量成果

各级党校（行政学院）在智库建设中注重参与党和政府重大决策、承担重大委托任务、深入回答学员"两带来"问题、研究设置决策咨询议题等，孕育孵化质量上乘的智库成果。同时，建立智库成果应用转化机制，多渠道推动智库成果转化，特别是通过内参刊物这一"直通车"，及时向党委政府报送决策咨询成果，普遍取得了良好效果。

上海市委党校通过聚焦党委政府工作的热点、重点，不断提升决策咨询工作的精准性。2016年共编发27期《内参专报》，其中有15份成果获得21人次省部级以上领导肯定性批示。一份成果经市委办公厅报送，被中央办公厅内参采纳，并获中央政治局委员肯定批示。

江苏省委党校2016年决策咨询成果显著。围绕党委政府中心工作，组织重大理论宣传文章20多篇，组织学员深入调研，形成研究报告40多篇，举办党的建设高层论坛，围绕党的建设重大理论与现实问题，组织本领域国内著名专家深入研讨，形成系列研究成果。编辑研究报告12份，报送中央党校和省委、省政府领导，有6篇成果获得省领导9人次肯定性批示。

北京市委党校2016年共编发《党校送阅件》26期，其中获得省部级以上领导批示19人次。上海市委党校2016年共编发25期《内参专报》，其中有14份成果获得20人次省部级以上领导肯定性批示。

重庆市委党校把咨询作为与教学、科研并列的三大项重点工作之一，强化"教学决定生存，科研决定水平，咨询决定地位，质量决定兴衰"理念。2016年，咨政内参《领导视窗》送出100期，批示56期94人次，正部级以上领导批示14期17人次，2016年，该校被增设为"重庆市中国特色社会主义理论体系研究中心分中心"，完成市纪委、市委办公厅、市委研究室等主题约稿18篇、完成市委组织部交办的市第五次党代会"健全党员干部经常性党性教育和党性锻炼制度"专题调研报告、6个选题入选全市十八届六中全会精神宣传阐释研究专题，完成国家行政学院交办的"科研服务经济社会发展的有益探索"案例。

河北省委党校围绕省委、省政府中心工作和省领导决策服务需求，组织开展校决策服务项目立项研究，2016年立项决策服务项目17项，并推出一大批高质量研究成果，受到省委、省政府领导肯定性批示。加强转化平台建设，努力提高《决策参考》质量，提高了研究成果的转化效率。2016年共印发《决策参考》26期，其中20期被省委、省政府领导批示38人次，8期得到省委、省政府主要领导批示。

浙江省委党校通过重点对习近平总书记主政浙江时期的重要思想研究、"八八战略"与浙江发展研究、"四个全面"战略布局在浙江的实践研究、新发展理念在浙江的实践研究等，在此基础上，不断总结和提炼习近平治国理政新理念新思想新战略的基本内容、理论品格和理论贡献，不断丰富和深化对当代马克思主义理论的研究，出了一大批成果。2016 年，省委、省政府还委托浙江省委党校承担省重大改革项目第三方评估，启动了咨询研究的新内容。

大连市委党校先后组织精干力量与市人大、市编办、市农委、市委政研室、市外经贸局、市夏季达沃斯论坛办公室、市公交集团、市停车协会等部门和单位组成联合调研组，进行市情课题专题研究。先后呈报了《关于推进大连大樱桃等农产品电子商务发展的建议》《关于由市公交集团统一运营临时占道停车泊位的建议》《构建更高层次开放型经济新体制全面提升大连开放型经济新水平的建议》《关于大连依托夏季达沃斯论坛提升中国文化对外传播力的对策建议》《关于市公共服务中心集中审批出现的新情况新问题及解决建议》《关于加强行政审批事中事后监管的建议》《关于加快我市电动车充电设施建设的建议》等多篇咨询成果，其中有 3 篇咨询成果得到市委、市政府主要领导签批，1 篇咨询成果被采纳并按照建议方案操作实施。

此外，中央党校、国家行政学院以及省级、副省级城市党校普遍重视舆论引领、公共外交等，力求发出党校声音。比如，2016 年 9 月，山东省委党校联合山东省社科院组织 20 人一行赴美国开展主题为"智库建设与决策咨询"专题培训，通过课堂讲授、公务拜访、讨论交流等培训方式，对美国智库的发展现状、地位作用、运行管理方式、基本特点、发展趋势等形成了系统认识。

四、下一步努力方向

在充分肯定 2016 年党校行政学院智库建设取得的显著成绩的同时，也必须看到，党校行政学院智库建设在满足决策需求、构建自身影响力等方面仍存在一些问题和困难：思想认识没有真正转变，大多数科研人员仍以论文、专著作为自身科研追求；现有体制机制对智库建设不够适应，管理模式僵化老旧，还没有形成一套行之有效的、符合智库发展规律的管理方法与考核评价体系等；在智库的成果认定特别是经费分配上，对"人"的奖励力度较小，科研收入与智力付出程度不够匹配；全国党校系统智库建设协作工作还没有制度化、常态化的推进保障；等等。

建设新型党校行政学院智库，要集中优势、整合资源，立足实际、借鉴经验，以自觉的价值追求与责任担当，为党的治国理政新实践提供更坚实的思想支撑，可围绕以下五个关键词重点推进。

（一）凸显特色

习近平总书记指出："党校开展哲学社会科学研究，不能坐而论道，而要有党校的特点。党校如果同一般的社会科学研究机构、大学研究机构一样，那就没有特点了，也没有自身优势了。"中央党校常务副校长何毅亭强调，要贡献"治国理政的党校智慧"，这就要求发挥党校优势，凸显党校特色，把优势资源和力量集中到党和国家最需要、最急迫的重大决策研究上。党校行政学院智库建设应增强服务意识，深入挖掘马列科社、党史党建、经济政法、民族宗教等研究的传统优势，提供智力支持，把新形势下管党治党的要求落到实处。但目前来看，全国各级党校行政学院智库研究方向多与具体经济建设工作相关，独立的党建智库机构较少，对党建研究的重视程度和建言水平都有待加强。

（二）高端引领

一方面要充分发挥中央党校、国家行政学院的高端智库引领作用。中央党校、国家行政学院作为首批国家高端智库试点单位，应为广大党校行政学院智库树立标杆、提供导向，在智库管理、人才建设、经费保障等方面给予指导与建议。此外，要充分发挥高端智库优秀带头人和各智库队伍中领军人物的模范带头作用，全力挖掘智库团队特别是年轻学者的潜力与热情。

（三）密切协同

全国有近3000所党校，应发挥协同效应，打造智库"航母"，建立完整智库体系，形成叫得响的党校系统智库品牌。当前，高校、社科院等系统都成立了智库联盟，以调动和凝聚系统力量。建议尽快组建党校系统智库联盟，完善系统协作机制，形成系统内各种决策资源充分整合、各类智库竞相发展的局面；组建主题研究团队，在重要时段就重大问题开展联合攻关；利用学员资源加强党情政情社情的收集分析，充分发挥学员实践优势，以课题为抓手，组织教员与学员联合开展调研，吸纳学员加入智库专家库。

（四）大力创新

一是运营模式创新。将智库工作放置于党校整体布局中谋划，遵循智库规律，借鉴成功经验，引入智库专门管理人才，探索与党校工作兼容又有效的新型智库运营模式。二是管理办法创新。主要是围绕激发智库成员的主动性和创造性，改革和创新管理方式，在人才引进、评价机制、经费使用等方面提供活力保障。三是研究方法创新。大数据时代，要树立"互联网＋"思维，将传统研究方式与新兴技术手段相结合，提高数据分析、实证分析等研究能力，保证研究的高端性与科学性。

（五）开放对接

对内积极向公众开放。"启民"也是智库的一项重要功能，要通过多种形式特别是新媒体传播手段，将研究成果适时适度向公众发布，解疑释惑、引领舆论，提升党校行政学院智库的社会影响力。对外积极开展国际对接与合作。一个值得注意的现象是，在近年来国内与国外研究机构发布的智库评价榜单中，党校行政学院智库排名差异很大。这除了与评价标准不一、党校咨政成果的特殊性有关，也从一个侧面反映了党校的对外传播力有待加强。因此，党校行政学院智库要加大智库成果的国际推介力度，如开办外文网站、翻译出版研究报告等，向世界介绍中国特色社会主义建设经验、表达中国主张，在坚持党校行政学院姓党的原则上，与国外知名智库和研究机构开展交流合作，参与国际问题研究，扩大国际影响力。

党校行政学院智库建设是一项长期综合工程，要紧抓机遇、抢占先机，更要久久为功、持续发力。要在智库热中坚持冷思考，避免有库无智、贪大求全等建设倾向。要科学规划、追求实效，为全面深化改革提供精准服务，为实现"两个一百年"奋斗目标和中国梦贡献独特的党校行政学院智慧与力量。

（执笔：中共中央党校黄相怀、韩丹，光明日报社曲一琳）

以改革创新之为　走特色精品之路

——2016 年度地方社科院系统智库发展报告

党的十八大以来，以习近平同志为核心的党中央高度重视智库建设，多次就中国特色新型智库建设作出重要指示和论述。社会科学院系统是中国智库"七路大军"中的一支重要力量，长期以来在理论创新、咨政建言、人才培养、国际交流、舆论引领等方面发挥着重要作用。近年来，地方社科院的决策咨询服务功能愈加彰显，在中国特色新型智库建设中的地位更加突出。

2016 年，地方社会科学院以改革创新之为，在中国特色新型智库建设中的目标定位更加清晰，体制机制改革不断深化，智库治理体系日臻完善，服务决策发展成效显著，影响力和话语权逐步提升，人才队伍建设等稳步加强。

——地方社会科学院新型智库建设站上新起点。2016 年 5 月 17 日，习近平总书记主持召开哲学社会科学工作座谈会并发表重要讲话，将智库建设置于构建中国特色哲学社会科学的高度加以阐述，深刻剖析了当前智库建设存在的问题，指明了前进方向，提供了基本遵循，为智库发展注入了新动力。各省（区、市）党委以各种形式学习贯彻习近平总书记重要讲话精神，研究部署贯彻落实举措，其中对地方社会科学院工作，特别是地方社会科学院智库建设提出了新的更高要求。

——地方社会科学院新型智库建设树立了新标杆。首批25家国家高端智库试点单位，作为我国新型智库建设的"国家队"，经过一年的扎实建设与稳步推进，以体制机制创新为突破口，培育智库发展内生动力，提升咨政建言能力，全方位服务中央决策，切实起到了引领作用，提升了中国特色新型智库的国际影响力，为推进地方社会科学院智库建设发展树立了新标杆，提供了宝贵经验和借鉴。

——地方社会科学院新型智库建设有了新作为。地方社科院系统智库充分发挥自身优势，进一步明确了目标定位，积极推进和实施哲学社会科学创新工程，在提高研究质量、推动体制创新上狠下功夫，着力提升服务科学决策和经济社会发展的能力，推出了一批具有较大社会影响和学术价值的智库产品，地方社科院智库建设呈现出百舸争流、千帆竞发的崭新格局。

一、统筹推进，培育智库核心竞争力

习近平总书记在哲学社会科学工作座谈会上的重要讲话，为智库发展注入了新动力、提出了新要求。地方社科院对照标准、寻找不足，着力培育智库核心竞争力。

（一）强化顶层设计，明晰发展目标与路径

以习近平总书记"5·17"重要讲话精神为引领，参考借鉴国家高端智库试点经验，北京、上海、山东、江苏、广东、湖南等二十多个省（区、市）已制定本地智库建设《意见》或《方案》，组织开展高端（重点）智库建设试点工作，对地方社科院智库建设进行顶层设计。各地方社科院在繁荣发展哲学社会科学与建设新型智库方面的思想认识上高度统一，特别是结合制定实施本单位的"十三五"发展规划，对智库建设进行统筹布局和整体规划，提出了更加明晰的目标，向着"精、特、高"的方向发力。

1. 强化精品意识，培育智库核心竞争力

智库的核心竞争力是有影响力的决策咨询精品成果。地方社会科学院智库的核心竞争力是推出服务地方经济社会发展的标志性精品智库成果。地方社会科学院的根基在地方，只有把根扎稳了，才能在服务地方决策上有话语权，只有把根扎稳了，才能更好地体现研究特色和研究优势。因此，地方社会科学院智库建设首先要强基固本，立足地方，拿得出地方党委政府信得过、用得上的应用对策研究成果。地方社科院按照地方党委政府的要求，扎根地方，结合当地经济社会发展需求，精耕细作、精准发力，把研究重点放在地方经济社会发展的重大问题上，将智库建设的

目标定位为地方党委政府信得过、靠得住、用得上的思想库、智囊团。

北京市社会科学院提出建设具有"首都特色、首都风格、首都气派"的社会主义新智库，重点开展首都城市战略定位发展、京津冀协同发展、城市治理政策（能力）等三方面的研究与评估。

河北省社会科学院提出打造河北中心智库，重点打造城乡发展研究中心、宏观经济决策与公共政策研究中心、创新驱动发展研究中心、京津冀协同发展研究中心、社会治理与党风廉政建设研究中心等5个专业智库研究，建设数据信息网络平台、社会科学评价平台、社会科学成果转化平台等3大平台。

湖南省社会科学院坚持以创新研究内容、创新研究方法、创新平台建设、创新人才培养和创新管理机制为抓手，紧紧围绕"建设马克思主义的坚强阵地、省委省政府的核心智库、湖南哲学社会科学研究的重要力量"的目标定位开展智库建设。

西藏自治区社会科学院提出打造具有西藏特点的新型智库，牢牢掌握藏学研究的主动权，以关系西藏发展稳定的重大理论和现实问题为主攻方向，以西藏社会发展和稳定为核心充分发挥咨政建言、服务社会的"思想库"作用。

甘肃省社会科学院致力于打造陇原最具国内影响力的"特色智库、高端智库、智能智库"。

宁夏社会科学院明确职能定位，努力建设在全国有影响、西部争一流、宁夏有大作为的新型智库。

山东省提出打造新型智库建设高地，要求社科院等智库机构，推出有决策影响力和社会公信力的标志性智库产品。山东社会科学院据此提出要建成马克思主义理论研究宣传坚强阵地、山东省意识形态重要阵地、山东经济社会发展研究中心、山东省地域历史文化研究中心和山东省情研究评价中心等5个中心。

四川省社会科学院以"放眼世界、立足全国、服务地方"三位一体的发展思路为定位，注重突出四川特色，以建设"高端智库"为目标，经省委、省政府批准，并报国家工商总局注册的"天府智库"，用作专报对策建议，同时培育和打造品牌；在"五个注重"上狠下功夫，对中国特色新型智库的建设进行了深入探索。

2. 突出地方特色，注入智库发展新动力

地方社科院在突出地方研究特色和研究优势，找到人才优势、研究优势、地域优势的发力点，打造人无我有、人有我优的独特增长点方面有很多文章可做。地方社科院以打造立足地方、影响全国的高端专业化智库为努力方向，加大特色优长研究力度，打造智库发展新优势。

内蒙古自治区社会科学院注重突出民族地区特色、打造知名学术品牌，下大力气优化和加强蒙古学、民族学、草原文化学等为代表的优势和特色学科。

辽宁社会科学院注重把握专业特色规律，发挥地方研究特

色，打造"辽宁振兴发展中心""朝鲜半岛研究中心""辽宁抗战文化研究中心""文化发展战略研究中心"等 4 个各具特色的专业智库。

吉林省社会科学院进一步强化特色发展，着力建设满铁研究、高句丽研究、东北亚研究等 3 个特色智库，做精、做强、做品牌。

福建社会科学院注重发挥台湾问题和华侨华人研究特色优势，围绕闽台深度融合问题研究、习近平总书记两岸关系和平发展思想内涵及新形势下两岸关系发展研究等重大问题开展深入研究。

广西社会科学院注重挖掘广西区域个性，实施特色智库创新计划，以优势特色学科支撑智库建设，将主攻方向定位在打造服务中国—东盟自由贸易区升级版建设、南海非传统安全研究等优长研究领域。

3. 瞄准高端定位，启动智库发展新引擎

不少地方社科院将智库建设定位在努力建设高端智库方面。把智库研究的重点放到与国家和地方的发展方向结合上来、放到与党和国家重大决策需求结合上来、放到与决策部门的重点工作结合上来，积极推动智库研究成果成为地方发展思路，乃至上升为国家战略。它们以首批 25 家国家高端智库试点单位为榜样，提出打造地方重点智库的发展目标，向智库建设的"国家队"看齐。同时，积极争取当地党委政府的支持，谋划实施哲学社会科

学创新工程，推动智库建设向纵深发展。

上海社会科学院作为地方社科院中唯一一家进入首批国家高端智库建设试点单位的智库，坚持服务国家战略，聚焦上海实践，认真开展各项体制机制改革工作，将国家高端智库建设不断推向前进。

黑龙江省社会科学院以创建中国（哈尔滨）东北亚研究院为牵动，以品牌论坛、学术名刊、精品皮书、专业数据库为支撑，整合院内学术资源，进一步做实东北亚智库联盟，引进国际国内智库支持，争创国家级重点智库。

江苏省社会科学院智库的科研潜力得到进一步激发，正向着"建成在国内具有较大影响力和知名度的综合性智库"的目标奋力前进。

河南省社会科学院以建设专业化新型高端智库为目标，着力加强马克思主义理论阵地建设，为河南省实现中原崛起河南振兴富民强省提供理论支持和智力服务。

云南省要求省社科院要切实发挥好为党委和政府决策服务的综合性高端智库的功能，当好全省新型智库建设领头羊，以更大的历史担当，服务国家"一带一路"建设，建设中国（昆明）南亚东南亚研究院。

（二）改革体制机制，激发创新活力

实现从传统科研机构向智库的转型就必须推动体制机制改

革，这已成为各地方社科院建设中国特色新型智库的共识。各地方社科院因地制宜、因事制宜，积极深化科研组织体制改革、完善科研考核评价体系、拓展合作交流的广度深度、加强人才队伍建设，不断激发科研活力、增强科研动力、强化科研合力、深挖科研潜力，有力地推动了具有全球视野、中国特色、地方特点的新型智库建设和研究。

1. 深化科研组织体制改革，激发科研新活力

科学完善的科研组织体制是激发科研活力的关键所在。各地方社科院不断深化科研组织体制改革，围绕建设新型智库，在课题立项、研究和管理等方面进行了许多有益探索。

江苏省社会科学院以标志性智库平台和标志性重大工程项目为龙头，促进院内不同学科和部门构建若干新型专业性智库，进一步整合研究资源，在综合性学科、交叉性学科、新兴学科和特色学科等方面形成研究高地。院内智库平台与重大工程项目突破原有部门管理体制，建立首席专家主导的课题研究机制。

福建社会科学院成立智库工作领导小组和专家咨询委员会，负责智库课题策划，协调智库建设中的重大问题。创新课题组织形式，建立能够直接承载智库职能的研究组织，鼓励开展跨学科、跨部门、跨专业的协同创新，全面推行课题组长负责制。

重庆社会科学院进一步完善"发展研究中心＋政府部门＋咨政专家"三方协同研究的工作机制，以发展研究中心秘书处为牵头单位，积极主动服务咨政研究，全程跟踪管理，协助咨政研究人员设计调研方案、联系调研点，组织安排座谈专家。

吉林省社会科学院建立以问题研究为导向、以跨部门、跨学科的大课题组为表现形式、"以首席专家＋主要负责人"共同牵头和课题组成员竞争上岗的组织形式，以政策研究和政策制定为目的的科研体系。

黑龙江省社会科学院精准对接决策需求，把对策研究课题由省主要领导圈批课题一类扩展到"省委书记、省长圈批，省委常委、副省长圈批，部门委托和地市委托"四类，强化供给对接，全方位、多层次服务各级党委政府决策。

湖南省社会科学院突出研究成果进实践进决策的导向，着力打造智库创新团队，完善智库创新机制，进一步加强课题组织、团队建设等内部管理机制改革，在服务决策中取得了新的成效。

2. 完善科研考核评价体系，增强科研新动力

树立科学合理的科研考核评价导向是激发智库研究人员创新积极性的重要手段。各地方社科院依据智库活动的特点和基本规律，坚持分类评价和重点评价相结合，在构建新型智库考核评价体系方面推出了一系列举措，充分发挥了考核评价的"指挥棒"作用。

北京市社会科学院制定出台《北京市社会科学院高端智库成果评价办法》，按照高端智库成果的决策影响力、学术影响力、媒体影响力、公众影响力、国际影响力等，制定具体量化评价指标体系。坚持用户评价、业内评价和社会评价相结合的评价原

则，建立科研立项评价、中期评价和结项评价制度，对智库参与人员工作绩效进行考核，严格评价奖励淘汰机制。

浙江省社会科学院积极推进成果评价机制创新，建立以质量和实际贡献为导向的科研成果评价办法。依据应用对策研究和基础理论研究各自的特点和规律，进一步完善科研业绩分类考核办法。对上级交办和委托开展的研究课题及内部研究成果，在结题标准、成果认定、业绩考核等方面制订专门的规则。

山东社会科学院结合推进创新工程，进一步优化创新团队、创新岗位考核评价机制，针对智库成果特点，有针对性地分类建立智库成果评价考核机制，将决策咨询报告、舆情分析报告等智库成果和参加决策咨询论证、接受媒体采访等智库活动纳入创新团队、创新岗位考核评价体系，充分调动研究人员的积极性和主动性。

福建社会科学院探索统筹基础研究和应用对策研究的成果评价办法，加大决策咨询类成果在考核评价体系中的权重。对受省委、省政府和国家部委委托研究的不宜公开的研究成果，在结题标准、成果认定、业绩考核等方面予以特殊对待，由智库工作领导小组认定，包括可视为在权威期刊或核心期刊上公开发表。

贵州省社会科学院把科研成果评价体系改革作为"靶点"，使科研质量成为"指挥棒"，在遵循公共评价体系的前提下，把质量作为评价体系的核心，建立和完善科研成果的质量体系和评价体系。

3. 加强人才队伍建设，深挖科研新潜力

人才队伍建设是智库建设的重中之重，没有一流的人才，就没有一流的成果，更没有一流的智库。各地方社科院高度重视人才工作和人才队伍建设，通过各种方式汇聚高端人才、深挖科研人员才智潜力，积极打造结构合理的人才梯队。

湖北省社会科学院正稳步推进首席专家（管理）推展计划、访问学者资助计划、青年学术骨干培养计划、管理人才提升计划、硕士研究生培养教育基地建设计划等五大人才工程。

河南省社会科学院强化研究所在培养青年科研人员中的责任和作用，督促各单位担负起对青年科研人员的培养责任，吸纳青年科研人员参与重要学术活动、重大项目研究，帮助青年科研人员特别是新进科研人员提升研究水平。

山东社会科学院开展职称评聘合一改革，进一步改革完善专业技术岗位聘期考核与聘任工作，进一步细化考核和聘任业务量化标准，明确考核目标，全面推开专业技术岗位自主评聘，建立起竞争择优、能上能下，有利于优秀人才脱颖而出的用人机制。

浙江省社会科学院紧紧抓住学科带头人、学术梯队、学科团队三个关键环节，实施"百名博士"计划、"外脑工程"计划、高端人才培育计划，探索"领军人才留任"计划，努力提升整体科研能力和水平。

宁夏社会科学院实施新型智库人才队伍建设工程项目，拓宽和优化高学历人才通道，建立高层次人才柔性引进机制；加大人

才经费投入，培养和引进年富力强、功底扎实、政治和业务素质优良的高层次科研人才和管理人才，夯实新型智库人才支撑；依托重点学科、重大项目，培养一批学科领军人才、新型智库人才和中青年学术骨干人才。

广西社会科学院依托学科建设、智库网络以及决策咨询课题，围绕区域经济、社会、民族、文化、东南亚等特色优势领域，坚持"综中有专"，孵化壮大一批特色专业团队，形成决策咨询研究高层次人才聚集的小高地。

黑龙江省社会科学院广泛延揽精英，汇聚高端人才，不求所有、但求所用，聘请国内外精英人才为院名誉和特聘研究员，拓展和巩固国内外合作空间，提升了科研水平和核心竞争力，扩大了学术影响力提供了有力支撑。

二、改革创新，推动智库作用多点呈现

迎着智库建设的春天，各地方社会科学院充分发挥自身优势，通过扎实有效的改革创新，在服务决策、理论创新、开展重大领域和特色优势学科研究、智库自身研究与智库评价、智库传播和智库交流等方面多点推进，取得了优异的成绩。

（一）纵深推进，服务决策重大成果不断涌现

地方社科院的首要任务就是服务决策，做好党和政府的"思

想库""智囊团"，在重大理论问题、重大现实问题以及群众关心的其他重要问题上，及时为中央和地方党政机关提供决策咨询服务。

1. 心系天下，放眼全国

地方社科院与"国字号"高端智库相比，在有些研究领域和综合竞争力上也有相对优势。一年来，它们注重发挥自身的地域区位和学科优势，将地方经济社会发展中遇到的问题放到全国大局中来加以考量，积极为党中央、国务院建言献策。

全国地方社科院国家批示成果数量排序（2016）

序号	省份	2016年国家批示（件）
1	湖北	7
2	重庆	3
3	山东	2
4	江西	2
5	湖南	2
6	四川	1
7	福建	1
8	河南	1
9	云南	1

湖北省社会科学院把"研究成果进入决策数"作为基本标准，来衡量智库的社会影响力，激励科研人员积极为党和政府建言献策，不断完善成果转化与传播机制，努力用最短的生产周期把最新的对策建议、调研报告及时便捷地报送到政府决策部门。

2016 年，该院先后有 7 项成果获国家领导人批示。

江西省社会科学院以理论创新工程激发科研人员的积极性和创新潜力，以建立应用对策成果报送中央的渠道来拓展平台建设，紧紧围绕"发展升级、小康提速、绿色崛起、实干兴赣"的重大理论与实践问题，集中推出一批针对性强、可操作性强、应用价值高的研究成果，2016 年，先后有 2 项成果获国家领导人批示，有 30 项成果获省部级领导批示，还有 18 项成果被省部级党委或省部级行业主管部门采纳。

四川省社会科学院始终注重咨政服务，紧扣国家战略开展前瞻性、针对性和战略性政策研究，围绕省委、省政府中心工作建言献策。2016 年，有 1 项成果获国家领导人批示，50 多项成果获省部级领导批示，20 多项成果被省部级党委或省部级行业主管部门采纳。

2.咨政建言，服务地方

分析、把握地方和区域经济社会发展的问题，是地方社科院的突出优势和核心竞争力。一年来，各地方社科院把主要精力放到为地方党和政府提供咨政建言服务上，在经济社会发展的各个领域都有很多创新性和突破性成果。

全国地方社科院省部级批示成果数量排序（2016）

序号	省份	2016 年省部级批示（件）
1	山东	36

序号	省份	2016 年省部级批示（件）
2	河北	31
3	江西	30
4	江苏	29
5	湖南	26
6	浙江	18
7	广东	12
8	贵州	11
9	重庆	11
10	湖北	10
11	福建	9
12	黑龙江	7
13	北京	6
14	陕西	6
15	河南	5
16	天津	5
17	海南	5
18	云南	4
19	青海	3
20	宁夏	3

  湖南省社会科学院把省委、省政府关注的重大实践问题作为主攻方向，突出研究成果进实践进决策导向，把握"一带一部"新定位，明确"三量齐升"新要求，坚持"五化同步"新路径等重大理论和实践问题，努力推出了一批既有实证数据支撑又有严密逻辑论证、既有理论价值又有决策咨询价值的高端智库成果。2016 年，先后有 2 项成果获国家领导人批示，有 26 项成果获省部级领导批示。

山东社会科学院深入推进创新工程，积极创造条件鼓励决策咨询类成果面向实际需求，加大智库成果营销宣传策划，向实际工作部门、基层及企业等推广智库研究成果，充分实现成果转化，更好地服务决策、服务社会。2016年，先后有2项成果获国家领导人批示，有36项成果获省部级领导批示，多项成果被省部级党委或省部级行业主管部门采纳。

福建社会科学院健全决策咨询机制，让智库更多更便利地获取政务信息和研究课题机会，以"由上至下"和"由下及上"两种方式拓宽智库参与政府决策的渠道，不断提升决策服务水平。2016年，有1项成果获国家领导人批示，9项成果获省部级领导批示，超过80项成果被省部级党委或省部级行业主管部门采纳。

河南省社会科学院以创新带动决策咨询服务工作，引导科研人员主动更新知识，向国际前沿看齐，提高科研人员利用新思维、新技术、新方法、新手段进行研究的能力，从而提升服务决策的水平。2016年，有1项成果获国家领导人批示，5项成果获省部级领导批示。

云南省社会科学院坚持走专业化路子，明确主攻方向，做"长线"、练"内功"，形成自己的专长和优势，同时，突出问题导向、问题意识，以重大现实问题为主攻方向，把力量集中在重点题目上，把重点题目做深做透，提供更多专业、权威、高端的决策咨询服务，让智库的"对策"变为党和政府的决策。2016年，有1项成果获国家领导人批示，4项成果获省部级领导批示。

此外，河北、广东、江苏等地方社科院也都发挥各自优势，在不同的领域、不同方面大展身手，为当地党和政府决策服务方面作出了重要贡献，获省级领导以上批示、被省部级党委或省部级行业主管部门采纳都达到数十项。

（二）立足前沿，理论创新取得新突破

地方社会科学院在做好决策咨询等应用对策研究的同时，地方社科院继续把理论创新放在智库建设的重要位置，深度解读中央精神，及时发出理论声音，以理论研究为智库作用发挥提供坚实支撑。

1. 瞄准高端课题，实施定向发力

承担国家高端课题既是地方社科院勇于担当的重要表现，也是提升人文社会科学基础理论创新的重要抓手。一年来，各地方社科院紧紧扭住这个抓手，在理论创新方面定向发力、屡创佳绩。

全国地方社科院国家社科重点项目立项数量排序（2016）

序号	省份	2016 年国家社科重点项目立项（项）
1	四川	1
2	重庆	1
3	山东	1
4	浙江	1

全国地方社科院国家社科一般项目立项数量排序（2016）

序号	省份	2016 国家社科基金一般项目立项（项）
1	江苏	6
2	内蒙古	5
3	黑龙江	5
4	四川	5
5	西藏	5
6	山东	4
7	北京	3
8	安徽	3
9	辽宁	2
10	河南	2
11	云南	2
12	甘肃	2
13	天津	1
14	河北	1
15	江西	1
16	湖北	1
17	湖南	1
18	海南	1
19	重庆	1
20	贵州	1
21	陕西	1
22	青海	1
23	宁夏	1

全国地方社科院国家社科青年项目立项数量排序（2016）

代码	省份	2016 年国家社科基金青年项目立项（项）
1	河南	2

代码	省份	2016 年国家社科基金青年项目立项（项）
2	黑龙江	2
3	北京	2
4	云南	2
5	四川	2
6	河北	2
7	青海	2
8	福建	2
9	山东	1
10	湖北	1
11	江苏	1
12	陕西	1
13	浙江	1
14	重庆	1
15	西藏	1
16	江西	1
17	宁夏	1

全国地方社科院国家社科基金项目鉴定优秀等次数量（2016）

序号	省份	2016 年鉴定优秀等次项目数量（项）
1	湖南	2
2	山东	1
3	浙江	1
4	天津	1
5	黑龙江	1
6	辽宁	1
7	内蒙古	1

上海社会科学院强调在智库建设的同时，重视理论的创新与提炼，做好智库建设与学科建设的双向互动，以智库建设带动理论创新，以理论创新融入智库建设，从而在一大批重大攻关项目和学科前沿系列研究中取得显著成果。

江苏省社会科学院以重大工程项目带动理论创新，其中，重大工程项目"江苏文脉研究"，规划编撰出版江苏名人传、江苏文化史等多卷本大型系列丛书，打造标志性的重大成果。抓好高端课题申报，2016年，获得7项国家社科基金项目，较往年有显著提高。

四川省社会科学院围绕落实中央和省委重要会议精神阐释最新理论和政策，通过平台搭建、名牌打造，为科研人员创造良好的条件和环境，鼓励科研人员申请国家课题，以课题为抓手推动理论创新。2016年，共获得8项国家社科基金项目。

黑龙江省社会科学院重点抓好高端课题申请，以此带动基础理论研究上水平，"黑龙江通史""黑龙江屯垦史"两大系列项目扎实推进，先后出版《哈尔滨犹太人图史》《黑格尔与哲学史》等25部著作，进一步加深学术积淀、扩大学术影响。

内蒙古社会科学院紧紧抓住"高层次立项"这一标准，严把质量关，认真做好课题申报的组织和指导工作，严把课题承担人学术水平关，确保课题立项的质量。在此基础上，还严格把好项目的实施过程管理关和"结项关"，通过优秀课题奖励机制，促进多出科研精品。

2.做好理论诠释，叫响智库声音

在做好理论阐释的情况下，进一步解放和增强社会活力、激扬思想活力，得到社会的认同，叫响社科院智库的声音，是智库建设义不容辞的责任。

山东社会科学院有 7 项国家级课题获得立项，30 项成果被《新华文摘》《中国社会科学文摘》等转摘，4 项成果一举获得省社科一等奖。

内蒙古社会科学院将蒙古学作为推进基础理论研究为现实服务的前沿阵地，从学科布局上已构成对牧区经济发展、政治学与法学、社会学、俄蒙研究、城市发展等主要应用对策研究领域的全覆盖。

山西省社会科学院不断加大山西文明史研究力度，突出晋商研究等地方历史文化研究特色，逐步形成目标明确、重点突出、特色鲜明的学科体系。

浙江省社会科学院深化马克思主义基本理论和马克思主义中国化最新成果的学习研究宣传，深化重大现实问题研究，积极在中央媒体组织刊发重要理论文章和研究成果，发出浙江社科理论界的声音。

（三）突出特色，优长学科研究硕果累累

地方社科院的优势在于基础理论研究与实践应用研究相结合，既有系统的基础理论研究，又有和政府与实际工作部门密切

联系的对策应用研究，这种理论联系实际的研究具有鲜明的特色优势，特别是有其鲜明的地域特色优势。2016年度，地方社科院重大领域、特色优势学科研究结出丰硕成果。

河南省社会科学院推进中原特色基础理论研究，重视发挥特色基础理论研究优势，着力加强河南地方史、中原文化、河洛文化、姓氏文化研究。

湖南省社会科学院以国家社科基金课题的立项和研究为龙头，鼓励科研人员推出原创性、主体性成果；以打造"湘字号"社科品牌为重点，加强湘学和湖南历史文化研究，突出湖南思想文化史、湖南抗日战争史、湖南重要历史人物、湘学传统与当代湖南发展的研究。

贵州省社会科学院实施以质量为中心的科研转型升级，形成了以阳明文化研究、三线建设研究、贵州佛教文化研究、抗战文化研究、苗族巫经文化研究等为重点的基础理论研究体系；国家社科重点、重大课题立项获得突破，课题结项优良率不断提高。

青海省社会科学院发挥"青海藏学研究中心""青海丝路研究中心""青海生态环境研究中心"等研究中心的作用，整合社科资源，联合科研力量，按照"功能分设、深度交流、相互支撑"的原则，打破单位和学科界限，合作开展重大现实问题研究和学术活动，扎实开展广泛而深入的调查研究，将理论创新奠基在扎实的实践基础上。

山西省社会科学院不断加大山西文明史研究力度，突出晋商研究、"三个文化"研究等地方历史文化研究特色，逐步形成目标明确、重点突出、特色鲜明的学科体系。

内蒙古社会科学院将蒙古学作为推进基础理论研究为现实服务的前沿阵地，从学科布局上已构成对经济、牧区经济发展、政治学与法学、社会学、俄蒙研究、公共管理、城市发展等内蒙古自治区主要应用对策研究领域的全覆盖。

浙江省社会科学院采取切实有效措施，支持国家社科基金重大项目"阳明后学文献整理与研究"和其他国家规划课题的研究工作，推进《浙江通志》和《浙江文化通史》编纂出版工作，支持科研团队努力将研究成果打造成可以传世的学术精品，努力打造浙学研究高地。

陕西省社会科学院根据全省经济社会发展需要设立了丝绸之路经济带研究院、陕西省情研究中心、陕西县域经济研究中心等18个虚体研究机构，加强了经济、金融、农村发展、文化产业等应用对策研究，基本上涵盖了经济、社会、文化、政治及一些交叉学科。

新疆社会科学院形成了新疆地方史研究、民族研究、伊斯兰教研究、中亚研究、少数民族语言和文化研究等体现新疆特色和新疆社科院特点的优势学科，打造出了一批具有学术研究专长、在国内外具有一定影响力的知名专家学者。

（四）百花齐放，智库评价机制日益完善

2016 年度，中国知网共收录题目中含有"地方智库"字段的期刊论文 63 篇，含有"智库"字段的期刊论文 1141 篇，地方智库期刊论文数量占智库期刊论文的 5.5%，包括地方社科院研究的地方智库研究偏弱。

文章主题集中于以下几个方面：（1）探讨了地方文献库对地方智库建设的重要作用，凸显出文献对地方智库建设中的重要地位。（2）探讨了地方智库建设中的一些问题，指出了提升地方智库建设质量的瓶颈环节。（3）分析了地方智库建设的体制机制，破除地方智库建设中的藩篱。

全国地方社科院国家批示成果数量排序（2016）

排名	论文题目	下载量
1	地方文献与地方特色新型智库建设	666
2	新型智库建设背景下地方社科院图书馆建设研究	223
3	地方社科院新型智库建构路径研究	208
4	我国地方新型智库体系建设的策略探究	192
5	新常态背景下地方高校智库参与区域协同创新的策略思考	176
6	地方智库建设中的问题与对策	156
7	切实加强地方新型智库建设	150
8	地方智库建设的四种不良倾向及应对之策	140
9	地方高校智库建设的系统论分析	140
10	新型智库建设视域下地方社科院智库体制机制改革的探讨	137

在地方社科院智库评价方面，光明日报社、山东社会科学院、上海社会科学院设计各种计量指标，对地方社科院智库做出评价。山东社会科学院为更好地掌握地方社科院系统新型智库建设成就，课题组经过反复讨论，设计了《地方社科院智库建设综合数据调查问卷》。问卷共分智库成果、智库活动、智库平台、智库传播、国际合作、人才经费、智库建设、对策建设等8个部分，共设计了519个变量。课题组在全国社科院第十九届院长联席会议暨首届智库论坛期间，向全国地方社科院科研处长发放，至今共收回26个省（区、市）社科院问卷，山西、吉林、上海、广西、新疆等5个省（区、市）问卷未收到。课题组根据26个省（区、市）数据就国家级批示、国家课题立项、省级社会科学评奖等指标展开排序。

上海社会科学院在全国范围开展关于中国智库影响力的调查研究，已连续出版了三年的《中国智库报告》，获得了政府部门、智库、学界，以及国内外媒体的热烈反应和积极评价。其中，系统影响力排名对部委直属事业单位智库、地方党政智库、地方社科院智库、高校智库、社会（企业）智库进行了分系统排名。2016年地方社科院系统影响力前10分别是：上海社会科学院、北京市社会科学院、广东省社会科学院、四川省社会科学院、江苏省社会科学院、重庆社会科学院（重庆市政府发展研究中心）、山东社会科学院、浙江省社会科学院、湖南省社会科学院、湖北省社会科学院。

为推进中国特色新型智库建设，南京大学中国智库研究与评价中心和光明日报智库研究与发布中心合作研发了"中国智库索引"（CTTI），共有46家社科院智库入选这一平台。其中，地方社科院占到31家，占比为64.7%，充分体现了地方社科院以强烈的责任担当推动科研转型，不断推出精品研究成果、搭建智库平台，切实提升智库影响力，在新型智库建设中干在实处、走在前列。

此外，四川省社会科学院与中国科学院成都文献情报中心联合推出了《中华智库影响力报告（2016）》，对包括地方社科院在内的232家智库机构进行了评价，并推出了分类影响力排名。

（五）协调推进，智库传播与影响独具特色

提高政策影响力和舆论影响力已经成为地方社科院智库建设的重要着力点。智库传播是智库发展的引擎之一，智库产出的政策思想、方案只有获得足够的关注度和认可度，才能更为充分地转化为决策。过去多数地方社科院主要定位为研究机构，研究成果或传播范围有限，或长期"深居闺中"，难以发挥社会科学研究经世致用的社会价值。如今新型智库建设方兴未艾，多元推进智库传播能力建设已是提高智库影响力的关键之举，正如《关于加强中国特色新型智库建设的意见》中所提出的，智库要发挥"壮大主流舆论、凝聚社会共识，发挥智库阐释党的理论、解读公共政策、研判社会舆情、引导社会热点、疏导公众情绪的积极

作用"。

1. 传统媒体持续发力

地方社科院智库在充分发掘其学术期刊、内刊、网站等现有传播手段最大潜力的基础上，积极探索更加有效的传播方式，传播能力和影响力不断提高。

河北省社会科学院通过新创刊的《智库成果专报》服务省委、省政府决策咨询，截至 2016 年 8 月，已上报 30 期《智库成果专报》，其中有 28 期成果获得省级以上肯定性批示，批示率创历年新高。此外，作为中宣部舆情信息直报点，该院大力推动舆情监测分析重点实验室建设，向中宣部报送了一批舆情深度分析报告，多篇报告被采用，受到中宣部的充分肯定，提升了该院的政策影响力。

辽宁社会科学院通过《辽宁智库》《信息专报》等载体，及时向省委、省政府和中央提供最新智库研究成果。2016 年上半年，有 16 项研究报告获得副省级以上领导同志肯定性批示，其中党和国家领导同志批示有 9 项，超过 2015 年全年的总和，还有多项成果直接成为各级党委和政府的规划和政策，为政府管理和公共事业发展作出了重要贡献。

四川省社会科学院创办《当代社会科学（英文版）》期刊，填补了全国地方社科院英文社会科学类学术期刊的空白。此外，该院已经申报的《康藏研究》《绿色经济研究》等期刊，有望近期获批正式出版发行，该院的目标是每个研究所创办一个期刊，为宣传推介科研成果打造新平台。

山东社会科学院于 2016 年新创办了《经济动态与评论》《中国文化论衡》《中国海洋经济》《国际儒学论丛》四本学术集刊，致力于打造智库成果传播平台。

吉林省社会科学院继续办好《特色智库专报》和《社科成果要报》，积极拓展"两报"报送对象，推进"两报"向中宣部及国务院相关部门的报送工作。鼓励研究人员形成多种形式的咨询成果，通过多种途径报送决策咨询成果。

2. 新兴媒体快速发展

以信息技术、网络技术为载体的新兴媒体以其方便快捷、无处不在、个性多元和智能传播的特性，对社会发展及人们生活带来巨大变革。对新兴媒体的重视程度和运用能力，已经成为决定智库传播成效和智库影响力的关键因素。近年来，地方社科院智库对新兴媒体的重视程度日益提高，运用新兴媒体的能力不断增强。各地社科院相继建立新兴媒体智库传播平台，充分利用网站、APP、微信公众平台、微博、博客等新兴媒体，宣传智库成果、智库专家、智库动态等。

北京市社会科学院开办"北京智库网"和"首都智库微信"平台，旨在打造集智库资讯、智库成果、智库课题于一体的高端信息发布平台，打造全方位、多功能、多领域、可移动的"互联网＋"时代的北京新型智库平台。

山东社会科学院联合省内 50 多家智库，着力打造"山东智库联盟"品牌，山东智库联盟网站点击率不断提高。山东智库联盟微信公众号每天围绕一个主题推送 5 篇智库成果和理论文章，社会影响力不断提升。

安徽省社会科学院积极建设新型智库传播平台，充分利用新媒体平台开发制作"江淮智库"APP、微信、微博等公众平台，筹建安徽智库信息资源和成果库，为智库研究成果和智力产品提供宣传平台。

重庆社会科学院与国务院发展研究中心主办中国智库网进行交流协作，为该院及重庆市新型智库建设搭建起了一个高水平的学术交流与开放合作平台。积极利用"重庆社科院微博"等新媒体，及时充分发布各类智库信息和智库成果。

四川省社会科学院开设天府智库英文网站，及时发布该院以及国内外优秀研究成果，促进学术研究成果"走出去"。开通中华智库研究网微博、微信，开设智库要闻、成果发布、中国智库、国外智库、观点与实践等栏目。

河北省社会科学院依托河北省社科院院网、河北社会科学网、河北干部理论教育网三大平台，开设智库建设和智库成果宣传专栏，发布智库成果和智库信息，提高省内外影响力。

河南省社会科学院以大数据、云计算为依托，"中原智库网"及社科院微信、微博更新及时，生动活泼，有效提升了智库形象和影响力。

湖北省社会科学院积极适应大数据时代发展需要，大力推进哲学社会科学研究的数字化、信息化、网络化进程，创办湖北智库网，努力打造"数字化社科院"。整合院内情报信息资源，组建信息情报研究中心。

3.特色品牌日渐成型

各地社科院智库利用不同的地域优势、学科优势和人才优势，打造特色传播渠道，品牌优势日渐形成。

上海社会科学院和上海市新闻办联合承办"世界中国学论坛"，由国务院新闻办公室和上海市人民政府共同主办，是一个高层次、全方位、开放性的学术论坛。论坛旨在为海内外中国学研究界提供对话渠道和交流平台，反映中国学研究的动态与趋势，鼓励观点创新，推动学派共荣，增进中国与世界的相互了解，建设具有世界影响力的中国学学术共同体。

黑龙江省社会科学院在中俄及东北亚合作领域的智库研讨会已办成品牌国际论坛。该院承办的"中国与欧亚经济联盟合作高层智库论坛""'一带一路'与龙江全面振兴高层论坛""'一带一盟'建设与中俄人文交流合作论坛"，先后汇聚中俄两国以及日、韩、蒙、美、欧亚经济联盟成员各国的近500余名政府官员、智库专家和金融家、企业家参会，形成了智库传播交流品牌。

福建社会科学院集中力量办好《福建社科院专报》，将其打造成为展示智库成果的重要品牌。深化《福建经济社会发展与预测蓝皮书》《福建文化发展蓝皮书》编研改革，将其打造成为体现该院智库优势的又一品牌。

湖北省社会科学院致力于品牌论坛（讲堂）建设。形成了中国长江论坛、长江中游城市群论坛、鄂韩合作论坛、"三农"论坛、湖北智库论坛、荆楚社科大讲堂等省内外知名传播平台，为湖北省智库传播能力和智库影响力提升奠定了坚实的基础。

广西社会科学院出版的系列蓝皮书涉及经济、社会、文化、民族、区域经济、农村、东盟等多个领域、多个学科，形成了"一所一皮书"的格局，并已成为广西智库品牌。

重庆社会科学院作为主要承办方承办的高层次、权威性常设论坛——"重庆发展论坛"，通过聚集国内外知名专家、业界精英、政府官员和主流媒体，全力打造了一个共商热点问题、畅谈各家观点、发布最新信息的高端互动交流平台，成为了推动学术交流和高层对话、展示重庆乃至西部形象、促进重庆对外交流与合作、推进西部地区加快发展的一张都市名片。

四川省社会科学院统筹科研资源，通过推出和打造智库拳头产品作为推进智库建设的重要举措。集中打造天府智库论坛、四川省经济社会发展蓝皮书系列、中华智库影响力报告、中国区域创新指数报告等天府智库品牌，学术影响力和社会反响大幅提升。

（六）多点开花，智库合作交流蓬勃兴盛

开展学术合作交流，是提升成果质量、培养智库人才、开阔学术视野的重要手段，在新型智库建设中发挥着难以替代的独特

作用。当前各地社科院智库开展学术合作交流的热情空前高涨，积极探索合作交流机制、建立合作交流平台和完善合作交流体系，为新型智库建设注入了源源不断的活力。

1. 合作交流途径不断拓展

各地社科院智库通过战略联盟、协议合作、建立分院等途径，积极建立合作交流关系，互相借鉴共同提高决策咨询能力和水平。

黑龙江、吉林、辽宁、内蒙古、新疆、西藏、甘肃、广西、云南沿边九省区社科院，共同组成"中国沿边省区新型智库战略联盟"。以沿边开放发展为研究重点，进一步为我国沿边开放提供智力支撑。在学术交流与合作研究、知识与信息分享等领域进行合作，提升决策咨询能力和水平。2016 年 7 月，第五届中国沿边九省区新型智库战略联盟高层论坛暨内蒙古社科院分院工作会议举行。与会专家学者围绕"推进智库建设，服务开放发展"的主题，深入交流了沿边开放发展和新型智库建设的经验与思路，进一步明确了推进智库联盟平台建设的方向。

黑龙江省社会科学院在国内首创由中、俄、日、韩、蒙等国智库机构组成东北亚智库研究联盟，吸引国外智库 12 家，省外知名智库 39 家。联盟聚合中外智库资源，开展智库协作研究，掌握话语主导权、发声制高点，为区域内各国政府决策、经济和社会发展建言献策，推动促进东北亚区域的合作交流，助力黑龙江省开放发展。

宁夏社会科学院坚持开放办院的思路，先后举办了西夏学国际研讨会、回族学论坛、中阿经贸论坛理论研讨会、国家战略中的西北发展论坛、中阿智库论坛等一系列国际和地区性会议，加强同与国内外学术界的对话与交流。与俄罗斯、日本、阿联酋、伊朗、巴基斯坦等国家以及港澳台地区的研究机构、学术团体、高等院校建立了合作交流关系。

2.平台建设凸显优势特色

各地社科院智库坚持突出优势特色、整合优势资源打造"拳头产品"，搭建专业化、特色化合作交流平台，推动国内国际合作交流发挥应有作用。

江苏省社会科学院区域现代化研究院在整合省社科院原有的区域现代化研究中心、区域经济发展中心、社会发展中心、社会政策所等区域现代化研究的优势科研资源组建而成。重点围绕江苏省区域治理和经济社会发展中的重大现实问题开展国情调研和决策咨询研究。区域现代化研究院依托省社科院研究团队，协同省委研究室、省政府研究室、省统计局等有关部门，与东部沿海地区的上海市、浙江省、山东省、广东省等地社科院等开展合作研究。

山东社会科学院主办第 19 届全国社科院院长联席会议暨首届智库论坛，此次会议的主题为"深化体制机制改革，加强党风廉政建设，推进创新工程，建设新型智库"，以"创新论坛""廉政论坛""智库论坛"等三个分论坛的形式进行了广泛深入的研讨交流。与中国（海南）改革发展研究院合作，着力打造"泰山智库讲坛"品牌，汇聚各方智库英才，共商新型智库发展大计。

依托云南省社会科学院组建中国（昆明）南亚东南亚研究院，推进南亚东南亚研究专业智库建设。中国（昆明）南亚东南亚研究院以坚定的历史担当，服务国家"一带一路"建设，服务党和政府工作大局。中国（昆明）南亚东南亚研究院成立以来，不断推进新型专业智库建设，已经取得明显的成效，成为新型智库建设的重要抓手和着力点。

3.对外合作交流渐入佳境

拥有国际思维、全球视野和世界方略是新型智库建设的重要目标。各地社科院纷纷开展国际合作项目研究，积极参与国际智库平台对话、吸纳海外优秀智库人才和学习借鉴国外智库的先进经验，国际竞争力和国际影响力不断提升，对外传播能力和话语体系建设不断加强。

四川省社会科学院努力联动西部科研资源，联结南亚东南亚智库，支撑中国向南开放战略。先后成立国际问题研究中心、印度研究中心、以色列研究中心等专业机构，并整合相关科研资源积极对接"一带一路"、南向开发战略等，开展重大理论与现实研究。先后与波兰、印度、韩国等国家的科研机构签订了战略合作协议，在国际项目合作、人员交流与互访，国际会议举办等方面取得了丰硕成果，产生了较大的国际影响力。

贵州省社会科学院国际交流初见成效，承办生态文明贵阳国际论坛分论坛、"太平洋战争与中美关系"研讨会，协办"非洲国家减贫与可持续发展官员培训班"赴贵州考察，建立贵州与瑞士比较研究中心开展相关研究等。

内蒙古自治区社会科学院建设蒙俄研究中心，围绕"一带一路""中蒙俄经济走廊"建设等开展研究，把对蒙、俄，特别是对蒙古国的研究提升到国内一流水平，成为代表国家层面处理我国与蒙古国政治、经济、文化以及双边关系等历史与现实问题，直接为中央决策提供高水平研究成果和咨询对策的高端智库之一。

河北省社会科学院积极加强与国内外智库的交流合作，成功主办了两届"河北省国际智库论坛"，来自美国、俄罗斯、中国社会科学院、地方社科院以及省内的智库专家交流了智库建设的经验，拓展了思路，深化了对智库建设的规律性认识。

河南省社会科学院与中国区域经济学会、区域经济协会、国际区域协会中国分会，就共同推进"一带一路"合作，于2016年10月在郑州举办中英"一带一路"战略合作论坛。中英双方的众多专家、学者出席论坛，围绕"一带一路"背景下的中英两国的合作路径、重点领域、关键项目、推进措施，以及"中英深化合作的路径与对策""'一带一路'建设与地方发展"等进行深入而具体的讨论。

重庆社会科学院成立了对外学术交流中心，加强了与中国—中东欧国家合作秘书处等机构的合作，成为中国欧洲学会中东欧研究分会的理事。通过参加国际国内理论研讨会、政策形势分析会等多种方式"走出去"。目前，已与美国、日本、澳大利亚、英国、印度、巴西、智利、匈牙利等国家的高校和研究机构，建立了较为稳定的学术关系，并开展经常性学术活动。

三、困境犹存，急需探寻破解之道

2016 年，地方社会科学院系统智库建设迈出了新步伐、取得了新成绩、展示了新风采，但仍存在一些需要重视的问题。主要表现在：

一是体制机制上，在编制、人员、职称、经费、人才引进等多个方面缺乏应有的自主权，下一步需要在选人用人、经费管理、职称评定等方面给予地方社会科学院以更大的自主权，激发其内在活力，增加其内生动能。

二是科研创新能力上，地方社科院向智库转型，应当正确处理好基础理论研究和应用对策研究的关系，既要出思想，也要出思路，更要出人才，着力推出更多党委政府急需、社会发展需要的"精准"服务决策成果和原创性学术成果。

三是从治理体系来看，随着国家一系列科研体制改革政策的相继出台，科研单位深化改革去行政化成为大势所趋，地方社会科学院需要着眼未来长远发展，建立更加高效务实、运作有序、善治善为、独具特色的治理体系。

四是从条件保障上来看，各地社科院通过积极发挥参谋咨询作用，坚持"有为有位""有位有为"，政府的财政投入和支持力度不断加大，基础条件建设和科研平台建设进一步加强，但如何运用好这些支持条件和平台、使其发挥出最大效益，需要进一步探索。

五是从对外交流和学术影响力来看，各地社科院对外交流不断加强，学术影响力也在逐步提升，但是如何围绕国家战略需求和地方对外开放需要，进一步提升对外交流的层次和水平，提高地方社科院智库在国际国内的学术影响力，增加知名度和扩大话语权需要进一步加强。

四、发挥优势，力促智库建设再上台阶

地方社会科学院系统智库应当深入贯彻落实中办、国办《关于加强中国特色新型智库建设的意见》要求，坚持围绕中心、服务大局、改革创新、精准发力，坚持走高端、专业、特色、精品之路，深入推进实施哲学社会科学创新工程，着力推进体制机制创新，充分发挥党委政府重要"思想库""智囊团"的作用，在理论创新、舆论引导、启智开先、服务社会、对外交流等方面积极作为，努力争当构建中国特色哲学社会科学的排头兵。

（一）强化专业研究优势，推出适应决策需求和社会需要的智库产品

按照党和国家对中国特色新型智库的要求，我国的智库必须有"特色鲜明、长期关注的决策咨询研究领域及其研究成果"。在各类智库中，地方社科院智库作为中国特色新型智库建设的一支重要力量，经过近40年的积累锻造，有明确的研究领域、学科专业和特色定位，灵活的资源配置，明晰的服务指向。地方社科院智库要善于把专家学者的研究成果转化为政府的政策产品，为政府决策提供咨询服务、出好谋划良策；为社会提出新的思想观点和价值目标，引导公众舆论和社会走向；还要及时反映和汇集社会各种意见和需求。地方社科院智库要系统地运用现代自然科学、社会科学知识和方法，在宏观决策、战略规划、区域协作、行业发展、产业转型、成果推广、未来展望等方面应起积极作用，为解决各类复杂的综合性问题提供方案。地方社科院智库建设应当按照服务决策、适度超前的要求，根据自身研究专长和优势，制定中长期研究规划，确定相对稳定的研究领域，形成持续跟踪研究的长效机制。在研究工作中，既要重视基础理论研究，也要重视应用对策研究，加强政策模拟仿真、政策背景分析研究，推进研究方法、政策分析工具、技术手段创新和跨学科平台建设。同时，地方社科院智库还要加强与有关决策部门的沟通联系，及时了解重大决策需求和信息，积极参加有关部门组织的

论证会、座谈会、协商会、听证会等活动，拓宽决策咨询服务的方式和范围；与实际部门开展合作研究，提高政策研究、评估、解读工作的针对性、实效性、准确性，集中优势力量攻关，完成有关部门交办的研究任务，按时提交高质量的决策咨询报告；围绕经济社会发展的现实问题，深入开展实地调查研究和数据抽样调查，了解和掌握真实情况，充分获取第一手数据资料，为决策咨询研究提供科学依据和坚实支撑。

（二）积极依托人才智力优势，着力培养智库领军人才和专家学者队伍

人才资源是第一资源，也是智库建设的基础条件。地方社科院智库，应当具有一定数量、国内知名的专业领军人才和数量相当、结构合理、熟悉省区市情况的专职研究人员。新型智库的宗旨是服务党和政府决策，政策研究咨询是重要的主攻方向，要打造党和政府信得过、用得上的新型智库，这就要求智库人才熟悉党委政府日常运作和政策制定，具备娴熟的应用对策研究素养和深厚的学术理论素养。作为地方社科院智库的专家学者，应当坚持正确的政治方向、具有高度的社会责任感、富有战略思维和创新精神，努力成为应用对策研究和决策咨询方面的专家。地方社科院智库的专家学者，还应当及时了解党委政府的中心任务和关心关注的重点工作，熟悉了解重大决策部署和重要工作任务的实际落实情况，为承担政策研究、决策评估、政策解读等奠定基

础。地方社科院智库，可以通过项目投标、接受委托等方式，主动将研究领域、研究专长对接党委政府决策所需，立足公共利益、社会利益思考问题，善于提出在现有条件、现有政策下，始终立足体制内解决问题的对策建议。作为战略问题和应用对策的研究机构，地方社科院智库应当要求其专家学者能够综合运用社会科学和自然科学的理论知识，具备深厚的学术素养，还要注意跟踪当代前沿理论和党委政府的重大战略、重大决策，跟踪一个时期的重点工作和改革、发展、稳定的重大战略问题及重点、难点、热点问题开展研究，为党委政府决策提供新信息、生产新知识、提供新思路。另外，要深化社科院智库人才岗位聘用、职称评定等人事管理制度改革，完善以品德、能力和贡献为导向的人才评价机制和激励政策；探索有利于智库人才发挥作用的多种分配方式，建立健全与岗位职责、工作业绩、实际贡献紧密联系的薪酬制度；还要加强智库专家职业精神、职业道德建设，引导其牢固树立国家安全意识、信息安全意识、保密纪律意识，积极主动为党和政府决策贡献聪明才智。

（三）用好地域区位优势，建设适应智库发展需要的调研基地和特色学科

建设地方社科院智库，服务于党和国家战略决策和地方党委政府决策，既要"顶天"，也要"立地"，需要智库专家深入实际深入基层了解社会、联系群众，提出具有真知灼见、真才实学的

对策建议。因此，需要建立一定数量的比较固定的调研基地，一定数量的重点学科和研究平台。地方社科院智库要加强与党政部门的交流，通过挂职任职、基层锻炼、蹲点调研等方式深入一线，使社科院的专家学者既能够掌握国情党情政情社情的第一手资料，又能够了解决策程序和过程，身临其境参与决策。调研基地的设立应当贯彻落实中央和地方党委政府关于加强中国特色新型智库建设的有关要求，进一步加强决策服务平台建设，不断提高调研工作的针对性、实效性和可操作性，尽可能多地掌握第一手资料，更好为党和政府科学决策提供服务。调研基地应当及时提供本地区、本单位、本行业的实际情况和工作动态，总结贯彻落实党委政府重要政策中的经验做法，反映工作中发现的新情况、新问题，对党委政府拟出台的重要政策、重要决策提出意见建议，积极协助和配合完成地方高端智库有关课题调研任务。对调研基地报送的情况、经验、建议等，地方高端智库应当及时予以总结、归纳，呈报相关部门和领导同志决策参考。另外，地方社科院智库还需要重视学科建设和特色研究平台建设。在学科建设与发展方面，坚持有守有为、错位发展通过调整巩固、转型升级、拓展充实、合作融合、交叉创新等，完善学科建设机制，优化学科结构，形成具有自身特点、结构合理、优势突出、立足学术前沿、适应国家经济社会发展需要的特色学科。在研究平台建设方面，要结合地方社科院智库的特点实际，建立一些具有学科优势和研究特色的研究中心、研究分院等。通过建立研究平台，充分发挥自身的优势和特色，支撑智库建设和发展，走协同、联合和创新之路，切实发挥好地方社科院智库在服务决策和经济社会发展中的作用。

（四）着力打造数据资源优势，建立功能完备的信息采集和数据分析系统

科研方法和科研手段创新，既是哲学社会科学创新的重要内容，也是建设中国特色新型智库的重要方面。当前，我国正在统筹推进"五位一体"总体布局、协调推进"四个全面"战略布局，特别是在当今经济全球化的大背景下，影响地方发展和政府决策的因素越来越复杂多样、相互交织，迫切需要地方社科院智库开展战略性、前瞻性、系统性、综合性、储备性研究，推出一批现实性强、可操作性好、公信度高、影响力大的创新性决策研究成果，以科学咨询支撑科学决策，以科学决策引领科学发展，为党和政府决策提供高质量的智力服务。随着信息社会的到来和互联网的迅速发展普及，现代科学的发展也日益呈现出相互融合、相互渗透的趋势，地方社科院智库研究需要在运用传统研究方法和研究手段的基础上，注重吸收借鉴自然科学的定量分析、比较研究等研究方法，根据特定的研究目的和不同研究课题运用不同的研究方法。同时，地方社科院智库的专家学者也要积极运用计算机信息技术和数学模型等现代信息手段，在大数据条件下为经济社会发展和科学决策提供理论支撑和智力支持。正如《关

于加强中国特色新型智库建设的意见》所指出的，要"重视决策理论和跨学科研究，推进研究方法、政策分析工具和技术手段创新，搭建互联互通的信息共享平台，为决策咨询提供学理支撑和方法论支持"。基于此，地方社科院智库要在现有的资料信息和研究资源的基础上，积极创造条件，建立自己的或者联合建立功能完备的信息采集和数据分析系统，实现信息资源和资料信息的共建共享，为党委政府科学决策提供数据支撑和信息支持。

（五）深入挖掘系统集群优势，建设高水平的学术研究和交流平台

学术交流是智库发展的重要内容，是智库创新体系的重要体现，是智库工作者交流思想、沟通信息、推进创新的重要源泉。建设地方社科院智库，必须重视学术交流平台建设，发挥学术交流平台的应有作用。学术平台的建设应当围绕我国和地方经济社会发展中的重大问题和学术界的前沿问题，通过举办各类年会、高层论坛、专题论坛、研讨会、座谈会等多种形式，交流各类哲学社会科学的研究成果和信息，宣传、推介、转化新型智库的各类成果。可以在现有社科院学术交流平台比如各类专业性论坛、蓝皮书发布会等的基础上，探索建立更多的全国性、区域性、学科性的交流平台，为地方社科院智库专家学者提供多层次、宽领域的学术交流平台，为智库成果的转化提供更加务实有效的宣传推介渠道。按照《关于加强中国特色新

型智库建设的意见》的要求，建设中国特色新型智库，还必须加强对外传播能力和话语体系建设，提升我国智库的国际竞争力和国际影响力。地方高端智库应当积极建立与国外智库交流合作机制，开展国际合作项目研究，积极参与国际智库平台对话。要加强智库成果对外交流和传播平台建设，发挥智库在对外开放和国际文化交流中的独特优势，提升地方高端智库的竞争力和影响力。要坚持"请进来"与"走出去"相结合，与国内外著名研究机构、智库、企业等共同合作开展重大项目研究，提升地方统筹利用国内外各类智库资源和专业人才的能力。要规范简化智库外事活动管理、中外专家交流、举办或参加国际会议等方面的审批程序，坚持以我为主、为我所用，学习借鉴国内外智库的先进经验。

（六）充分发挥咨政建言优势，构建稳定通畅的科研成果报送和转化渠道

智库是出成果、出人才的"思想库"和"智囊团"，智库成果形成以后，应当通过一定的渠道报送，推动成果转化，影响决策，服务发展。地方社科院智库，应当依托自身特有的优势资源，搭建更多平台，优化资源配置，畅通智库决策咨询研究成果报送和转化应用渠道，拓展智库决策咨询研究领域，有效实现理论研究与实践应用的结合，为各地党委政府科学决策提供咨询服务，努力将智库成果的经济效益和社会效益扩大化，提升智库服

务党和政府科学决策能力和水平。要探索建立智库成果收集整理、审核报送、成效反馈制度，汇编智库成果专报，定期报送党委政府和国家有关部委，拓宽成果应用转化渠道，提高转化效率。探索建立智库成果政府采购制度，通过项目招标、政府采购、直接委托、课题合作等方式，向地方社科院智库购买相关优秀研究成果，吸引各方面专业人才和智力资源向应用对策研究前沿领域集聚。建立智库研究成果传播平台，开通网站、微信，举办各类媒体吹风会、成果发布会、研讨会、高端论坛和宣讲会等活动，宣传解读重大政策和智库最新成果，使地方社科院智库成为社会大众获得政策信息和评论的权威来源，扩大社会影响力。加强智库成果知识产权创造、运用和管理，加大知识产权保护力度，智库自身对拥有的品牌、专利、著作权要及时采用法律手段予以保护。设立地方"智库研究优秀成果奖"，突出奖项的评价导向功能，将评奖要求与标准体现到课题研究、政策咨询、项目评审、人才评价等各个方面，完善以质量创新和实际贡献为导向的评价办法，构建用户评价、同行评价、社会评价相结合的指标体系。

（七）不断创新体制机制优势，逐步完善智库治理结构和治理体系

随着中国特色新型智库建设的不断推进，我国智库将健全法人治理结构，地方社科院智库也要建立健全治理结构及体制机

制。我国的官方智库很多由科研院所或高校转化而来。目前，高校的法人治理结构已逐渐完善，而科研院所通常为事业单位，由党委政府进行全方位管理，发展的能动性与自主权受到一定限制。因此，未来将建立健全智库法人治理结构以及理事会和学术委员会，充分发挥首席专家和领军人才的示范带头作用；地方社科院智库也将逐步"去行政化"，不再设行政级别，建立权责明晰的法人治理结构。地方社科院智库成为法人主体后，政府将逐步减少对智库的微观管理，将过去双方的行政隶属关系转变为法治框架下的委托—代理关系，从过去的重过程管理逐渐向重目标管理转变；对智库的绩效考评由过去的政府决定转变为第三方评估，评估结果作为确定预算、负责人奖惩与收入分配等的重要依据。今后，地方社科院智库将更大程度地实现自主创新、自主发展。如在人才使用权方面，人员流动困难等问题将得到有效解决，智库人才将有更多机会到党政机关任职、离岗创业或在企业兼职取酬；人才管理权方面，智库在岗位设置、专业技术岗位调整、绩效工资分配、项目经费管理等方面将自主决定；在职称评聘权方面，智库将自主评聘职称，急需的高层次人才、紧缺人才可职称直聘，智库人才申报职称评审渠道将更加畅通；在科研经费使用权方面，将突出知识价值导向；在科研成果的所有权、处置权和收益分配权方面，智库人员享有的科研成果权益将得到法律保障，享有权益比例将大幅提高。另外，随着地方社科院智库自主权的扩大，智库间的人员流动渠道将更加畅通，科研合作将日益增多，可依据市场规则，组建公开透明的竞争平台，明确招投标标准和规则。基于此，地方社科院智库也要积极适应治理现代化的需要，推进治理结构和治理体系的现代化，促进地方社科院智库健康有序发展。

（执笔：山东社会科学院课题组杨金卫、崔凤祥、王颖、李兰永、张勇、彭宗峰；统稿人：杨金卫、崔凤祥。
本报告得到了中国社会科学院和各省（区、市）
社会科学院的大力支持）

有序推进　多样化发展

——中国科技智库 2016 年度发展报告

2016 年是"十三五"的开局之年，供给侧结构性改革迈出重要步伐，科技创新领域改革主体框架基本确立。1 月，中央文献研究室出版《习近平关于科技创新论述摘编》，对习近平总书记关于科技创新的新理念新思想新战略进行了最新集成；党中央、国务院绘就创新发展蓝图，印发《国家创新驱动发展战略纲要》(5 月 19 日公开发布)。4 月，党中央通过"科技创新 2030—重大项目"建议。5 月，"科技三会"召开，习近平总书记提出"科技创新、科学普及是实现创新发展的两翼""科技创新、制度创新要协同发挥作用"等重要论断，向全党全国发出建设世界科技强国的号召，明确了建设世界科技强国的"三步走"战略目标；李克强总理对发挥科技创新在全面创新中的引领作用提出明确要求。8 月，国务院印发《"十三五"国家科技创新规划》，在新的历史起点上明确了进入创新型国家行列的任务。9 月，G20 杭州峰会首次把"创新增长方式"作为重要议题，习近平主席提出以创新推动世界经济增长的构想，中国的创新发展理念正在走向世界、引领世界。

随着国家创新驱动发展战略深入实施，中央政府、部门和地方政府在科技创新治理体系的多个层面开始建立、完善科技决策体系、科技咨询体系和科技智库体系。国家科技创新决策咨询机制和科技创新治理社会参与机制正在构建，面向世界科技强国建设目标的科技创新治理体系和治理能力现代化有序推进，中国科学院和中国工程院高端科技智库建设开局良好，部门、机构和地方科技智库建设多样化发展。政府通过多种咨询渠道及时、准确、系统地掌握各类科技智库和科技咨询机构提供的专业咨询意见，同时通过科技咨询体系和科技智库体系将科技创新战略与政策及时、准确、系统地阐释给科学界、社会和公众，形成政府、科学界、社会良性互动的局面。未来，各类科技智库将更好地肩负起创新驱动发展和世界科技强国建设的使命和责任，更好地投身科技创新和制度创新实践。

一、国家科技创新治理体系和治理能力
现代化有序推进

（一）习近平总书记关心和重视决策咨询和科技智库建设

党的十八大以来，以习近平同志为核心的党中央高度重视

中国特色新型智库建设，并就科技智库建设作出系列重要论述。2013年7月17日，习近平总书记视察中国科学院，对中国科学院提出了"四个率先"的要求，其中包括要"率先建成国家高水平科技智库"。2014年6月9日，习近平总书记在两院院士大会上的讲话中强调，"中国科学院、中国工程院是我国科学技术界和工程技术界最高学术机构，是国家科学技术思想库"。2016年5月30日，习近平总书记在全国科技创新大会、两院院士大会、中国科协九大上发表重要讲话，号召广大科技工作者为建设世界科技强国而奋斗，强调"要加快建立科技咨询支撑行政决策的科技决策机制，加强科技决策咨询系统，建设高水平科技智库""两院要发挥好国家高端科技智库功能，为国家科技决策提供准确、前瞻、及时的建议"，对我国科技创新治理体系和科技智库体系建设提出了新的更高要求。2016年12月20日，习近平总书记在北京人民大会堂会见天宫二号和神舟十一号载人飞行任务航天员及参研参试人员代表，强调"我们正在实施创新驱动发展战略，这是决定我国发展未来的重大战略"，希望"广大航天人在航天事业发展的征程上勇攀高峰、不断前行，为建设航天强国和世界科技强国建功立业"。习近平总书记关于科技智库建设的系列重要讲话精神，进一步明确了科技决策体系、科技咨询体系和科技智库体系建设的战略定位和发展目标。科技界和科技智库要牢牢抓住科技创新的新机遇，推动创新驱动发展和科技体制改革再上新台阶，开启建设世界科技强国的新征程。

（二）科技智库在科技体制改革中发挥重要决策咨询支撑作用

2016 年，科技创新领域的供给侧结构性改革深入推进。中共中央、国务院印发了《国家创新驱动发展战略纲要》；国务院印发了《"十三五"国家科技创新规划》《"十三五"国家战略性新兴产业发展规划》和《"十三五"国家信息化规划》等重要规划，具有四梁八柱性质的科技体制改革框架已经基本确立。与此同时，国务院印发了《上海系统推进全面创新改革试验加快建设具有全球影响力科技创新中心方案》和《北京加强全国科技创新中心建设总体方案》，批复京津冀、广东省、安徽省、四川省、武汉市、西安市、沈阳市系统推进全面创新改革试验方案，新批复建设一批国家自主创新示范区；中共中央办公厅、国务院办公厅印发了《国家信息化发展战略纲要》《关于进一步完善中央财政科研项目资金管理等政策的若干意见》《关于建立健全国家"十三五"规划纲要实施机制的意见》《关于实行以增加知识价值为导向分配政策的若干意见》等政策文件；中共中央办公厅印发了《科协系统深化改革实施方案》等政策文件；国务院办公厅印发了《促进科技成果转移转化行动方案》《关于深入推行科技特派员制度的若干意见》等政策文件，公布了首批 28 个大众创业万众创新示范基地。2016 年 11 月 25 日，国务院批复同意自 2017 年起，将每年 5 月 30 日设立为"全国科技工作者日"，将进一步促进各级党委政府切实把创新驱动发展和人才驱动摆在重要位置，加强科技决策与科技咨询的紧密联系。

2016 年，中国科技界交出了一份不平凡的成绩单，科技体制改革取得一系列实质性突破，"放、管、服"改革不断深化，新的科技计划管理体系基本形成，创新治理能力和水平进一步提高，创新能力建设步伐进一步加快。各类科技智库深入贯彻习近平总书记关于科技创新的重要思想和指示，准确把握经济新常态对科技创新的新需求，充分认识国际科技竞争带来的新挑战，在科技体制改革进程中发挥了重要的决策咨询支撑作用。

（三）高端科技智库和各类科技智库建设呈现多元化发展态势

中国科学院、中国工程院作为首批国家高端智库建设试点单位和党中央、国务院、中央军委直属综合类试点单位，认真落实习近平总书记系列重要讲话精神，深入实施《国家高端智库建设试点工作方案》，聚焦党和国家发展的全局性、基础性、战略性、前瞻性问题，开展战略与政策咨询研究，有力配合和服务国家创新驱动发展战略，切实发挥了高端引领和骨干示范带动作用。中国科学院按照国家高端智库建设试点的要求，在整合相关力量的基础上，成立了法人实体单位——中国科学院科技战略咨询研究院，加强跨机构队伍整合和任务导向的"小核心、大网络"平台建设，部署了一批战略咨询任务，积极组织院士和专家开展重大决策咨询和学科发展战略研究，承担完成了精准扶贫、科技体制改革等第三方评估任务。中国工程院咨询服务中心更名为"战略咨询中心"，主要职能是为中国工程院重大咨询研究提供专业支撑和服务，承担中国工程院战略研究和咨询项目、中国工程科技知识中心的组织和实施。中国工程院把思想库建设和院士队伍建设紧密结合起来，向中央提出了中国人工智能 2.0 等咨询建议。中国科协以创新战略研究院和全国学会、地方科协及其研究机构为依托，建设战略研究联合体，以智库建设拓展升级科协事业。相关部门、机构和地方积极推动各类科技智库、智库联盟和智库协会建设，建立符合智库规律和试点要求的治理结构，形成多样化发展局面。各类科技智库在机构建设、人才使用、经费管理等方面大胆探索，在推进组织形式和运行管理方式创新方面取得积极进展，在部门、机构和地方科技战略、规划、布局、政策等方面发挥了重要的决策咨询支撑作用。高端科技智库和各类科技智库围绕党和国家重大决策、国内外热点问题等深入研究、积极发声，解读政策、引导舆论、凝聚共识，举办或参与了一系列有影响的对外交流活动，加强与国际合作伙伴的战略研究联系，有力配合和服务国家创新驱动发展战略和总体外交战略，在 G20 杭州峰会、世界互联网大会、达沃斯论坛、博鳌亚洲论坛等重要国际场合积极发声，提出中国观点、发出中国倡议，中国智库的国际影响力进一步提升。

二、国家科技咨询体系和科技智库
体系建设取得新进展

（一）中国科学院和中国工程院高端科技智库建设开局良好

高水平科技智库建设不仅是国家宏观决策的有力支撑，也是推进国家科技创新治理体系和治理能力现代化的重要内容。中国科学院和中国工程院认真落实习近平总书记系列重要讲话精神和国家高端智库建设试点工作要求，推出一系列具体改革举措，加强科技咨询支撑体系建设，完善科技咨询的组织方式和运行模式，深化国际交流合作，持续提升决策咨询支撑能力和国际影响力。两院启动了多项科技咨询研究项目，选题既有党中央、国务院、中央军委和有关部门提出的咨询需求，也有两院自主部署和联合相关部门开展的咨询研究项目，相关研究成果和咨询建议得到中央和有关部门高度重视，为党和政府科学决策提供了咨询研究支撑。

中国科学院作为科学技术最高咨询机构和最高学术机构，把"率先建成国家高水平科技智库"作为新时期办院方针的重要内容，纳入《中国科学院章程》。在《中国科学院"十三五"发展规划纲要》中明确"建成国家倚重、社会信任、特色鲜明、国际知名的高水平科技智库"目标，确定建设"学部、院所、大学"三位一体的多层次、系统性、经常化、有重点的战略研究体系等任务、重点和举措。近年来，中国科学院基础研究重大产出丰硕，重大关键技术和国防科技创新取得新突破，产业关键技术研发和应用转化取得重大突破，充分展现了国家战略科技力量不可替代的作用。在此基础上，中国科学院组织院士专家完成了近百份咨询报告和上报信息，多次得到中央领导批示；围绕科技前沿和热点问题，举办了 10 余场"科技前沿论坛"，组织了专题科普活动和讲座 160 余场。启动"联动创新论坛"，成立"绿色城市产业联盟"，打造卓越的科技经济结合、科技成果产业化平台。围绕"一带一路"倡议，与俄罗斯科学院、哈萨克斯坦科学院等 20 余个国家科研机构及国际组织联合主办 2016"一带一路"科技创新国际研讨会，发布"北京宣言"，构建了"一带一路"科技创新联盟和网络。启动实施"国际伙伴计划"，支持培育大科学计划和"一带一路"重大合作项目；与美、德、英、法、澳等国家一流科研机构建立合作关系；启动了中科院"曼谷创新合作中心"建设，进一步深化拓展国际合作。充分利用发展中国家科学院（TWAS）等重要平台，持续提升国际影响力和国际化水平。

2016 年 1 月，战略咨询院开始组建，其定位是中国科学院学部发挥国家科学技术方面最高咨询机构作用的研究和支撑机构，是中国科学院率先建成国家高水平科技智库的重要载体和综合集成平台，是集成中国科学院院内外以及国内外优势力量建设的智库型创新研究院。中科院战略咨询院"边组建、边改革、边科研"，在稳定中发展，在服务宏观决策、引领创新方向等方面形成了一系列重大产出，成效显著，获得了中央改革办的充分肯定。2016年10月，经中央编办批准，中科院科技政策与管理科学研究所更名为科技战略咨询研究院，实行理事会领导下的院长负责制，白春礼院长担任理事会理事长，刘伟平副书记、李静海副院长担任副理事长。中科院思想库建设委员会作为战略咨询院学术委员会，对发展方向和重大问题提出咨询意见，李静海副院长担任思想库建设委员会主任。战略咨询院以制度创新为动力，按照综合管理、学部支撑、科学研究、交流传播和科教融合五个板块，构建了组织体系。强化学部咨询研究支撑中心、学部学科研究支撑中心、学部科学规范与伦理研究支撑中心、学部科普与教育研究支撑中心、第三方评估研究支撑中心等5个研究支撑中心，为学部和院部提供专业化研究支撑。组建科技发展战略研究所、创新发展政策研究所、可持续发展战略研究所、系统分析与管理研究所、科技战略情报研究所等5个研究所。组建了重大任务管理集成部，负责智库联络、重大课题管理、研究综合集成、成果产品报送。组建了信息网络与传播中心，加强产品质量控制和成果产品全方位传播。建立了与国家宏观决策部门沟通联系机制、与中央政策研究机构合作机制、高端人才智力资源富集机制以及与国际著名智库交流合作机制。建立了多层次、体系化充分发挥智库作用的渠道，主要任务是为中央宏观决策服务，同时发表了一批有影响的学术论文和专著，向学界和社会公众传播智库研究成果。在国内主办"2016亚洲科技创新论坛""中日科技政策与管理研讨会""绿色转型：发达国家和新兴的工业化国家的共同挑战国际会议""区域规划及环境管理国际交流研讨会""国家高端科技智库大讲堂"等学术会议，在海外共同主办"牛津中英创新与发展论坛"、中日韩"三国五方"科技政策研讨会、"中国低碳发展战略"边会等学术会议，在国内外学术同行中影响日益广泛。"可能影响世界发展格局的重大前沿科技突破"重大研究项目取得阶段性成果，全球首发《2016研究前沿报告》和《中国表现卓越研究前沿报告》，在国内外产生广泛的社会影响。

中国工程院建设国家高端智库的组织体系包括决策机构、工作机构、研究支撑机构、信息服务机构。目前已与企业、高校等联合共建中国航天工程科技发展战略研究院、中国海洋装备工程科技发展战略研究院等多个战略联盟。中国工程院战略咨询工作以学部为主体，通过建立战略研究联盟组织全体院士和广大专家共同开展战略咨询研究。2016年4月，经中央编办批准，中国工程院咨询服务中心更名为战略咨询中心。2016年8月，中国工程院与中国工程物理研究院共同设立中国工程科技创新战略研究院，主要围绕工程科技创新，特别是颠覆性技术创新开展战略性、前瞻性、综合性、持续性咨询研究。中国工程院在9家战略研究联盟单位基础上成立战略研究联盟理事会，由周济院长担任理事长，赵宪庚副院长和王礼恒院士担任副理事长，理事成员包括战略咨询中心和联盟单位负责同志。此外，中国工程科技知识中心（CKCEST）和联合国教科文组织国际工程科技知识中心（UNESCO，IKCEST）正式上线运行。2016 年 9 月，中国工程院牵头成立了"工程科技大数据技术创新战略联盟"，进一步强化战略咨询信息支撑保障能力。中国工程院把学术引领工作摆在重要位置，形成了中国工程科技中长期战略研究体系、学术会议体系、工程科技期刊群等学术引领体系。12 月，中国工程院启动"全球工程前沿战略咨询研究"，旨在提升工程科技话语权和引领力。

（二）科技部加快推进国家科技咨询体系和科技智库体系建设

2016 年 5 月 19 日，新华社受权发布中共中央、国务院印发的《国家创新驱动发展战略纲要》，明确要求"建立国家高层次创新决策咨询机制，定期向党中央、国务院报告国内外科技创新动态，提出重大政策建议"。2016 年 5 月 30 日，习近平总书记在全国科技创新大会讲话中强调"要加快建立科技咨询支撑行政决策的科技决策机制，加强科技决策咨询系统，建设高水平科技智库"。2016 年 7 月 28 日，国务院印发《"十三五"国家科技创新规划》，明确要求"完善国家科技创新决策咨询制度，定期向党中央、国务院报告国内外科技创新动向，就重大科技创新问题提出咨询意见。建设高水平科技创新智库体系，发挥好院士群体、高等学校和科研院所高水平专家在战略规划、咨询评议和宏观决策中的作用。加强科技高端智库建设，完善科技创新重大决策机制"。作为科技行政主管部门，科技部认真落实中央部署，深入学习贯彻习近平总书记在全国科技创新大会上提出的"政府科技管理部门要抓战略、抓规划、抓政策、抓服务，发挥国家战略科技力量建制化优势"的工作要求，积极谋划深化改革的攻坚任务。2016年，国家科技计划管理改革取得突破性进展，30多个部门通过部际联席会议制度共同协商，合力推进国家科技计划统筹协调，各类科技计划（专项、基金等）基本完成优化整合，新五类科技计划布局初步成型，各部门及军民融合推进创新的协同联动机制初步建立。科技领域"放、管、服"改革继续深化，编制责任清单、权力清单，厘清与行政权力对应的责任事项、责任主体。创新调查制度基本建成，科技报告制度进一步完善。今后，将加强国家科技决策咨询制度和科技创新智库体系建设，进一步完善国家科技创新治理体系，推动改革攻坚克难任务落实落地。

中国科学技术发展战略研究院近年来持续开展科技创新理论研究，在完成中央和科技部交办的重大调研与课题任务、服务创新驱动发展战略实施、支撑国家科技创新战略规划政策制定的同时，为地方和部门提供科技决策咨询，承担国际组织委托的科技政策培训及合作研究，在全国科技创新战略研究中发挥骨干带动作用。2016年研究编写了《国家创新体系发展报告》《中国创业风险投资发展报告》《中国科技金融生态年度观察》《技术前瞻与评价》《产业创新与竞争地图》及中外技术竞争研究系列报告，通过《调研报告》等渠道积极向党中央、国务院献言献策，在科技创新战略规划、创新体系与政策、科技与经济、高新技术产业、国家高新区、国家自主创新示范区、军民融合、科技预测与监测、科技与社会、科技人才及国际科技合作等方面全面支撑科技部的决策工作。召开了中韩科技创新论坛、供给侧结构性改革与科技创新、军民融合与创新创业等研讨会及"一带一路"国家科技创新政策研究与方法培训班，与世界知识产权组织(WIPO)、欧盟委员会、经济合作与发展组织（OECD）、牛津大学技术管理与发展研究中心、苏赛克斯大学科技政策研究中心（SPRU）等组织和机构进行交流。

国家科技评估中心于 1997 年设立，是科技部主管的专业化科技评估机构。发展至今，国家科技评估中心为多个部门、机构提供评估和咨询服务，与国内近 100 个评估机构、全球 30 个国家及国际组织相关机构有交流合作，承担了世界银行、亚洲开发银行等国际组织委托的国际组织援华计划项目评价，联合国开发计划署援华效果国别评估等数十项国际评估任务。2016 年在打造评估专业特色智库方面取得重要进展：一是以评估为抓手，全方位、全链条支撑服务科技部中心工作。连续 7 年开展重大专项监督评估，支撑重大专项工作推进路线图制定等重要任务。开展重点专项实施方案和项目申报指南评估、重点研发计划管理办法起草和监督评估体系设计等任务。二是在创新驱动发展顶层设计和战略谋划中发挥作用。参与"十三五"科技创新规划及相关专项规划制定；支撑科技体制改革办公室日常工作，承担科技体制改革进展监测评估；承担科技部党组相关重大专题调研、区域全面创新改革试验评估、《科技评估工作规定（试行）》研究起草等任务；联合承担中财办重大课题"创新是引领发展的第一动力"研究等。三是构建科技评估机构协作发展网络，推动形成共赢发展的科技评估行业生态。四是获批成立科技评估标准化工作组并在推进科技评估标准化委员会方面取得进展，制定起草《科技评估基本术语》和《科技评估基本准则》等国标草案。五是积极开展国际交流合作。参与 G20、OECD、世界银行、亚洲开发银行、联合国机构等国际组织的重大项目和活动，与埃及教研部就帮助建立埃及科技评估体系和筹建国家科技评估中心达成意向。六是积极拓展政府绩效评估业务。承担"中央和国家机关公车改革"第三方评估，外交部预算绩效评估（外交部确定的首家第三方评估机构），国家知识产权局"知识产权强国"战略评估研究，南京和武汉等区域"双创"人才引进评估等任务。

中国科学技术信息研究所于 1956 年成立，是科技部直属的公益类科技信息研究机构。定位于建设"一个智库，两个中心"，即国家级国际创新战略智库、国家科技资源大数据中心和国家科技信息资源综合利用与服务中心。2016 年，中信所智库工作主要围绕国际科技战略研究与决策咨询、科技创新计量与评价研究、重点领域产业竞争情报三个方向，熟练运用"事实型数据＋专用工具＋专家智慧"的研究方法体系，为国家科技战略决策提供科学、客观的支撑；发布的《中国高校创新发展报告》《国家创新型试点城市发展监测报告》等报告受到社会好评；承担的中国科技论文和中国科普统计分析数据发布引起媒体广泛报道；上报中办、国办、全国人大、全国政协或党和国家领导人的各类专报信息 60 余项，多项获得省部级以上领导批示。中信所在知识挖掘、知识组织与知识服务领域具有良好的研究基础和技术力量。12 月，中信所作为牵头单位的"富媒体数字出版内容组织与知识服务重点实验室"，作为共建单位的"古籍数字化与知识工程重点实验室""智慧型知识服务关键技术与标准重点实验室"获批首批新闻出版业科技与标准重点实验室，将更好地支撑科技智库的知识生产和成果转化。

（三）中国科协积极打造小中心、大外围的科技社团智库体系

为认真贯彻中央书记处关于科协工作的要求，落实中共中央办公厅、国务院办公厅印发的《关于加强中国特色新型智库建设的意见》，中国科协于 2015 年 9 月 6 日印发《中国科协关于建设高水平科技创新智库的意见》，明确提出"打造小中心、大外围的科技社团智库体系"，力争到"十三五"末期，把中国科协建成"特色鲜明、国内一流、国际知名的中国特色高端科技智库"。

2016年3月27日，新华社受权发布中共中央办公厅印发的《科协系统深化改革实施方案》，提出了"创新党委和政府决策服务机制，建设开放高端科技创新智库"的具体目标、任务与要求：拓宽科协参与政治协商渠道，积极参与人民团体协商，规范协商内容、程序和形式，发挥好政协科协界委员作用，搭建服务科学民主决策的平台。打造小中心、大外围的科技社团智库体系，做实做强中国科协创新战略研究院，依托学会联合体柔性布局一批虚拟专业研究所，依托有条件的地方科协建设一批智库研究基地，积极推动中国特色高端科技创新智库相关建设工作，为我国科技创新提供智力支撑，加强业务联系与人员交流，努力把科技工作者的个体智慧凝聚上升为有组织的集体智慧。加强科技工作者状况调查站点建设工作，准确把握科技工作者的思想动态、规模结构、变化趋势等，及时反映科技工作者的意见建议和呼声，为党委和政府科学决策提供支撑。扎实开展第三方创新评估工作，树立品牌、扩大影响，发挥好对学会和地方科协的示范引领作用，服务创新驱动发展战略。扩大科协对外交流合作，发挥科协在人文交流中的生力军作用。

2016年4月，中国科协发布《中国科协高水平科技创新智库建设"十三五"规划》，明确到2020年，按照"小中心、大外围"模式，以中国科协创新战略研究院为核心，以10个地方科协智库、10—15个学会智库、5个左右高校科协智库为支撑，初步形成一个科技特点突出、科协特色鲜明、资源共建共享的跨学科、跨单位、跨区域、网络化的科技创新智库格局。《中国科协2016年智库工作要点》对2016年的智库建设工作进行了系统部署。中国科协以国家级科技思想库建设为引领，重视发挥好中国科协决策咨询专家委员会、创新评估指导委员会的专业指导作用，坚持大联合、大协作工作机制，加强与国内外高端智库交流合作，决策咨询、调查研究和第三方评估工作均取得重要进展。中国创新50人论坛、中国科协年会党政领导与院士专家座谈会、中国科技政策论坛、全国学会高端学术沙龙等品牌活动影响力持续增强。2016年，中国科协积极推动"小中心、大外围"科技社团智库体系建设：6月27日，中国科协军民融合学会联合体成立，主要任务之一是建设军民融合科技创新高端智库；10月19日，中国科协创新战略研究院江苏分院正式挂牌运营；11月19日，中国科协创新战略研究院与中国科协信息科技学会联合体共建的"智能社会研究所"专业智库成立；12月24日，中国科协智能制造学会联合体成立，职能定位之一是建设智能制造高端智库。

中国科普研究所作为中国科协直属的国家科普事业智库，主要承担科普理论与实践，公民科学素质调查、监测和分析，科普效果评估等研究任务，为《全民科学素质行动计划纲要实施方案(2016研究所作为年)》《中国科学技术协会事业发展"十三五"规划》及科普政策制定提供研究支撑服务。

（四）相关部门和机构积极推动行业科技智库建设

相关部门和机构密集出台一批专项规划和改革举措，部署实施一批重大工程和重大项目，将党中央、国务院关于创新驱动发展的战略部署落到实处。以工业和信息化领域为例，2016 年，工信部聚焦制造强国战略和网络强国战略，贯彻落实习近平总书记系列重要讲话精神和中央系列战略规划部署，引导行业科技智库更好地发挥支撑引领作用。4 月 19 日，习近平总书记在网络安全和信息化工作座谈会上，对信息通信发展的战略性和全局性问题作了系统全面的回答，指出要"正确处理开放和自主、安全和发展、支持和规范的关系，要有决心、恒心和重心在核心技术上取得突破"。9 月，在 G20 杭州峰会上，习近平主席强调要把握创新、新技术革命和产业变革、数字经济的历史性机遇，提升世界经济中长期增长潜力。10 月 9 日，习近平总书记在主持中共中央政治局第三十六次集体学习时再次强调，加快推进网络信息技术自主创新，加快数字经济对经济发展的推动，加快提高网络管理水平，加快增强网络空间安全防御能力，加快用网络信息技术推进社会治理，加快提升我国对网络空间的国际话语权和规则制定权，朝着建设网络强国目标不懈努力。11 月 29 日，国务院印发《"十三五"国家战略性新兴产业发展规划》；12 月 15 日，国务院印发《"十三五"国家信息化规划》；12 月 27 日，国家互联网信息办公室发布《国家网络空间安全战略》。习近平总书记系列重要讲话精神和中央系列战略规划部署为行业科技智库的发展创造了广阔发展空间。

中国信息通信研究院是工信部直属科研事业单位，秉持"国家高端专业智库、行业创新发展平台"的宗旨定位，亲历了我国信息通信业由小到大、由弱渐强的历史进程，参与了各个关键节点的重大决策研究支撑。2016 年，信通院在工业互联网、5G 等领域及通信行业发展的重大战略、规划、政策、标准和测试认证等方面努力做好支撑政府和服务行业的各项工作，为《中国制造2025》战略落地和我国通信业跨越式发展和产业创新壮大起到了重要推动作用。信通院主要参与的《第四代移动通信系统（TD-LTE）关键技术与应用》项目荣获 2016 年度国家科学技术进步奖特等奖。信通院将基础性、前瞻性、战略性软科学研究作为全院的核心工作之一，设立了 ICT 服务业、互联网、无线与移动、信息网络、ICT 制造业、两化融合、网络与信息安全、法律与监管等八大软科学研究领域，每年完成百余项软科学研究课题。2016 年，信通院在支撑国务院《关于深化制造业与互联网融合发展的指导意见》、国家发展改革委等部门《"互联网＋"人工智能三年行动实施方案》、"互联网＋"系列政策落地、核心技术体系及技术路线图编制、防范打击通讯信息诈骗、提速降费 2016专项行动等任务的同时，有力支撑工信部的重大工作，同时承担40 余个省级信息通信业、省级无线电管理、省区市地方专网的"十三五"规划编制。向全社会发布了 5G 网络架构设计、云计算、工业互联网体系架构、中国—东盟信息化发展与合作、电信业转型发展、中国信息经济发展、ICT 制造业发展、移动智能终端暨智能硬件、互联网域名发展与管理、物联网、大数据、互联网发展趋势等有影响力的白皮书和咨询报告。

中国电子信息产业发展研究院（赛迪工业和信息化研究院）是工信部直属的智力支撑单位，紧紧围绕国家重大战略部署和工信部中心工作，提升决策支撑能力和服务水平。成立 20 多年来，致力于面向政府、面向企业、面向社会提供研究咨询、评测认证、媒体传播与技术研发等专业服务，形成了政府决策与软科学研究、传媒与网络服务、咨询与外包服务、评测与认证服务、软件开发与信息技术服务五业并举发展的业务格局。2016 年，中国电子信息产业发展研究院参与起草了《关于深化制造业与互联网融合发展的指导意见》等重要政策文件；参与或承担了"中国制造 2025""互联网＋"、京津冀产业协同发展等重大战略规划和课题研究；承接了中德智能制造合作、古巴工业中长期发展规划建议等重大国际合作研究项目；通过赛迪专报、前瞻、译丛等内部研究刊物和专报渠道向工信部、中办、国办报送相关行业发展趋势和前瞻性政策动态；围绕供给侧改革、制造强国和网络强国等重大问题开展深入研究，专题研究成果 80 余篇入选工信部专报信息，被中办、国办采用 20 余次，获得党和国家领导人批示 10 余次。同时，研究国内外相关行业和领域市场情况、发展动向，为行业和企业提供发展建议及对策，承接地方政府、产业园区和企业的相关规划、研究项目，提供决策咨询；面向工业领域和新兴产业，牵头成立一批产学研用联盟，如中国增材制造产业联盟、中德智能制造联盟、中国大数据企业联盟、中国大数据产业生态联盟、虚拟现实产业联盟等；开展智能制造、大数据、智能网联汽车、网络安全、机器人等热点领域国家和行业标准制定、产业联盟筹建及创新中心建设；建设军工业务数据库，初步形成信息共享、资源共用机制；通过"产业通"等APP发布文章5万余篇，服务用户20余万人。举办和联合主办"中国半导体市场年会暨中国集成电路产业创新大会""中国智慧城市年会""中国互联网领袖大会暨中国互联网企业竞争力高峰论坛""中国大数据产业生态大会"等20余种品牌交流活动，社会影响广泛。

三、各地方积极推动新型科技智库和智库联盟建设

各地方召开科技创新大会或相关会议，学习贯彻全国科技创新大会精神，积极推动新型科技智库和智库联盟建设，引导科技智库建立符合智库规律和试点要求的治理结构，形成多样化的科技智库发展局面。区域科技智库之间形成多样化的定期交流机制，地方科技智库服务区域创新发展和地方决策的能力明显提升。传统的科技政策研究机构和科技情报机构，正在向政府智库、公共智库、社会智库、行业智库和企业智库等现代科技智库

转型。重庆科技发展战略研究院等机构以企业法人运行，通过委托项目或合同提供咨询服务；深圳创新发展研究院、广东亚太创新经济研究院等机构则以非营利性社会组织运行，举办大型论坛，发布重要报告，发挥着重要影响。以下简要介绍六省市相关科技智库建设的进展情况。

（一）北京市

北京科学学研究中心成立于 1984 年，是北京市属的软科学研究事业单位。长期致力于科技统计与分析学科、科技战略与政策学科、城市现代化学科三大学科的理论研究和咨询服务工作，被北京市科委认定为"科技政策模拟与决策支撑北京市重点实验室"以及"科技智库北京市国际科技合作基地"。2016 年，中心共承担北京市科技计划项目 16 项、科技部项目 6 项、北京市各委办局委托的科研任务 10 项；完成研究报告 82 部、调研报告 17 篇，发表论文 26 篇，出版专著 7 部；获得领导批示 9 次。参与完成了《北京加强全国科技创新中心建设总体方案》起草及《北京市"十三五"时期加强全国科技创新中心建设规划》编制工作，国务院和北京市政府已正式发布。完成的《"北京创新驱动发展监测评价指标体系"研究报告》《"一带一路"航空金融发展环境评价模型》《基于创新券的政企动态博弈分析》《科技创新政策促进不同发展阶段企业成长的效果评价及措施研究》《京津冀产业转移政策模拟分析》《关于科研人员获取学术劳动报酬的政策建议》《面向智能社会的颠覆性技术研判》等研究成果得到领导认可或取得各种奖励（含省部级）。与德国弗朗恩霍夫、联合国大学荷兰创新研究所、日本文部科学省科技政策研究所、日本环日本海经济研究所在区域协同创新、京津冀合作、技术预测、城市副中心建设等研究领域的合作进一步深化。成功举办"科技创新中心国际论坛2016"，150余人出席，多家主流媒体进行了报道，促进了北京科学学中心国际交流品牌建设和国际影响力的提升。

北京决策咨询中心成立于1993年，隶属于北京市科学技术研究院，一直从事区域与城市发展、科技政策与发展战略、产业发展、科技人才等领域的咨询研究。2016年，承担了来自市科委、市社科联、市社哲办、各委办局和区县的20多项竞争性项目，完成了《京津冀协同创新共同体》《北京城市副中心城市管理创新》等十余份研究报告，编著出版了《科技创新智库：正待扬帆》。中心与北京师范大学、首都发展战略研究院共建了"城市绿色发展科技战略研究北京市重点实验室"，与天津科学学研究所、河北省社科院财贸所签订共同开展京津冀协同创新共同体建设研究合作协议。

首都科技发展战略研究院成立于2011年，实行理事会领导下的院长负责制。理事长单位为科学技术部、中国科学院、中国工程院和北京市人民政府，秘书长单位为北京市科委，理事单位包括中央和北京市政府部门、研究院所、企业等40余家机构。

2016 年，研究院继续出版品牌研究成果《首都科技创新发展报告》，并发布首都科技创新发展指数 2016。独立承担了北京市科技计划专项项目数项，完成了首都"创新人"大数据报告、深圳前海区域合作研究、中国欧盟政策对话二期项目等多项专题研究，举办了"首科新年论坛""绿色'一带一路'及环境保护投融资机制创新"等国内外创新发展论坛活动，为促进首都科学发展提供了有力的智力支持。

（二）上海市

上海市科学学研究所成立于 1980 年 1 月，为上海市属科研事业单位。2016 年，上海科学学所在上海市科技两委和上海科学院的领导下，围绕"高质量服务科技创新决策"这一中心任务，专业化、平台型、有特色的高水平科技创新智库建设进展顺利。作为研究总体组，全面支撑完成《上海市科技创新"十三五"规划研究》；在市政府正式批准印发规划文本后，配合市科委开展了规划解读和宣讲工作；承担了市委、市政府及科技两委有关政策文件起草、调研材料汇编及评价研究等工作；独立完成的《上海中长期科技重点领域技术预见》、参与研究的《新产业革命与上海的转型发展》等多项研究成果荣获第十届上海市决策咨询研究成果奖；"上海建设具有全球影响力的科技创新中心战略研究"和"重大任务技术路线图研究"两个重大课题验收获得优秀评价；稳步推进国家级课题和区域发展研究，前瞻布局预研项目，科研能力和水平进一步提升。与科技部战略院、中国科技金融促进会等单位共同编撰形成《中国科技金融生态年度观察》，在2015年、2016年"浦江创新论坛"科技金融专题论坛上连续发布；5月，与科技部战略院、联合国教科文组织共同成功举办"浦江创新论坛——2016技术预见国际研讨会"；10月，作为技术预见委员会主任委员单位，与承办方浙江省科技发展战略研究院共同在杭州召开"第十一届全国技术预见学术研讨会"；11月，主办召开了"科技创新规划研究方法研讨会"；12月，主办召开了《上海科技创新中心指数报告2016》发布会暨专家研讨会。此外，还组织举办科技发展研究报告、专家讲坛、软科学研究沙龙等多元化的学术交流活动。与美、欧、日、韩等国家及台湾地区的软科学研究机构建立了合作关系。《研究与建议》《科技发展研究》《参阅材料》等系列内参产品共刊发50余期，一些成果获得市级领导批示，部分成果上报科技部、受到中办约稿或被中办选录报送中央领导同志参阅。出版《科技创新中心：内涵、路径和政策》等专著，译校国际权威著作《创新经济学手册》一书。主办的《世界科学》已纳入上海市科委与施普林格·自然集团签署的战略合作框架协议。新媒体传播平台"三思派"影响不断扩大。

上海科学技术政策研究所1987年经上海市科委批准成立，系上海科技管理干部学院内设研究机构和职能部门。于2012年发起成立"长三角科技发展战略研究联盟"及"区域创新政策论坛"，合作交流机制日趋成熟完善。2016年，上海科学技术政策研究所（上海科技管理干部学院）重点申请创建了"上海市人才理论研究基地"和"中国科学学与科技政策研究会区域创新专业委员会"，联合发起成立了"全球贸易与创新政策联盟"（GTIPA），成为"上海合作交流绿色产业发展联盟"支持单位。承担各类科研项目20余项，完成课题报告20余项，提案、专报、简报10余项，出版《上海科技人才发展研究报告2016》及《公共人事管理：欧盟七国实践比较研究》（译著）等。以"区域创新发展与科技智库建设"为主题，在重庆承办"全国区域创新学术研讨会"；联合上海市欧美同学会、上海市科学学研究会等组织共同举办"科技智库影响力评价及国际化发展研讨会"；支持安徽省科技情报研究所在合肥主办召开了"2016区域创新政策论坛"，主题为"国家自主创新示范区建设与区域创新驱动发展实践"；以"大数据与中国全球科技创新前瞻"为主题，承办"文汇科技创新沙龙"；联合科技日报社新闻研究所等单位在上海举办"2016科技智库核心能力建设高级研修班"。深化了与韩国科技政策研究院的合作，拓展了与美、法等国相关机构的交流。

（三）天津市

天津市科学学研究所成立于1983年，是天津市科委直属的科研事业单位。2016年，天津科学学所以"专业化、规范化、深度化、学术化和团队化"为方向，按照"智库平台引领、重大项目突破、智库报告带动、合作网络提升"思路，合计承担各类战略性研究项目 50 余项；管理性咨询与文稿起草近 200 个；提供决策参考的正式建议近 30 份，得到决策部门批示 5 份。参与研究或起草了《中共天津市委天津市人民政府关于贯彻落实〈国家创新驱动发展战略纲要〉的实施意见》《天津市人民政府办公厅关于加快推进知识产权强市建设的实施意见》等重要文件。承担了多项京津冀协同创新方面的战略研究和咨询项目，研究编制了天津滨海—中关村科技园建设实施方案，推动京津冀知识产权发展联盟、京津冀创新设计联盟等工作，联合承办京津冀知识产权高层论坛。与北京决策咨询研究中心、河北省社科院财贸所签订共同开展京津冀协同创新共同体建设研究合作协议。参与国家对京津冀全面创新改革试验区的评估工作。连续第四年主持滨海高新指数研究编制工作。编印《天津市人才发展报告》《天津市知识产权发展报告》《天津市工程技术中心建设报告》《天津市新型企业家白皮书》等多种报告和《科技战略研究报告》等内刊。获得天津市第五届行政管理创新与科研成果奖 3 项。主办《科学学与科学技术管理》杂志，发挥期刊学术平台作用，组织或协办多项全国性学术活动。作为华北知识产权运营中心建设的具体工作依托，初步形成了"平台＋联盟＋机构＋产业＋基金"五位一体的知识产权运营发展体系，实现了华北知识产权运营网上线，知识产权运营服务联盟机构数量达到了近 100 家。推进中小企业咨询服务平台建设，成为天津市中小企业公共服务示范平台。为近 30 家企业提供一对一直接咨询服务，举办了 4 期"知识产权与创新大讲堂"活动，开展新型企业家政策宣讲会等 12 期大型公益性新型企业家培训工作。服务天津 10 多个行政区和功能区的创新发展、科技发展咨询论证和创新方法的推广应用。

（四）重庆市

重庆科技发展战略研究院成立于 2012 年，是重庆科学技术研究院直属的企业法人咨询研究机构。2016 年，重庆战略院以"新型地方智库特色建设年"为抓手，精心筹建"全国地方科技智库联盟"，承担了重庆市属科研院所创新发展绩效评价、"十三五"科技人才规划、两江新区国家自主创新示范区建设实施方案（2016—2020 年）等决策咨询项目，推动重庆科学技术研究院作为理事单位参与组建重庆军民融合协同创新研究院，推出重庆区域与行业科技竞争力暨双创指数报告等系列智库产品，多份专报获市领导批示。12 月 20 日，"全国地方科技智库联盟"成立大会在重庆举行，来自重庆、江西、山东、浙江、北京、新疆、云南、甘肃、广东、四川、河南等省（区、市）科学院、科技发展战略研究院（所）、文献情报中心和科学学研究中心等单位共计 20 余位代表参加，讨论并原则通过了《全国地方科技智库联盟章程》及相关文件，推举重庆战略院为联盟秘书长单位和第一届理事会理事长单位。联盟的成立将强化省级科技智库的日常联络和交流合作；将根据联盟成员的特点和优势，联合申报国家项目和地方重大项目；通过组织学术会议、论坛、培训等活动，加深成员间的联系；探索互派研究人员参加对方的课题或挂职学习；共享各会员单位间形成的重要研究报告、决策建议。

（五）广东省

广东省科学技术情报研究所建于 1958 年，是广东省科技厅直属的科技信息服务机构，拥有一支水平高、专业门类较齐全、研究咨询力量雄厚的专职科技情报研究队伍。2009 年 2 月，加挂"广东科技发展战略研究院"牌子。广东省科学技术情报研究所在自创区、高新区、孵化器、新型研发机构、专业镇等领域及广东省科技数据统计等方面承担专业支撑工作，为广东省各级政府、企业、科研院所、高等院校等社会各界提供多功能、社会化、综合性的科技信息咨询评估服务。2016 年 12 月，成立"广东省国家自主创新示范区发展促进中心"。

广东省科技图书馆成立于 1958 年，2005 年 8 月成为中国科学院广州教育基地图书馆。2015 年，与广东省工研院工业信息化促进中心、工业发展战略研究中心整合，加挂"广东省科技信息与发展战略研究所"牌子。2016 年，依托科技文献保障体系、产业技术情报体系、面向决策的智库咨询服务体系建设，加快向集文献、情报、战略职能于一体的研究型公共科技图书馆转型。

广东亚太创新经济研究院成立于 2013 年，由广东省社会科学界联合会主管，是非营利性社会服务机构，提供产业规划、项目策划、产业投资、运营管理等一站式的产业服务。2016 年，研究院承担了广东省重大决策咨询课题"广东国际合作产业园发展策略研究"、广东社科联"广东分享经济发展研究"、广州市委"广州推进国际科技创新枢纽建设"、广东省港澳办"港澳统战在服务'一带一路'、自贸区建设中优势发挥及实施路径研究"等 10 余项课题研究；出版《中心城市的发展与治理：以广州为案例的决策咨询报告》等著作；与广东省商业联合会联合举办了"广东贸易畅通论坛"，与科技日报社和广东金融学院等单位联合举办了"第二届中国科技金融高峰论坛"；借助港澳合作平台，深化国际交流合作，提升智库的国际影响力。

（六）浙江省

浙江省科技信息研究院是浙江省科技厅直属公益一类事业机构，前身为浙江省科技情报研究所，建于 1958 年。主要承担科技情报信息的搜集、加工、研究、传递等公益性职能，为浙江省科技厅、有关机构和社会公众提供科技决策咨询和科技信息服务。2012 年，浙江省科技发展战略研究院成立，主要开展科技发展战略、规划、科技体制与政策、产业与民生科技等战略问题研究；参与组织高层次专家，开展重大科技项目、创新平台、载体和基地的调研、论证和设计工作，为各级领导和有关部门提供决策咨询服务。依托浙江省科技战略院，浙江省科技厅成立了中国科学技术发展战略研究院浙江分院和浙江省科技发展咨询委员会。2016年，科技信息院和科技战略院以建设科技创新智库为总目标，以建设科技大数据中心、科技信息资源中心、科技全媒体中心和科技成果展示交易中心为支撑，战略研究决策水平有新提升，科技咨询服务有新拓展，资源平台建设有新变化，科技全媒体建设有新亮点，政务服务工作有新成绩，转型发展取得新成效。

四、完善科技智库体系建设的政策建议

尽管我国科技创新决策咨询机制和科技智库体系建设已经做出了不少有益探索，改革开放后相继明确了中国科学院学部作为国家科学技术最高咨询机构、中国工程院作为国家工程科技方面最高咨询机构的定位，部门所属的政策研究机构也在一定程度发挥了咨政建言作用，但制度层面尚需做出系统的设计和安排，还没有建立起统一高效直接面向最高决策层的国家科技决策咨询机制，科技创新治理的社会参与机制亟待完善，决策咨询和智库建设的法治化进程相对缓慢。与国家治理体系和治理能力现代化的现实需求相比，与中国大国地位和软实力提升的长远需求相比，中国科技智库的基础能力和体系化发展水平明显存在较大差距。

如何创新体制机制、优化组织运行、集聚高端要素、提升研究水平、严格过程控制和品牌管理、拓展影响渠道，是建设专业化智库必须思考的问题。

《关于加强中国特色新型智库建设的意见》要求，到 2020 年形成定位明晰、特色鲜明、规模适度、布局合理的中国特色新型智库体系；重点建设一批具有较大影响力和国际知名度的高端智库，建立一套治理完善、充满活力、监管有力的智库管理体制和运行机制。对此，要统筹协调国家、部门、区域及国际化科技智库体系建设，更好地支撑服务科技创新治理。要对科技创新决策与咨询体制及决策咨询程序建章立制，对各类科技智库的功能定位及运作方式进行制度规范，确保科学咨询的独立性、客观性、公正性和前瞻性。要创新体制机制，建立灵活高效的运营管理模式，集聚领军人物、关键智库人才与大批青年才俊，拓展开放创新网络。

（一）重点建设一批高水平科技智库

我国需要重点建设一批高水平科技智库为国家建言献策，带动科技智库体系建设总体布局优化，引导各类智库明确功能定位。就高水平科技智库而言，可从以下三方面进行努力：一是提升智库专业化、国际化、网络化发展水平。要提供专业化的、有科学理论方法和事实依据的高质量咨询服务，要从解决国家科技、经济、社会发展及国家安全与外交将要面临的重大问题出发，构建专业化、国际化、网络化的国家创新驱动发展战略和政策研究体系、质量标准体系、政策研究成果综合集成平台。二是强化智库影响力基本要素并创新要素组合。科技智库影响力提升的基本路径是加强能力建设，提升构成因素、夯实组成单元、创新要素组合，促进高端要素（特别是一流人才、强大团队与合作网络）不断集聚提升、基本功能不断健全完善、体制机制和组织运行模式不断优化发展、过程控制和品牌管理更加科学严格、影响渠道不断拓展深化、思想产品不断丰富充实。要前瞻把握智库的最佳介入时机，增强智库在政策研究产品市场的同业竞合力、不可替代力、控制力、引导力和调整力，引领政策研究方向。三是构筑智库"战略高度—视域宽度—思想深度—集成强度"综合优势。科技智库必须构筑立体发展的综合优势，与各类社会治理主体、利益相关者和国际国内相关机构建立"协同创造、协同设计、协同实施、协同推广"关系，与同行及新进入者建立高水平竞争、合作关系。

（二）制定有吸引力的人才政策

专业化智库建设的基础是专业化智库人才。政府和智库要为智库人才提供良好的工作环境和足够的发展空间，保障学术自由，建设专业化人才队伍。一是引进人才，包括领军人才、骨干人才和青年人才；二是培养使用人才，包括提供创新平台、服务保障、岗位培训；三是完善人才筛选机制；四是完善考核评价和收入分配制度，激发人才活力；五是探索"旋转门"机制，选用政府人才，选派智库骨干人员进入政府部门挂职锻炼；六是加强国际交流，支持机构人才留学出访，吸引国际专家学者来智库工作或访问，为智库的开放创新和国际化布局贡献力量。

（三）建立灵活高效的运营模式

智库要能够筹措到稳定、充足的资助，尊重学术自主性，保障智库可持续运营。智库有足够的实力建设政策研究综合集成平台，有完善的调查体系、专家体系、数据方法库和传播体系等基础支撑体系建设。有完善的智库运行质量管理体系和智库成果产出及发布的质量控制制度和评议机制。智库管理体制和运行机制能够适应全球建设布局的需要，能够集聚国内外智库专家形成人才库和合作网络。基础能力建设有利于进一步拓展智库合作网络，提升智库品牌的国际影响力。

新形势下，促进科技智库体系健康发展可从供需两方面着力：一方面要优化智库发展环境、推动科学民主依法决策，从需求侧引导决策部门提升治理能力、创造决策咨询的有效需求；另一方面要完善智库管理体制、规范智库适度规模发展，从供给侧引导各类智库提高基础能力，创造高质量有效供给。要建立政策咨询供需双方常态化沟通机制，引导民间智力为党和政府决策服务；加强智库同行的交流与评议，适当引入竞争淘汰机制，引导智库提高咨询的专业化水平。各类科技智库要牢牢抓住中央协同推进科技创新和制度创新，建设国家科技决策咨询制度的新机遇，推动创新驱动发展、全面创新改革试验和科技体制改革再上新台阶，开启建设世界科技强国的新征程。

（执笔：中国科学院科技战略咨询研究院万劲波）

聚焦前沿　活力涌动　前景广阔

——中国企业智库 2016 年度发展报告

2016 年，中国企业智库稳健前行。企业智库通过融入产学研用链条，以扎实调查、深入研究和前瞻判断，为国有企业改革、产业结构调整、产业发展规划、产业技术方向、重大工程项目等方面的政策制定提供有价值的建议，为启迪民智、服务公众、传播价值贡献前沿思考。在我们国家广泛而深刻的社会变革中，企业智库正以其涌动的活力和独特的定位，越来越发挥出不可替代的重要作用。

一、定位明确，作用独特

在中国特色新型智库建设的方阵中，企业智库定位明确、作用独特。虽然中国企业智库研究文献极少，但是 2016 年众多企业智库的鲜活实践，生动地显示出企业智库的独到价值，透射出中国企业智库的铿锵脚步和未来发展的广阔前景。

（一）依托企业运作，彰显智库价值

简单来说，企业智库就是由企业创办的具有智库功能的研究咨询机构，通常以企业字号为智库的字号，不论是否采取企业法人的法律形式。

企业创办的研究机构可分两大类：一是从事新技术、新产品开发的研究与开发（R&D）机构，这不属于企业智库的范畴；二是从事产业、市场、重大项目研究的研究咨询机构，其中一部分属于企业智库，这取决于其是否具有智库功能。

智库功能是指咨政建言、理论创新、舆论引导、社会服务、公共外交等。如果企业研究咨询机构具有以上智库功能，我们就认为该机构是企业智库；如果不具有以上智库功能，我们就认为该机构不是企业智库，例如大多数证券公司都设有研究部门，主要从事证券投资业务的产业、市场、企业、项目研究，仅为证券公司及其客户服务，并不具有智库的上述功能。

清华大学教授朱旭峰定义的"企业型思想库"是指"专门从事政策研究和咨询工作的企业法人"。"企业型思想库是营利的咨询机构，它们接受政府或其他机构的委托对一些社会和政策问题进行调查和研究，并将研究结果以咨询报告的方式提交给委托人。"

"企业型智库"不一定是企业智库，这取决于企业创办者或股东是否是某个或几个企业。如果创办者是企业，这个"企业型智库"就是企业智库。例如国网能源研究院、中国石油集团经济技术研究院等；如果创办者不是企业，而是自然人或其它机构，这个"企业型智库"就不是企业智库。后者如中国与全球化智库、盘古智库、易观智库等，都是以企业法人形式注册，但创办者不是企业而是自然人，因此不是企业智库。

企业智库不一定是"企业型智库"，即企业智库并非全是以企业法人形式存在，不少企业智库在法律形式上采取企业内部机构的形式，而不是企业法人，如中国民生银行研究院、阿里研究院等。

因此，企业智库界定的本质标准是：（1）创办者是否为企业，（2）是否具有智库功能。（见表1）

表1　研究咨询机构的主要类型

	企业创办	非企业创办
具有智库功能	企业智库 （无论是否独立法人）	社会智库、大学智库、 党政智库等
不具有智库功能	研究与开发机构 业务研究机构	咨询公司 学术研究机构

企业智库通常以企业字号为其字号，但也有极少数例外，如法国万喜公司2010年创办的企业智库，其名称为"城市工厂"（city factory）。

通常而言，企业智库或者采取企业法人，或者采取企业内部机构的法律形式。

（二）功能不断完善，形成价值链条

2016 年，企业智库在研究、交流和传播三个主要环节均取得长足进展。同时，研究、交流与传播相互影响、相互促进，形成有机统一的企业智库价值链，共同推动了企业智库功能的发挥和完善。

二、咨政建言成果丰硕，基础研究稳健扎实

2016 年，企业智库自觉聚焦前沿领域，既立足行业掘深井，又跳出行业拓思路，视野涵盖行业内市场趋势、参与者及行为研究，以及中国经济、世界经济发展趋势等，为咨政启民提供大量高质量成果。各主要企业智库注重基础研究，创新研究方式，为提出高质量的前瞻性、针对性、储备性意见建议夯土培基。

（一）聚焦时代前沿，把握发展脉搏

2016 年，企业智库锚定国家重大战略需求，聚焦国计民生重要领域，针对经济社会发展中的倾向性、潜在性问题，实时跟踪、快速反应，推出系列咨政建言成果，有效地服务了我国经济社会发展大局。

1. 立足行业，靶向精准。企业智库聚焦行业特点，凝练主攻

方向，咨政建言成果呈现专业化、针对性特征。如中国石油集团经济技术研究院围绕全球能源治理、油气管网建设、原油期货交易体系、油品质量升级、油气发展战略、国际能源合作等持续报送智库报告和工作动态，多篇智库报告得到刊发并得到中央领导批示。腾讯研究院聚焦"互联网＋"、分享经济、自媒体、创新创业等，发布系列研究报告。国家电网能源研究院发布的年度研究报告，聚焦国外电力市场化改革、世界能源与电力发展状况、中国电力供需分析报告、国内外电网发展及新技术应用、中国新能源发电等领域。首钢发展研究院研究内容涉及钢铁业发展状况与趋势、国内外主要钢铁企业动向等。人民网新媒体智库对中国互联网舆情、中国移动政务新媒体发展、中国互联网的国别形象、互联网舆情治理成效等进行了重点关注。

2．拓宽视野，面相多元。企业智库跳出行业限制，投入广阔的经济社会发展大潮察实情、获真知。中国民生银行研究院发布的研究报告，除了立足金融业外，研究领域还扩大到中国与世界主要经济体发展对比启示及政策建议、中国与印度的经济发展对比及前景展望、中国宏观经济形势分析、中国各省级区域发展对比分析启示及政策建议等。阿里研究院除了聚焦互联网时代的商业模式、新经济框架研究外，研究视野还拓展到物流与供应链、互联网＋制造业、生态系统与服务业、消费者信心指数、小企业活跃度指数、新消费零售研究等领域。中国银行国际金融研究所除了展望全球银行业发展外，还发布了全球经济展望、中国经济展望研究报告。

（二）注重基础研究，夯实立论基础

2016 年，企业智库秉持学术科研自觉，以严谨负责的态度精研深思，推出大量高质量的研究论文和著作，为咨政建言夯实立论基础，为传递智识、服务公众开掘源头活水。

1. 基础研究成果蔚为大观。如中国银行金融研究所研究人员共发表论文 86 篇，主题涉及金融业发展及风险、科技进步与银行业经营、人民币国际化、金融支持中国企业走出去等。中国民生银行研究院研究人员发表文章、论文 30 多篇，主题涉及世界经济、中国经济、金融业发展，以及热点问题评论。阿里研究院及研究人员发表论文、文章 33 篇，主题涉及互联网、物联网、大数据、电商、新经济、平台及新消费等，同时出版《新经济崛起：阿里巴巴 3 万亿的商业逻辑》《DT 已来：为了无法计算的价值》《互联网＋县域》等多种图书。国家开发银行研究院及研究人员发表论文 28 篇，主要内容涉及混合所有制、PPP 模式、绿色金融、货币与数字货币、"一带一路"投资价值与风险等。

2. 研究方式新意显现。企业智库积极创新研究方式，以合作研究实现研究资源合理配置、优化整合，有效地实现了研究效益的最大化。如阿里研究院研究合作伙伴既有中国人民大学、中国对外经贸大学、北京交通大学、复旦大学、浙江大学等高校，也有 BCG、埃森哲、贝恩公司等国际咨询公司；既有联合国国际贸易中心、商务部国际贸易经济合作研究院等国际组织和政府智库；也有方塘智库、中国教育后勤协会校园快递工作委员会、电博会组委会、数字 100·市场研究等社会智库与组织；既有南方农村报社、和讯等媒体，也有阿里公益、阿里巴巴 ASPSS 黑卡俱乐部、阿里云、菜鸟网络等阿里巴巴集团成员。

三、加强国际交流，传播智库声音

2016 年，企业智库一方面主动"走出去"，参加各种国际会议，一方面主办国内国际会议，为智库间思想碰撞、传递智库声音、引导国际舆论提供平台。此外，企业智库还通过期刊、网站和新媒体建设，加强与公众的交流，放大了智库的声音，起到积极的传播效果。

（一）国内外思想交流风生水起

1.积极走出国门，在国际舞台展现中国智库风采。如 2016年阿里研究院参加国际会议、访问外国智库 6 次，并在会议上发言，主题为互联网经济、电子商务发展。阿里研究院新乡村研究中心副主任兼秘书长盛振中应邀在 2016 年数字化赋能大会上作题为《互联网让中国乡村更美好》的主题演讲，结合淘宝村、返乡电商创业、网络购物等内容，重点介绍互联网给中国乡村带来的变化和价值。2016 年 12 月 9 日，WTO 在日内瓦举办"电子商务普惠发展"研讨会。阿里巴巴董事会主席马云视频致辞，阿里研究院跨境电商研究中心主任欧阳澄在研讨会上作了题为《阿里巴巴电子商务实践给全球中小企业带来的机遇》的演讲。2016年11月21日至23日，第27届中美商贸联委会在美国华盛顿举行，阿里研究院院长高红冰作为中方主要专家代表，参加了联委会的两国专家研讨会、战略性议题对话、工商界午餐会等系列活动。2016年11月18日至23日，阿里研究院院长高红冰、阿里跨境电商研究中心主任欧阳澄和副主任薛艳一行三人赴美国纽约和华盛顿，与哥伦比亚大学、布鲁金斯学会、哈德逊研究所等高校和知名智库，就数字经济领域相关问题进行学术交流和探讨研究合作。2016年10月11日至13日，由联合国举办的第16届世界出口发展论坛在斯里兰卡首都科伦坡举行。阿里研究院院长高红冰与联合国助理秘书长兼国际贸易中心执行主任冈萨雷斯共同发布了《中国电子商务：对亚洲企业的机遇》报告。2016年9月27日至29日，世界贸易组织（WTO）在日内瓦举办 WTO 公共论坛。阿里研究院跨境电商研究中心主任欧阳澄参加了公共论坛关于数字经济和电子商务发展的相关分论坛和研讨会。期间，欧阳澄与 WTO 秘书处和联合国机构高级代表、有关国家驻 WTO 使团官员、一些高校和智库的专家学者，就世界电商发展和开展研究合作等进行了交流和探讨。

2. 主动搭建平台，加强智慧碰撞交融。如阿里研究院主办了多个年度性交流大会。以"助力新经济，推进新治理，建设新智库"为宗旨的首届新经济智库大会于 2016 年 1 月 16 日在北京香格里拉大酒店举办，共有超过 50 家智库机构、700 名嘉宾参与。数十家智库机构的代表围绕"中国与世界""传统经济与新经济""农村电商""跨境电商""云计算与大数据""平台治理"等议题进行了深入研讨和交流。2016 年 5 月 8 日，第三届中国县域电子商务峰会在山东寿光举办。2016 年 10 月 29 日，第四届中国淘宝村高峰论坛在江苏沭阳举办。中国石油集团经济技术研究院与世界著名信息咨询公司 IHS Markit 联手在京举办世界油气发展研讨会第四届会议，多名政府、企业高层领导和行业内知名专家学者参加，与会代表 200 多人。亚洲天然气市场论坛由中国发起，秘书处设在中石油经济技术研究院，自 2012 年起每年举办一次，得到亚洲主要国家和地区的能源管理部门、油气公司、能源研究机构的积极响应和高度重视。从 2012 年起，与韩国能源经济研究所合办 ETRI-KEEI 中韩联合研究研讨会，每年由两院轮流在中韩举行。在两国油气市场面临内部改革和外部冲击的背景下，双方本着"创新、开放、合作、共享、共赢"的理念，共同探究如何共谋发展，以应对内外部环境对石油行业带来的挑战。与日本能源经济研究所联合举办中日学术交流研讨会，已连续举办十届，每年由双方轮流举办。来自双方石油、天然气、化工、电力、钢铁、机械、汽车、金融等能源相关企业，以及研究机构、高校、新闻媒体的油气领域专家、研究人员共百余人出席。承办国家能源局与国际能源署的多个论坛。2016 年 3 月 30

日，中国—国际能源署合作二十周年庆典在北京举办。该活动由国际能源署（IEA）和国家能源局主办，中国石油集团经济技术研究院承办。会议围绕中国与 IEA 合作、中国参与国际能源治理、中国能源转型发展等问题展开研讨。2016 年 10 月 29—31 日，由中国国家能源局、江苏省人民政府、国际可再生能源署联合举办的第二届国际能源变革论坛在江苏苏州举行。中国石油集团经济技术研究院承办"化石能源清洁发展分论坛"。论坛以"协调、发展、转型"为主题。来自中国、德国、丹麦、埃及、美国、英国、澳大利亚等多个国家和欧盟、世界银行、国际能源署、国际能源论坛等国际组织的代表及近 300 家国内外能源企业或机构代表近千人参加论坛，论坛最终形成了"苏州共识"。

（二）媒介传播存在短板

传播是企业智库提升影响力的重要途径，包括人际传播、组织传播和媒体传播。其中媒体传播是提升社会影响力、国际影响力的主要渠道和方式。就中国企业智库的自媒体传播情况而言，虽然自有期刊、网站、微信、微博在传播智库声音中发挥了积极作用，但是与研究、交流相比，企业智库的传播特别是网络和新媒体传播仍是短板。主要表现在，近半数企业智库（主要是国企智库）没有官方网站，微信、微博的传播力不及其他类型的智库。

1. 期刊。不少中国企业智库拥有自己的期刊（内容可公开，有刊号或以书代刊），这些期刊不仅发表本智库的研究成果，而且发表其他智库、机构的研究成果，是传播智库观点、加强交流合作的重要媒介。（见表2）

表2　中国部分企业智库的期刊情况

主办智库	期刊名称	法律性质	周期
中石油经济技术研究院	《国际石油经济》	连续出版物	月刊
国家电网能源研究院	《中国电力》 《能源技术经济》	连续出版物	月刊
阿里研究院	《阿里商业评论》	以书代刊	月刊
腾讯研究院	《互联网前沿》	内部刊物	（不详）
中信改革发展研究院	《经济导刊》	连续出版物	月刊
国家开发银行研究院	《开发性金融研究》	连续出版物	（不详）
中国民生银行研究院	《民银智库研究》	以书代刊	年刊
首钢发展研究院	《首钢发展研究》	内部刊物	不定期

2. 微信公众号与微博等新媒体。从调查来看，企业智库运用微信、微博作为传播工具的能力低于其他类型的智库。2017年1月7日，清华大学中国智库大数据报告课题组发布《2016年中国智库大数据榜单》。在《TTBI2016：智库微信公号影响力排名》中，前50位只有3家企业智库：凤凰国际智库排第3位，第一财经研究院排第12位，阿里研究院排第21位。在《TTBI2016：智库微信引用影响力排名》中，前50位只有2家企业智库：清科研究中心排第20位，国家电网能源研究院排第38位。在《TTBI2016：智库微博专家影响力排名》中，前50位只有1家

企业智库：第一财经研究院排第 17 位。综合以上三个指标，在《TTBI2016：智库大数据排名》中，前 50 位只有 2 家企业智库：第一财经研究院排第 8 位，凤凰国际智库排第 36 位。

四、任重道远，协力前行

2016 年 5 月 27 日，中央企业智库联盟在北京成立。中央企业智库联盟是在国务院国资委领导下的联盟群体，联盟自主进行信息共享、经验交流，通过开展联合研究、信息共享、决策咨询，形成持久性、公益性、学术性的智库群体交流机制。国家电网公司为首届理事长单位，理事单位初步定为 20 家，国资委研究中心主任楚序平为秘书长。这是中国企业智库界的大事，标志着中央企业智库将进入到一个新的发展阶段。但是，我们的初步调研发现，中国企业智库建设同时面临着实践与研究两个方面的问题。

（一）企业智库作用和地位有待进一步提升

1. 不平衡：企业智库实践中的问题。《关于加强中国特色新型智库建设的意见》明确地把企业智库列为中国特色新型智库体系中的一个组成部分，并提出"支持国有及国有控股企业兴办产学研用紧密结合的新型智库"。我国国有及国有控股企业数量庞大，不仅有中央企业 100 多家，而且还有地方国有企业上千家之多。已加入中央企业智库联盟的单位仅 20 家。仅从数量而言，我国企业智库的发展空间巨大。

据初步观察，有不少国有企业和民营企业正在筹办自己的智库。但由于目前关于企业智库的研究几乎是空白状态，难以满足这些企业的迫切需要，众多企业只能在摸索中前进。

仅从个案角度，我们可以清晰地发现中国企业智库实践中存在着若干个"不平衡"。

企业智库在中国新型智库体系中的发展不平衡。中国特色新型智库体系包括党政部门、社科院、党校行政学院、高校、军队、科研院所和企业、社会智库，总体目标是要"协调发展，形成定位明晰、特色鲜明、规模适度、布局合理的中国特色新型智库体系"。这就要求企业智库与其他类型智库之间存在平衡、协调的关系，既要自身"定位明晰，特色鲜明"，又要与其他类型智库"规模适度，布局合理"。目前的状况并非如此，企业智库是中国特色新型智库体系中的"短板"，需要努力改变，才能实现上述目标。

企业智库自身的发展不平衡。中央企业智库相比地方国有企业智库而言发展较好，但中央企业智库也存在参差不齐的状况。民营企业智库近 10 年有些发展，但总体上并没有形成社会和国际影响力。

企业智库价值创造活动的不平衡。本报告中的样本企业智库的研究活动富有成效，交流活动参差不齐，传播活动总体较差（只有少数企业智库例外），价值创造活动三个环节之间存在不平衡状态。这种状态与社会智库正好反向，这表明企业智库与社会智库之间存在互补性。

缺少具有国际影响力的企业智库。

2017 年 1 月 9 日，南京大学中国智库研究与评价中心、光明日报智库研究与发布中心联合课题组发布《新型智库国际影响力调研评估报告》。该报告用外聘专家、海外分支机构、国际交流、举办国际会议、外文网站、外文期刊、谷歌新闻结果为指标，评估结果表明：中国企业智库无一排名前列。

2. 不在场：企业智库研究中的问题。在中国知网中搜索，以"智库"为关键词的全部文献达 10 多万篇，但以"企业智库"为关键词，只有近百篇，只占千分之一左右。

唐果媛、吕青在《我国智库研究文献的计量分析》（《智库理论与实践》2016 年第 1 卷第 1 期，第 31—41 页）一文中，对 1961 年至 2015 年的文献进行了分析。"高被引文献"中无一文章论及企业智库；对美国智库的研究文献达 293 篇，其次是日本、英国，各 23 篇；智库类型中，高校智库研究文献最多，达 131 篇。科研院所和企业智库文献为 53 篇，但看不出企业智库文献的具体数量。

在 10 多部智库研究著作中，我们唯一的发现就是朱旭峰教授论及"企业型智库"。但是，"企业型智库"并不是本报告界定的"企业智库"。

在目前多家智库评价机构发布的报告中，企业智库很少存在或根本不存在。"中国智库索引"（CTTI）首批来源智库中，只有两家企业智库。

经初步分析，这种现象出现的原因或许是我国研究智库问题的学者大多来自社会科学领域，企业与企业智库在其研究视野中相对较少；智库研究的线索主要来源于媒体信息，而中国企业智库在媒体传播方面严重不足；中国智库研究者在研究海外智库时大多以美国为重点，而美国智库体系中缺乏企业智库。

（二）加强企业智库研究，实现各类智库协调发展

仅就中国企业智库而言，研究远落后于实践。因此，为解决以上两大问题，今后应该从加强企业智库研究着手。

中国企业智库研究应当以案例研究为主要方法。通过实地调查和案例分析，总结中外企业智库的成长经验；在大量案例研究的基础上，归纳出企业智库的发展规律，形成中国特色新型企业智库理论；用来自于实践的理论，指导中国企业智库的实践。

只有这样，中国企业智库研究才能赶上实践的步伐，中国企业智库的实践才有可用的理论指导。中国企业智库才能在中国特色新型智库体系中找到自己的位置，并实现与其他类型智库的协调发展。

（执笔：清华大学技术创新研究中心柯银斌，
新华社瞭望智库马岩）

为富国强军统一提供智力支撑
——中国防务智库 2016 年度发展报告

在中央军委和习近平主席对智库建设高度重视下，我国防务智库建设发展进入黄金期，决策咨询职能更加突出，中国特色防务智库体系建设全面推进，各种新型防务智库不断涌现。梳理我国防务智库的发展历程及 2016 年的发展亮点，将对我国防务智库更好地满足新形势下决策需求和社会需求有更加深入的思考，对防务智库进一步提高国防和军队建设科学民主依法决策水平、推动国防和军队建设实现新跨越，抱有更加坚定的信心。

一、立足时代，枝繁叶茂

（一）定位明晰，涵盖广泛

防务智库是一类专业性国家安全智库，主要研究领域为国防和军队建设相关问题。需要强调的是，防务智库必须以国防和军队建设问题为首要研究领域，而不是将国防和军队建设问题作为其核心能力之外的工作范畴（哪怕是第二位的）。在这一意义上，防务智库与国际安全智库、国家安全智库的研究领域既有联系又有区别。防务智库与国际安全智库、国家安全智库的共同点在于对国家安全问题的持续关注与研究分析；区别在于，防务智库关注的领域最为聚焦，主要是特定国家的国防安全及其与相关国家的比较分析，涉及军事理论、国防战略、国防科技、军事装备、国防工业、国防经济（国防建设与经济建设的关系）等范畴；相对防务智库而言，国家安全智库关注的领域更为广泛，主要侧重于国家安全范畴的政治安全、国土安全、经济安全、科技安全、社会安全、信息安全、生态安全资源安全、国防安全（国家安全环境、国防战略等）等重大问题；国际安全智库关注的领域最为宽泛，强调国际视野和从国家关系这一国际政治层面开展研究，重点领域为国际军费支出、裁军与军备控制、国际军备转让等领域。此外，防务智库与军事智库的内涵也不完全相同，前者范畴比后者略宽，后者主要定位于军事问题的决策咨询研究。军队智库则是军事智库的主体部分（主要力量），但军事智库不限于军队编制内的智库。

（二）地位重要，作用突出

中国防务智库是中国特色新型智库的有机组成部分。在国防和军队建设领域，防务智库是党中央、国务院、中央军委科学民主依法决策和战略管理的重要支撑，是中国特色现代军事力量体系、国防和军队战略管理能力的重要内容，是军事软实力的重要组成部分。

建设一流的军队，必须拥有一流的防务智库。在我国由大国向强国转变、实现富国强军统一的伟大目标进程中，智库特别是防务智库的地位作用更加重要，在实现国防和军队现代化、建设世界一流军队的历史过程中将发挥越来越重要作用。

1. 服务决策。这是智库的首要功能，防务智库也是如此。国防和军队建设的重大决策，往往涉及政治、经济、军事、科技、外交等一系列重大问题，风险大、影响大、投入大、敏感性强，需要站在国家安全和发展兼顾、富国与强军统一的高度，综合考虑各方面的因素，善于、敢于从不同意见中博采众长、趋利避害、果断决策。这种情况下，单靠决策者的经验或决策执行机构已经无法有效应对，客观上需要不同类型的智库（特别是防务智库）提供有力支撑。具体来说，从国防和军队建设重大决策之前的论证评估、重大政策出台前的调查研究和必要的仿真推演，到决策实施过程的监控评估、引导军内外讨论以及政策实施向社会做出必要的说明和引导，再到决策实施之后的第三方评估等，智库要以"智囊"、参谋、助手的角色辅助决策，贯穿重大决策和政策制定的全过程。

2. 统一认识。在"军委管总、军种主建、战区主战"的军队建设新格局下，各军兵种和战区建、管、用的诉求增加，军委机关统筹局部利益与全局利益、短期目标与中长期目标的难度增加。这些事关国家资源投向投量的重大决策过程，既是一个不断统一思想认识的过程，也是一个竞争、权衡的过程。防务智库积极主动探索研究统筹协调的理论、方法和手段，各类智库之间加强交流合作，从客观、公正的立场提出政策观点，为不同领域的利益诉求、多元利益和价值观念提供交流平台，有利于达到统一认识、平衡分歧的目的，为重大决策的形成和实施形成营造和谐、融洽的氛围。

3.引导社会。智库专家学者通过深入广泛调研，听取各方意见，主动撰写文章、出版论著、发表评论、开展研讨，正面引导国内公众参与国防和军队建设重大决策、政策讨论，及时进行政策解读和传播，引导社会思潮，教育公民大众。防务智库还可以积极引导国际舆论，在国际场合和军事外交中讲好"中国故事"、传递"中国声音"、树立"中国形象"，特别是中国军队的故事、声音和形象。

4.储备贤才。智库影响力的实质在于聚集一大批有思想、有能力的优秀研究人员和人才团队，他们既通战略管理，又精科学理论。智库努力培养和造就德才兼备的复合型人才，有望充分发挥人才"旋转门"作用。国防和军队建设有关职能部门可在智库研究人员中选拔管理干部，而离任或退休的机关中高级干部也可进入智库开展决策咨询工作，继续发挥其专长和影响力。

5.促进交流。防务智库举办各种活动，不断提升学术影响力，不仅促进了学术研究机构之间的交流，而且促进了防务界与其他各界、学术界与普通百姓、官方与民间更大范围的交流，促进了国内与国外防务界之间的交流。这种不同层次、不同群体、不同国家之间的广泛交流，当然有利于决策咨询的基础理论、方法手段和研究能力的提升；更重要的是，有利于全社会形成对国防安全的认知与共识，有利于全球范围内达成对重大国际安全问题（例如防止大规模杀伤性武器扩散、军备控制、裁军等）的认知与共识，促进国际安全公共产品的提供。

二、阵容充实，各具特色

与国外现代智库的发展经历不同，由于国情和社会制度等原因，我国防务智库中发挥决策咨询作用的大部分是隶属军队系统、军工系统和科教系统的官方或半官方科研机构，在主要服务决策之外，通常兼有其他综合性职能或专业性任务，换句话说，属于发挥智库作用的研究机构。近年来，一些地方高校和民间智库大力开展防务领域的决策咨询研究，成为我国防务智库主体力量的有益补充和外围依托。随着《关于加强中国特色新型智库建设的意见》出台，我国防务智库也迎来蓬勃发展的春天，传统防务智库大力加强能力建设，民间智库、平台智库等新生力量不断涌现，取得了明显进展。

（一）机构类型多样，人员整体素质较高

由于其专业属性和牵涉国家安全的特殊性质，防务智库在我国智库总量中占比不大，全国（不含港澳台，下同）总量不超过百家，从业人员也不多，但人员整体素质较高。主要有以下 5 种类型：

1. 军队智库。主要包括中国国际战略学会、军事科学院以及国防大学、国防科技大学等军队院校、研究单位中从事战略研究与决策咨询的有关机构等。这些发挥智库作用的机构直接服务军队决策层，决策影响力最强，其中专职智库人员不到一半。

2. 军工智库。军工系统发挥智库作用的机构主要是军工行业中从事战略性、规划性、总体性、牵引性工作的战略研究机构，包括与军工有关的政府部门和各军工集团所属战略研究机构等。机构性质、组织形态、运行模式多样，既有政府部门也有事业单位和企业，既有规模较大的实体单位也有靠专家兼职的非编机构。这些单位主要从事本军工行业有关决策咨询工作，发挥着国防科技工业智库的作用。

3. 高校防务智库。主要包括教育部所属高校以及军工系统的七所院校中从事防务问题研究的有关科研机构。如北京航天航空大学战略问题研究中心、中央财经大学国防经济与管理学院、中国人民大学经济学院国防经济研究所、上海财经大学国防经济研究中心、北京理工大学国防科技创新与教育发展战略中心等。这

类机构数量不多，专职人员很少，主要研究力量依靠高校兼职教师和源源不断的研究生资源，通常依托所在院系优势学科和人才，通过申请有关基金或接受政府部门、军方委托任务在特色领域开展防务领域的决策咨询研究。

4. 民间防务智库。主要包括由民间资本或个人建立，从事防务问题研究的非官方研究机构。这类机构形式多样，有民办非企业单位、经营性企业单位、注册为民间社团性质的组织等。如中国战略文化促进会是在民政部注册的具有一级社团法人资格的全国性、非营利性民间社会团体。知远战略与防务研究所是国内较早由个人创办的民办非企业单位性质的防务智库。这类智库出现较晚，数量很少，但发展很快，社会影响力不断增强。更重要的是，这类智库机制灵活，受限少，吸纳社会资源（特别是军事领域退休研究人员）方便，某种程度上弥补了体制内防务智库的一些不便和不足，很有发展潜力。

5. 平台型防务智库。近年来，互联网及新媒体的迅猛发展给传统智库和媒体传播行业带来的巨大影响，国内外都出现了一种新的智库类型，即平台型智库。这类智库通常有两种形式，一是依托于新闻、出版、广电等传统媒体机构，借助其成熟的资金、市场、用户资源，为各方智库专家或智库机构提供协作平台，推广智库成果，大大提升了智库的社会影响力和公众话语权。如2012年成立的南方防务智库是依托南方报业传媒集团，以防务学术和军事战略研究为主的媒体平台型防务智库；仰山智库则是

2016 年新成立的依托国防工业出版社的平台智库，以军民融合为重点研究领域。二是诞生于互联网，采用灵活的组织方式吸纳社会智力资源，以网站、微信公众号等新媒体形式发布智库成果的民间平台智库。它充分发挥了新媒体受众广、获取信息快捷高效、运行成本低等优势，是未来发展前景广阔的一类平台智库。如远望智库及其"战略前沿技术"微信公众号，正式成立后短期内已有大规模高质量用户，在军事装备和国防科技领域已具备一定影响力。

除以上 5 种类型的防务智库，社会上还有一些具有防务智库功能的研究机构。

（二）研究领域丰富，特色专长明显

根据中国特色新型智库建设的新要求，我国防务智库在战略研究和决策咨询实践中，结合自身特点和研究专长，逐步形成了各具特色的研究格局。

1. 国防和军队建设理论与实践问题研究。如军队内部高层次的防务智库直接服务最高决策层，研究战争理论、军事变革、军事斗争准备、部队建设等国防和军队建设中的重大问题。

2. 国防战略与国家安全环境研究。如中国国际战略学会、北京航天航空大学战略问题研究中心等，主要定位于国防战略、国际战略形势、全球与地区安全、大国竞争、国际危机与军事冲突等问题研究。

3.国防科技与军事装备研究。如全军及各军种的国防科技与武器装备总体研究机构等单位，长期聚焦国防科技前沿，从事军事装备的发展战略、规划、体制、政策法规、军民融合以及重大项目立项论证等重大问题研究。

4.国防工业研究。如各类军工智库，主要研究国防工业规划布局、发展战略、政策法规、技术转化应用及军民融合等重大问题。

5.国防经济研究。这类研究主要集中在高校智库，如军事经济学院、国防大学国防经济研究中心、中央财经大学国防经济与管理学院、中国人民大学经济学院国防经济研究所、上海财经大学国防经济研究中心等，主要研究国防资源配置、国防预算、国防采办、国民经济动员、军队财务等。

（三）成果载体系统，传播媒介出新

我国防务智库在长期研究和决策咨询实践中，产生了大量研究成果，发挥影响力的方式和渠道根据机构性质的不同差异非常明显，主要包括专报内参、专题汇报咨询、出版物、会议论坛和网络新媒体等形式。

采用专报内参和专题汇报咨询方式作为主要成果载体的，大多是与决策层联系紧密、沟通渠道畅通的机构，如军队和军工智库都有直送决策层的专门渠道。近年来一些中央部委也在部分高校智库建立了直报点和渠道，开辟了成果直达决策层的"直通车"。这些迅速直达决策层的研究成果在国防和军队建设发展与改革中发挥了重要作用。

出版物是几乎所有智库都采用的成果输出形式，包括公开出版的专著、期刊和内部资料等。军队、军工和高校智库通常都自办专业性刊物，如军事科学院的《中国军事科学》《军事学术》，国防大学的《国防大学学报》，国防科技大学的《国防科技大学学报》《国防科技》，国家国防科工局的《国防科技工业》，中央财经大学国防经济与管理学院的《中国国防经济学》等在各自领域内都有较高的权威性。民间智库和平台智库也经常通过报纸、各类刊物、内部资料等出版物传播其观点，如知远战略与防务研究所的《知远防务评论》刊载大量有关防务战略和外军研究的图书和资料。

此外，随着互联网和新媒体不断深入社会生活，军事网站和军事类微信公众号等也成为传播智库成果的新阵地。民间和平台智库在这方面具有独特的优势，如知远网站和远望智库的"战略前沿技术"微信公众号已成为目前军事战略研究、国防科技与军事装备领域很受欢迎的信息平台。

（四）对外交流广泛，国际合作高端

随着中国智库在国内外的影响不断扩大，防务智库在中外军事交流和我军软实力建设中发挥着越来越重要的作用。特别是在非常敏感的军事领域和与战略对手的直接接触中，防务智库承担着"二轨"或"一轨半"功能。如国防大学、中国国际战略学会、中国军控与裁军协会等长期与美国国防大学、美国海军分析中心、日本防卫省防卫研究所、瑞典斯德哥尔摩国际和平研究所、瑞典安全和发展政策研究所等国外防务智库保持交流对话机制。

例如,由中国军事科学学会主办、军事科学院承办的香山论坛,讨论的都是与国际安全和亚太安全有关的主题。2006年首次在北京举办,每两年一届,2016年举办了第七届。从2014年第五届开始,包括我国在内的多国防务部门与军队高层领导人出席,标志着香山论坛由"二轨"(各国安全与防务研究机构代表和专家之间)交流上升为"一轨半"交流甚至具有官方对话色彩。2015年起,香山论坛改为每年一届。2016年的第七届香山论坛,出席香山论坛的官方代表团也由第六届的49个增加到59个,加上6个国际组织的代表,共约400名官员、军方领导人、学者出席了会议。香山论坛为发出中国声音、宣介中国安全理念、增强国际军事话语权发挥了重要作用。又如,国防科技大学通过主办国家安全与科技发展国际研讨会加强了与国外相关领域的国际交流合作。知远战略与防务研究所作为民间智库以学术研讨会的形式邀请多国军方人员和军事专家就未来战争、美日军力等热点问题交流,深化了研究,进一步扩大了影响。

三、夯基培土，成果丰硕

（一）突破创新，贡献突出

新中国成立以来，伴随着共和国建设发展的伟大进程和国防力量不断壮大的历史步伐，以军队和军工研究机构为主体的国防领域决策咨询力量以及一批杰出战略人才在艰辛探索中突破创新，在推进国防和军队现代化建设、提升国家战略能力、维护国家主权等方面作出了历史性的贡献。

1. 发展了中国特色的军事理论和战略思想

以军队智库为主的我国防务智库在充分吸收我国古代优秀军事思想的基础上，继承丰富了毛泽东军事思想，同时紧跟时代步伐，从国情军情出发，为新时期中国特色军事理论和战略思想的形成进行了创新探索，作出了重要理论贡献。

2. 提出对国家安全影响深远的一系列重大战略决策建议

在国家安全上，军队智库推出了世界战略形势判断、国防和军队建设发展战略、军事战略方针充实完善等一系列战略建议，为党中央、中央军委从全局上筹划与指导国防和军队现代化建设提供了重要决策咨询。在国防建设上，从老一辈战略科学家钱学森等人推动"两弹一星"研制，到王大珩等院士倡议形成"863计划"，以及国防建设与经济建设协调发展、军民融合发展理论的提出等，一批防务智库及其杰出代表，高瞻远瞩，以强烈的历史责任感为国家未来发展和长治久安贡献了战略智慧，发挥了不可替代的战略智囊作用。

3. 支撑国防和军队现代化建设一系列重大现实问题的决策

防务智库积极投身于国防和军队建设实现现代化、推进中国特色军事变革的伟大征程中，瞄准国防和军队改革发展中的关键和难点问题，集智攻关，推出了一大批以信息化条件下局部战争特点规律、应对多种安全威胁完成多样化军事任务等为代表的针对重大现实问题的研究成果，提出了"需求牵引与技术推动相结合""现代战争是作战体系之间的对抗"等重大创新思想和建议，直接为国防和军队现代化建设的许多重大决策提供了重要智力支撑，为推动我军实现跨越发展作出了贡献。

4. 形成一套适应国情的决策咨询的经验方法

多年来，防务智库坚持问题导向，不断总结经验，探索更有效的咨询方法，逐步形成了初步满足决策需求的科研方法体系和手段保障体系。在科研方法创新方面，在坚持调查研究、预测研究、历史研究、比较研究等传统科研方法的基础上，探索运用系统工程、军事运筹学等理论，提出了"实验模拟论证""从定性到定量的综合集成研讨厅"等科研方法；在研究组织方面，经过多年实践，形成了"小核心、大外围"的战略咨询模式，使智库运行更加科学高效。

5.锤炼出一支爱国爱军、攻坚克难的高素质的咨询力量

与国外智库相比，我国防务智库没有自己的特殊利益，即使体制外防务智库也大多为热心国防建设的公益性组织。这支队伍产生过以钱学森为代表的一批战略家，具有强烈的历史使命感和家国情怀，淡泊名利，始终以建设强大国防、实现民族复兴为己任。同时构成这支力量的人员普遍具有较高学历和专业素质，学术严谨，经验丰富，战略思维和解决实际问题的能力在我国智库中表现突出。

（二）快马加鞭，奋力前行

近年来，中国国防和军队改革发展加速推进，中国防务智库在实现中国梦、强军梦的新征程中快马加鞭，奋力前行。

1.军队决策层对智库建设高度重视

从党的十八届三中全会提出"加强中国特色新型智库建设，建立健全决策咨询制度"，特别是中办、国办印发《关于加强中国特色新型智库建设的意见》以来，从军委领导机关到军种、有关科研院所对智库作用和智库建设重要性的认识提升到新的高度。习近平主席在2016年3月视察国防大学并接见国防大学第六次党代表大会全体代表和师以上领导干部时指出："要充分发挥高端智库作用，围绕党中央和中央军委决策需求，聚焦国家安全、国防和军队建设等重大问题，开展政策研究，提出对策建议。"中央军委对智库建设高度重视，有关部门对智库建设组织了专题调研，提出要尽快构建起为国防和军队建设服务的智库体系，为中央军委科学决策奠定基础。

2.防务智库建设步入快车道，决策咨询职能更加突出

近年来，随着军队深化改革的推进，防务智库的决策咨询职能不断得到强化。中央军委调整组建的战略规划办公室、科技委等均具顶层决策咨询功能，突显了防务智库在决策中发挥的重要作用。军事科学院近年成立了"中国国家边海防研究中心""国防政策研究中心"，2016年从院内外遴选专家组成智库学术委员会，建立军事战略、作战理论等专业分智库，设立智库专项基金；国防大学着眼打造战略智库，调整建设思路，建立国家安全工程实验室、国家安全问题研究中心等核心平台；国防科技大学整合校内智库，组建校级智库；国家国防科工局新成立"国防科技工业发展战略委员会"；知远战略与防务研究所近年来陆续在北京、上海、杭州等地设立了海上、陆上、空中、网络、战略、反恐等6个研究中心。这些举措体现了这些机构将智库建设和决策咨询职能摆在更突出的位置。

3.中国特色防务智库体系建设全面推进

近年来，军队系统已经形成了智库建设体系化发展的共识，防务领域的决策问题需要各种不同类型、层次和专长的智库各展所长，构成体系和整体优势。如我军有关部门组织了智库体系建设专题研究，召开了智库体系建设座谈会，调研了大量国内不同类型的智库，掌握了一手资料。同时，支撑智库体系发挥作用必

需的各种配套制度政策改革也已拉开序幕。如我军有关部门积极推动建立购买决策咨询服务制度，2016 年率先推出有关软科学研究计划，主要面向军队智库以外的高校智库和社会智库，在利用全社会智力资源加快智库体系建设上迈出了坚实一步。

4.各种新型防务智库不断涌现

伴随着互联网深入社会生活和传统媒体的转型，在军民融合上升为国家战略和大众创业、万众创新的新形势下，民间和平台型防务智库迅猛发展，关心国防建设的有识之士和机构组织越来越多，中国战略文化促进会、知远战略与防务研究所、上海国防战略研究所、察哈尔学会等一批民间防务智库崭露头角，在国内外产生一定影响；南方防务智库、仰山智库等媒体转型的平台智库利用媒体资源举办各种活动不断扩大社会影响力；诞生于互联网的新媒体智库利用门户网站、微博、微信公众号、APP 客户端等在普及军事知识、传播最新防务动态、研究成果推广、权威信息发布、引导社会舆论方面发挥了重要作用。

（三）扎实起步，尚存差距

近年来，我国防务智库发展进入黄金期，但总体上看防务智库发展仍处于初级阶段，发挥的作用与新形势下的决策需求和社会需求还有一定差距。主要表现为：在决策制度上，决策咨询尚未纳入决策程序，智库参与决策缺乏制度性安排；在自身能力水平上，问题导向意识不强，前瞻性、引领性、创新性成果不多，咨询理论方法研究和数据积累薄弱；在智库体系建设上，缺乏顶层指导和整体规划，不同类型智库发展很不平衡，体制外智库参与决策咨询受限多，资源少，作用没有得到充分发挥；在智库运行上，现有的体制机制和政策制度与建设高水平智库的要求不适应，特别是体制内智库自主权、独立性、开放性不够，某种程度上影响了智库对人才的吸引力、研究水平的提升和创新发展。

四、抓住机遇，迎接挑战

从历史方位上讲，我国正处于由大向强的历史阶段、将强未强的历史时期。在这样一个时期，我们面临着前所未有的挑战，我国安全面临的现实威胁呈现出上升趋势。我国军事力量的发展水平，正在由对西方强国望其项背向并驾齐驱迈进，这看起来是一小步，但实际上是一个质变。在应对各种挑战和威胁、推动国家由大向强发展、实现军事力量发展质变的历史进程中，尤其需要防务智库发挥科学民主决策的重要支撑作用，为国家安全和军队发展贡献大智慧，同时树立正确的舆论导向，统一思想，齐心协力，保证国家和军队顺利度过关键发展期，迎接中华民族的伟大复兴。时代的呼唤为防务智库发展带来了难得的历史机遇，也带来了巨大的挑战。防务智库作为军事软实力的重要组成部分，在新的形势下，如何研判战略大势、预测未来战争、更新发展理念，如何加强国防和军队建设的顶层设计、加强国防科技和军事装备自主创新、深化国防和军队建设体制机制改革、提高国防和军队建设科学民主依法决策水平等等问题，都对我国防务智库建设提出了更高、更迫切的要求。

为应对上述挑战，我国防务智库建设在发展目标上必须向世界一流智库看齐。军事领域的对抗性，决定了我们要与像兰德公司这样的世界一流智库进行智力比拼。因此，我国防务智库，必须有应对强敌、敢于亮剑的勇气和建成世界一流智库的目标。在研究重点上，要更加强调面向长远开展研究。大国的战略博弈和竞争往往不在一时一地之得失，要提高站位、拓宽视野、突出前瞻性研究。在机制上，体制内智库应在与决策机关的关系中找准定位，提高解决重大问题的能力；体制外智库应努力建立与决策层的沟通渠道，让成果及时进入决策者的视野。在方法上，突出跨学科方法的应用。防务领域面临问题十分复杂，通常不可能由哪一个学科单独解决，注定只能采用跨学科的方法。在运行上，体制内智库要加大"开门办智库"的力度，充分发挥"小核心、大外围"工作模式的优势。

五、凝神聚力，未来可期

随着国防和军队改革发展的强力推进，新形势下我国防务智库未来必将迎来跨越发展的新时期。未来我国防务智库应遵循体系化、专业化、社会化的发展道路，综合考虑各类防务智库的特点规律，坚持"两条腿走路"原则：既要重点建好用好体制内智库，还要充分发挥体制外智库作用，以重大问题牵引各类智库发展，形成合力，助力决策。

（一）科学民主决策制度进一步完善

未来应建立咨询纳入重大决策环节制度。凡涉及国防和军队建设重大决策，必须经过智库决策咨询过程，并保证决策部门与智库之间良性互动。健全评估评价制度，在事前、事中、事后环节，重视对不同智库特别是第三方智库咨询意见的综合分析比较，不断提高科学民主依法决策水平。

（二）智库体系建设顶层设计和规划得到加强

智库体系建设是全面推进国防和军队改革的一项重要内容。应在现有研究体系基础上，结合国防和军队调整改革，建立统筹协调指导防务智库建设和决策咨询的领导机构。要加强防务智库体系建设的顶层设计和统筹分工与协调，做好不同层级、不同领域、不同性质的各类智库的整体规划，优化资源配置，避免重复建设，防止一哄而上和无序发展，确保形成智库体系建设中各类智库既有序竞争又密切协作的良好发展态势。

（三）决策部门购买决策咨询服务制度确立并完善

未来将建立按需购买、以事定费、公开择优、合同管理的购买机制，推进提供服务主体多元化和提供方式多样化。可以参照全国哲学社会科学规划办公室和"全军装备采购信息网"的做法，军方每年向体制外智库发布决策需求信息和重点软科学课题，通过项目招标、政府采购、直接委托、课题合作等方式，引导体制外智库开展战略评估、政策研究、决策分析、政策解读等工作。同时军队有关部门应尽快研究制定相应法规，明确军队决策部门直接从体制外防务智库购买智力产品服务以及体制外智库参与决策咨询任务的规则；开展防务智库评价与数据库建设工作。

（四）决策咨询领域的方法研究和数据建设得到加强

国外著名智库的成功经验表明，没有科学系统的方法和长期的数据积累就难以产生高质量的成果。我国智库必须改变重对策研究、轻基础研究的现象，未来将加大力度探索创新适应国情军情的决策咨询理论和方法，探索建立国防大数据中心及信息共享利用机制，利用大数据、云计算、信息安全等技术，打破数据共享的各种壁垒，解决智库难以获得研究所需信息的普遍性问题，有效提高研究质量。

（五）体制内智库经费管理制度改革进一步深化

未来应探索建立和完善符合智库运行特点的经费管理制度，切实提高资金使用效益。科学合理编制和评估经费预算，规范直接费用支出管理，合规合法使用间接费用，开支范围和额度充分体现智力劳动、智力成果的价值，发挥绩效支出的激励作用。加强资金监管和财务审计，建立预算和经费信息公开公示制度，不断完善监督机制。

（六）防务领域一流智库人才不断涌现

未来将深化改革防务人才引进、培养、使用模式和制度。不拘一格选拔培养具有战略意识、国际意识、全局意识和敏锐思维能力的智库领军人物，把他们放在智库的领导岗位。改革过去的人才评价方法，改变以自然科学和工程技术评价标准评价智库成果和人才的评价制度机制，完善以质量创新和实际贡献为导向的评价办法，构建上级评价、同行评价、用户评价相结合的评价指标体系。培养能够理解和掌握现代科学技术，特别是信息技术、熟知战略和军事问题的跨领域智库人才。制定职能部门和智库研究人员相互交流、交叉任职的相关规定，鼓励政府和军队的现役或退役人员进入各类智库工作，同时体制外的智库也可选派一些学者到各级政府和军队职能部门工作、访学。

（执笔：北京系统工程研究所游光荣、李智毅）

厚植学科底蕴　畅通人文交流　激发思想活力

——中国高校智库 2016 年度发展报告

2016 年，我国高校智库积极把握和回应时代命题，在高校"双一流"建设长风鼓荡下，不断厚植咨政启民的学科底蕴，通过制度创新激发思想生产活力，以学术公信力畅通与国际社会的人文交流，在我国智库建设中表现抢眼。2016 年，各高校贯彻"党管智库"原则，坚持党委对智库建设的政治领导，牢固把握意识形态方向，保证各高校智库健康稳定发展。高校智库充分发挥学科齐全、人才密集优势，实现与学科建设深度互动，一大批研究成果对国家和地方政府决策发挥了重要的支撑作用。基于学科基础与理论研究，高校智库集群初步形成。主动参与国际人文交流，活跃在公共外交一线。

一、大局意识凸显、学术特色鲜明、研究领域广泛

高校智库在实践中逐渐衍生出丰富多样的形态，从不同方面

充实和完善着高校智库的内涵和功能。目前高校智库除了融合性平台智库、专业研究型智库、学科支撑的研究所与基地、领军专家型智库等四种基本类型外，还出现了论坛型智库、跨界智库联盟（跨学科、跨校、跨国）等衍生形态。各种形态的高校智库既是推动高校新一轮改革发展、推进"双一流"建设的有力抓手，也是以智力成果服务国家经济社会发展大局的重要力量。

（一）聚焦重大需求，瞄准重大战略，多渠道发挥智库功能

2016 年，高校智库继续以国家重大需求为导向，积极瞄准国家重大战略，聚焦全球治理和国家治理的重大关切，主动回应各类战略性和现实性需求，结合自身优势和特色，形成一系列智库成果。清华大学国情研究院持续提供上百期《国情报告》，出版《中国国情与发展》《中国新理念：五大发展》等著作，对我国国情进行了全面深入分析，对新发展理念进行了精辟阐释；清华大学中国与世界经济研究中心定期出版刊物《中国与世界观察》，集中关注和深入探讨当代中国与世界所面临的战略性、挑战性问题，为决策取向提出思考和建言；中国人民大学国家发展与战略研究院对内部智库成果形成渠道进行全面梳理与汇总，形成了"10 + 5"的产品体系，包括《国家高端智库报告》《问题与思路》等核心产品，获得相关部门高度肯定；复旦大学充分利用既有资源，依托复旦发展研究院作为《教育部简报（高校智库

专刊）》综合问题编辑室，国际问题研究院作为外交部政策研究重点合作单位，新闻学院作为中宣部舆情信息直报点等渠道和基地优势，及时为党和国家以及上级主管部门报送决策咨询研究最新成果；复旦大学美国研究中心通过战略研究、政策咨询、外交调研、舆论引导、人才培养等形式开展理论创新研究，《美国向何处去》等研究报告产生了重大的影响，直接服务于国家的外交决策；武汉大学国际法研究所首次出版英文版《中国促进国际法治报告》，全面反映中国促进国际法治建设的成就；华中师范大学中国农村研究院依托自身优势，挖掘自身特色，探索形成中农报告、中农动态、中农简报、中农书系、中农指数、中农预测、中农档案、中农国情等一系列品牌成果；南京大学紫金传媒智库形成了《中国 A 股上市公司创新指数》（即"紫金创新指数"）和《中国民众的经济信心指数》（即"紫金经济信心指数"）两大核心产品；南京大学中国南海研究协同创新中心自 2014 年以来，每年组织编辑和出版《年度南海局势深度研究报告》，主持编辑、出版和发行国内海洋安全研究领域的首份学术期刊《亚太安全与海洋研究》；北京师范大学中国社会管理研究院组织撰写《当代中国社会大事典（1978—2015)》，共四卷 320 余万字，系统总结回顾了改革开放以来中国社会改革发展历史；全国经济综合竞争力研究中心福建师范大学分中心立足中国国情，坚持问题导向，凝练主攻方向，出版了《二十国集团（G20）经济热点分析报告（2016—2017)》《二十国集团（G20）国家创新竞争力发展报告（2015—2016)》《中国省域经济综合竞争力发展报告（2015—2016)》《福建自贸试验区发展报告（2015—2016)》等学术专著；湖南大学中国文化软实力研究中心创办国内首种文化软实力领域学术期刊《文化软实力》，建立国内第一家中国文化软实力研究独立网站。

除了以报告、著作等形式咨政启民外，2016年，各高校智库专家还积极参与党中央、国务院和中央各部委组织的各类座谈会，直接为国家发展建言献策；同时与中共中央办公厅、中央外办、中央政研室、中央网信办、国家安全委员会、中联部、中宣部、国家发改委、外交部、商务部、教育部、军委装备发展部、"一行三会"等中央部委，地方各级政府和大型国企建立联系，通过要报专送、接受委托课题、直接约稿、出席内部会议、部委来访座谈等方式，为其提供政策咨询服务。

与此同时，借助大众传播媒体，以深入浅出的方式传递思想价值、凝练社会共识。在人民日报、新华社、光明日报等主流媒体及各类新媒体上，高校智库专家围绕国际关系、经济形势、文化建设、生态文明等主题，广泛发表言论，阐释中央政策、提出对策建议、引导社会舆论，产生了积极的社会影响。中山大学粤港澳发展研究院组织专家围绕粤港澳热点问题，积极主动发声。2016年9月，研究院组稿在香港《明报》上刊发5篇批评"港独"的系列学术评论文章，在香港引起较好反响；南开大学中国特色社会主义经济建设协同创新中心多位首席专家在国内重要报刊发表了大量解读当代中国马克思主义政治经济学的高水平论文，对经济学建设起到了重要的引领作用；中南大学中国村落文化智库首席专家胡彬彬带领团队就"黑孩子"问题、"第一代农民工返乡"问题、"兜底扶贫"问题等相继撰写了《"黑孩子"的春天》《倦鸟归巢》《"移"与"不移"？介于"移民扶贫"工作中基层政府与移民户之间的思考》等文章，被光明网、中国网等转载，其撰写的调研报告、内参引起重大反响。

（二）立足学术特色，拓宽研究领域，全方位服务国家各项事业

高校智库立足自身学术特色，积极探索智库研究新领域，全方位服务国家内政外交国防等各项事业。2016 年在国际学术交流论坛领域，由北京大学等联合主办的第 13 届"北京论坛"以"文明的和谐与共同繁荣——互信·合作·共享"为主题，汇聚世界上 300 多名优秀的学者和教授，通过思想的碰撞、研讨和互动，共同探讨人类文明的过去、现在和未来；由复旦发展研究院承办的"上海论坛 2016"年会以"经济全球化与亚洲的选择——互联互通与创新：迈向亚洲命运共同体"为主题，汇聚了来自世界近 40 个国家的智库、高校、政府、企业、媒体等机构的精英代表 700 余人齐聚复旦，为亚洲与世界的互联互通贡献了自己的见解与智慧；由山东大学等联合主办的"山东论坛"以"东亚命运共同体——历史、现在与未来"为主题，搭建政商学界交流互

动的高端学术平台，把高校智库建设自觉融入国家和地方发展实践，与国内外政商学媒紧密互动，持续发声；浙江师范大学非洲研究院是国内高校首家综合性非洲研究机构，2016年继续瞄准国家重大战略，提供智力支持与咨询服务，积极开展非洲学人才培养实践创新与理论探索，形成本硕博贯通、中非研修生一体的多层次人才培养机制，实现智库反哺学科建设的目的；中南大学中国村落文化智库集中国传统村落文化保护与研究、实物与文献资料集藏展示、数据库建设于一体，不断将富有重要学术理论价值的创新研究成果转化为国家文化传承与创新的新型智库成果，对于宣传和保护中国传统村落文化起到了重要作用，也增强了中国村落文化智库的社会影响力；中国人民大学重阳金融研究院作为智库代表方参与承办"2016中国共产党与世界对话会"中的"经济学者圆桌会议：全球治理与中国经验"，集合中外政要、知名经济学家、智库学者围绕"全球经济治理与中国贡献"和"后杭州G20时代的中国角色"共同进行探讨，将各方对全球经济治理和中国未来发展的意见和建议整理成有价值的咨政报告；中山大学粤港澳发展研究院主要围绕港澳发展动态、粤港澳合作发展等重大问题展开研究，举办了"一带一路"建设暨"开放新格局下的港澳与内地经贸关系"学术研讨会、"'一带一路'建设与粤港澳区域合作"等不同形式的学术会议或闭门工作会议，成为港澳治理与粤港澳合作领域的重要学术交流高地；南开大学中国特色社会主义经济建设协同创新中心本着"国家急需，世界一流"的宗旨，组建了十支学术团队，确定了中国经济学理论体系和话语体系建设研究、中国特色社会主义基本经济制度与中国发展道路研究、社会主义市场经济与经济改革研究、创新驱动与经济发展研究等十大科研任务，包含 50 项子课题，全方位服务国家经济建设和理论创新重大需要；北京师范大学中国收入分配研究院通过积极开展收入分配政策效应分析、贫困及其相关领域的科学研究工作，为国家收入分配体制改革和收入分配政策完善提供科学支持。

12 月，由教育部、上海市和复旦大学共同主办第三届中国大学智库论坛，邀请来自党政部门的领导与来自 100 余家智库的专家学者共计 300 余人，围绕"创新中的中国：战略·制度·文化"主题展开研讨，共话智库建设，共谋创新发展，进一步明确了中国特色新型高校智库的建设目标、发展方向和主要任务，集中展示了中国高校人文社科智库的最新研究成果，充分彰显了高校智库服务党和政府的实力。

二、立足学术公信，讲述"中国故事"，
推进人文交流

高校智库立足学术公信力和丰富的国际资源，在"走出去""请进来"之外，致力于"走进去"，用好国际学术交流平台，在知识思想分享的同时主动回应世界关切、传播中国价值理

念。部分有条件的高校创设海外中国研究中心，推动联合办学，举办中外大学智库对话，成为中外人文交流中亮丽的风景。

（一）在国际舞台穿针引线，积极凝聚各方共识

高校智库凭借公共外交优势，在国际舞台灵活地穿针引线、积极凝聚各方共识、有效开展议程设置，为我国对外交往积累了宝贵经验。2016 年 9 月举行的二十国集团杭州峰会，作为近年来我国主办的级别最高、规模最大、影响最深远的国际峰会，载入全球经济治理史册。回顾这一主场外交，无法忽视高校智库在其中发挥的独特作用。中国人民大学重阳金融研究院作为 T20（二十国集团智库会议）牵头智库之一，陆续在国内外举办系列会议、活动，宣传中国声音、增进价值共识、凝聚智库力量，为 G20 的成功举办作出突出贡献，得到习近平总书记肯定；中央财经大学全球金融治理协同创新中心与多家机构联合举办了 "G20 与全球金融稳定" 国际研讨会，邀请来自法国、美国、韩国、日本、印度尼西亚和中国的 20 多位大会演讲嘉宾，以及来自国内高校、科研机构、新闻媒体的专家学者近 200 人参加了此次论坛；北京外国语大学二十国集团研究中心主办了 "2016 年 G20 杭州峰会：机遇与挑战" 学术研讨会暨《二十国集团（G20）发展报告（2015—2016）》新书发布会，希望充分发挥北外丰富的语言资源和国际问题研究优势，为国家参与 G20 和全球治理提供智力支持；浙江大学中国西部发展研究院承办的 G20 智库会议在

浙江安吉举行，会议主题是"创新、新经济与结构改革"，联合国教科文组织第 38 届大会主席、纳米比亚共和国工信部副部长斯坦利·穆通巴·西马塔受邀在会上发表主旨演讲；由汕头大学国际互联网研究院牵头发起的《G20 国家互联网发展研究报告》在北京正式发布，20 余位国内外业界专家学者、研究机构代表围绕《报告》，深入探讨全球互联网格局之变与趋势走向、G20 国家网络空间的"竞"与"合"；全国经济综合竞争力研究中心福建师范大学分中心自 2009 年起就组织承担《二十国集团(G20)国家创新竞争力发展报告》黄皮书的研究工作，至今已连续发布了 7 部《二十国集团（G20）国家创新竞争力发展报告》黄皮书和《二十国集团（G20）经济热点分析报告》系列图书，围绕 G20 的热点问题发表了一系列前沿性研究报告。这些活动与成果均为 G20 杭州峰会成功举办贡献了重要力量。清华大学中国与世界经济研究中心和金砖国家经济智库共同提出的召开"一带一路"国家领导人峰会，以从顶层设计推动"一带一路"务实合作的政策建议被采纳；关于金砖国家设立体现新兴经济体特点的评级机构的政策建议被果阿峰会采纳。

（二）拓展人文交流渠道，主动参与外交实践

2016 年，高校智库积极用好中外人文交流机制，拓展人文交流渠道，成为主动参与外交实践的重要抓手。

2016 年，北京大学与复旦大学分别组织"中美大学智库论

坛"，作为中美人文交流机制的重要组成部分，促进了两国智库界的交流，为推动双边关系作出贡献。2016年类似的活动还有中英大学智库对话、复旦大学中国研究院与布鲁塞尔中国文化中心合作推出的"思想者对话"活动等。浙江师范大学非洲研究智库在坦桑尼亚、莫桑比克、喀麦隆建立海外教学实践基地，实现了非洲学人才培养的国际化；华南理工大学公共政策研究院在新加坡成立海外分支机构；复旦发展研究院在构建全球智库联盟时，特别注重开拓"一带一路"沿线国家，联盟覆盖了中东欧、东南亚、中亚、拉美等地区，在哈萨克斯坦建立起该院第四家"海外中国研究中心"；南开大学中国特色社会主义经济建设协同创新中心大力加强对外学术合作与交流，不断推动学科建设与国际接轨，依托"海外战略合作伙伴计划"，中心已与格拉斯哥大学、耶鲁大学等高校展开实质性合作，通过海外研究基地的创建，推动了中国经济学走向世界；北京师范大学中国收入分配研究院联合牛津大学贫困与人类发展研究中心、中国国际扶贫中心举办了"多维贫困研究暑期学校"，吸引了来自美国、阿根廷、巴西、喀麦隆、印度、马来西亚等26个国家政府发展政策制定部门、统计机构、研究机构、大学以及国际机构近80名学员参加；浙江大学中国西部发展研究院以出版物为载体，通过文化交流促进民心相通，研究院牵头编撰的《"一带一路"读本》《"一带一路"一百问》是全面系统、深入浅出地分析解读"一带一路"的普及型读书，在国内深受欢迎的同时，国际反响热烈，已实现土耳其语、阿拉伯语、孟加拉语、印地语、吉尔吉斯语、鞑靼语等 12 个语种的版权输出。

（三）寻求国际重大问题破解之道，及时有效发声

高校智库在国际重大问题面前，以各种形式及时有效发声，有力配合了我国政府的外交工作大局。如"南海仲裁案"闹剧前后，中国人民大学重阳金融研究院参与主办的中美智库南海问题对话会在美国华盛顿举行，两国学者围绕中美对南海问题的不同视角、危机管控和政策应对等展开讨论，致力维护南海局势稳定。武汉大学国际法研究所参与了多家中央部委主办的内部研讨会，参与了国新办有关文件的起草，并发动国外校友发送针对菲律宾"南海仲裁案"的公开信。复旦大学中国研究院与观察者网联合推出"南海仲裁案真相"视频。

三、机制活力释放，发展动能强劲，集群优势显现

2016 年，高校智库专家广泛而深入地参与到国家重大决策的讨论与制定过程当中。其中有在习近平总书记主持的哲学社会科学工作座谈会上发言的北京大学国家发展研究院林毅夫教授、复旦大学中国研究院院长张维为教授、北京师范大学文学院康震教授、中国政法大学马怀德教授、武汉大学马克思主义学院沈壮海教授、中国人民大学重阳金融研究院王文研究员等，也有在

习近平总书记主持的网信工作座谈会上发言的唯一高校代表、75后网络安全政策专家、复旦大学沈逸副教授。

高校智库通过不断创新人事机制、机构设置、评价体系，释放发展动能。高校智库根据自身特点，形成多种运营模式，如构建学术服务中心、智库中心等新机构，以达到校内统筹融合的目标；创设符合高校智库发展特征的"研究员"序列，以吸纳多元背景人才，充实完善高校学术科研力量；构建并完善"智库同城协同体系"，实现强强联手，形成区域智库集群优势。

在制度创新方面，清华大学国情研究院初步建立与考核体系相适应的激励机制，形成研究任务能负责、问题责任能问责的管理机制，专门制定《国家高端智库报告》成果奖励办法；中山大学粤港澳发展研究院制定《关于加强决策研究的实施办法（试行）》，提出了决策研究成果以及决策活动的评价标准，将决策研究成果评价标准与学术论文的评价标准对应，改变了过去决策研究成果没有评价标准以及决策研究成果不受重视的情况。

在人才队伍建设方面，浙江大学中国西部发展研究探索柔性人才管理制度，通过人才特区政策、建立流动性人才使用机制、启动"旋转门"制度等，完善智库人才结构，凝聚了一支170人左右、在国内外具有重要影响力的知名专家学者和高端智库人才队伍，其中专职和校内双聘人员60余人；华南理工大学公共政策研究院在现行的高校人事和科研制度基础上，实行以"聘用制"为主的新型人事制度和以"项目管理制"为主的科研管理制度，通过"聘用制"，在全球招聘具有不同学科背景的高素质研究人员，通过"项目合作制"，在全球招聘项目负责人和访问学者，以此吸引国内外一流专家研究合作；中山大学粤港澳发展研究院逐步建立起固定专职研究人员和流动兼职研究人员结合的研究队伍体系，形成圈层结构的人才队伍，其中核心圈包括研究院编制的专任教师和专职科研系列人员、中圈包括校内专兼职研究人员，外围圈则是利用协同创新机制开展合作的校外兼职研究人员；中国人民大学国家发展与战略研究院突出研究特色，打造研究团队，围绕"经济治理与经济发展""政治治理与法治建设""社会治理与社会创新"三大核心研究领域，形成了十大特色团队和十七大研究中心。以特色团队和研究中心为基础，国发院整合学校优势学科和人才资源，形成了近200人的兼职研究队伍；复旦发展研究院逐步形成市场化、专业化的"智库运营团队"，为全校提供咨政产品的生产、推广与转化，项目孵化与培育，学术与科研成果"二度开发"（形成决策咨询产品）、"三度开发"（形成舆论引导产品）等专业运营服务，并在2016年积极探索将智库建设与思想政治教育结合的有效途径，设置"校外青年研究员""智库学术助理"等专门项目，广泛吸纳校内外青年教师、思想政治辅导员、本硕博学生参与决策咨询研究，激发有为青年将自己的职业生涯、研究旨趣与国家和社会发展紧密联系的热情。

四、中国特色新型高校智库建设任重而道远

高水平智库是一个国家软实力的重要象征。2016 年，中国高校智库为党和国家提供了大量咨政成果，内容涵盖了政治、经济、文化、社会、外交等诸多领域，形成了快捷、多元的报送通道，为国家和经济社会发展贡献了力量。

然而，从高校智库建设的整体状况和实践效果看，与当今中国的大国地位和发展诉求还不相匹配。我国改革已到了深水区、攻坚期，改革发展的复杂性和艰巨性前所未有，改革越深入就越需要一批从事决策咨询的高水平专门人才、一批专业化的高端智库，为治国理政提供具有前瞻性、战略性、科学性的理论支撑和政策建议，为全球治理体系变革提供体现中国立场、中国智慧、中国价值的理念、主张和方案。

高校智库建设一般有两种路径：一是基于传统路径，在学科发展过程中研究现实问题、积累相关数据、服务国家战略，由此凝聚形成专业性智库；二是基于战略和问题导向，实现多学科聚合，由此形成综合性智库。归根结底，高校智库根植于学科建设，并反哺学科发展。

没有一流的学科难有一流的高校智库。智库的研究与发展是聚焦国家进步、区域发展中的重点难点问题。每一个对策的提出，每一个观点的产生，都是基于深入细致的学科理论研究、科

学有针对性的研究手段以及严谨缜密的逻辑推导。高校智库应紧紧依托优势学科群，不断完善传统学科和相关理论研究，为智库发展提供肥沃的理论土壤和闪烁智慧光芒的观点；高校智库还应大力发展新兴交叉学科，相互借鉴，取长补短，带动不同学科之间综合创新、协同攻关，全面把握当前及今后亟待解决问题的各方面矛盾，并多角度、多维度提出专业化、有针对性和有操作性的政策建议。高校智库也应乘着高校学科纷纷"出海"的大潮，拓展智库的国际化视野，为高校智库国际化注入强劲的驱动力。

建设高水平的高校智库，理应与学科发展紧密结合、相互推动。学科发展、学术研究，追根究底是为了更好地服务国家、服务社会、服务人民。事实上，建设高水平的智库是与学科发展一脉相承的。当前，一些学术研究、学科陷入了"为了研究而研究""躲进小楼成一统"的境地，忽视了学科发展的现实导向。高校智库的建设与推进，倒逼学科、学术紧跟时代发展，回应现实命题。此外，高校智库还跨越传统研究分类的藩篱，针对学科、学术的研究、产出、转化过程进行专业研究和指导，为看似平常自然的研究管理过程添加科学、理性的成分。

高校智库必须厘清与学科、研究机构的关系。具有多学科优势、人才密集优势、国际化优势和社会交往优势的高校在建设智库、开展决策咨询研究过程中具有先天优势。但是，先天的优势必须通过后天的体制机制建设来体现。因为高校具有学术研究的本质属性、具有教书育人的最高使命，这一点与政府、企业等所辖的智库具有很大的区别，其建设智库需要持续深入引导和有效对接。但是，有一点是毋庸置疑的，高校智库绝不是一个传统意义的高校研究机构。首先，它基于学科、反哺学科但不单纯依赖某一个学科；其次，它不基于兴趣和好奇而开展研究，而是因国家和社会客观需要开展研究，其评价标准是经济社会的政策实践，而非科研论文的数量和质量；再次，它的组织形式、评价方式、建构体系更加趋向于社会组织而不是一个研究体，其运营组织力量较研究机构更为强大和均衡。从这个意义上来说，高校可以通过研究机构解决"认识世界"这一问题，通过智库解决"改变世界"的问题，进而实现以上两者的"对立统一"。

这就意味着，要把高校智库建设成为一个开放性社会综合体，面向社会各个群体和机构开放，使之成为高校对外吸纳智力资源的窗口，成为各界人士利用自己的知识和经验参与决策咨询研究、为国出谋划策的载体。更为重要的是，真正的高校智库不应该也不可能挤占学科学术发展的资源，学术研究是它的出发点，也是它的支撑，而决定一个智库优劣根本性的因素在于运营及其产出——用户体验才是衡量高校智库甚至所有智库价值的根本标准。

对高校智库的评价不能用同行评议等传统评价方法。智库服务的主要对象是政府，政府是智库的用户，因此智库研究好不好，政府满意不满意是重要标准。要把决策咨询的实际成效作为智库评价的核心标准，引导高校智库更好地发挥作用。此外，除了政策建言，中国特色新型高校智库还具有战略研究、舆论引导、公共外交、人才培养等重要功能。智库功能的多样性也决定了智库评价体系和评价标准的多元性，我们要积极探索建立政府部门评价、内部评价、社会评价相结合的评价体系，为高校智库发展营造良好的制度环境。

总之，中国高校正走在建设"双一流"的征途上，中国高校智库为国家强大、社会进步、高校发展贡献着自己的力量。然而，也要看到，中国高校智库与世界先进水平的同类智库尚有差距，与党和国家的期许尚有距离，与我们自身的理想尚有差距。高校拥有完整的知识储备，在决策咨询方面仍然大有潜力可挖。调动全体教师积极性，继续发挥科研机构作用，继续推动高校智库建设，还有很多工作要做。回顾过去，高校智库扎实前行；展望未来，高校智库大有可期。

（执笔：复旦发展研究院张怡、黄昊、沈郊、邵夏怡、姚旭）

笃志以砺　决起而飞

——中国社会智库 2016 年度发展报告

"泼墨绘就壮阔画卷，豪情奏响奋进凯歌。"2016 年是中国"十三五"开局之年，在中央与地方关于智库建设多重利好的推动下，契合中国对智库产品不断增长的刚性需求，以中国国际经济交流中心、中国（深圳）综合开发研究院、中国与全球化智库、人大重阳金融研究院等为代表的社会智库砥砺前行，让中国和世界看到了中国社会智库的活力、实力与潜力，与此同时，社会智库发展也存在不少不足、困窘与挑战，值得高度重视。

一、动向：激情燃烧意刚健，高歌猛进显身手

2016 年，中国社会智库在与体制内智库同台竞争过程中展现了独特风采，激起智库界一池春水，全行业"头马当先"带动"万马奔腾"的态势正在形成。

（一）孜孜进取：社会智库排名"稳"在高位

2016 年，中国社会智库抢先机、争主动、聚合力，凭借不俗表现，在中国学者研创的各大智库评价体系中均斩获不错业绩。虽然各类评价均有其局限性，但也在一定程度上反映了社会智库的成长。

1.《CTTI 来源智库 MRPA 测评报告》排名。在南京大学中国智库研究与评价中心、光明日报智库研究与发布中心联合发布的《CTTI 来源智库 MRPA 测评报告（2015—2016)》中，中国与全球化智库、盘古智库、长江教育研究院、重庆智库、东中西部区域发展和改革研究院、广东亚太创新经济研究院等均有出彩表现。

2.《2016 年中国智库报告》排名。在上海社会科学院发布的《2016 年中国智库报告——影响力排名与政策建议》中，中国国际经济交流中心和人大重阳研究院入选多个榜单。中国国际经济交流中心、中国（深圳）综合开发研究院分列"创新驱动发展战略"研究议题最具影响力的智库第 4 名和第 5 名（见表 1）。

表 1 "创新驱动发展战略"研究议题最具影响力的智库第 1—5 名

2016 年排名	智库名称
1	国务院发展研究中心
2	中国工程院

2016 年排名	智库名称
3	中国科学技术发展战略研究院
4	中国国际经济交流中心
5	中国（深圳）综合开发研究院

深圳市现代创新发展研究院、重庆智库、华夏新供给经济学研究院（中国新供给经济学五十人论坛）、盘古智库、万博新经济研究院、一带一路百人论坛等 6 家社会智库获"中国特色新型智库"新智库提名，占总提名智库数的近一半。（见表 2）

表 2 "中国特色新型智库"新智库提名

成立年月	智库名称
2013.7	深圳市现代创新发展研究院
2013.8	重庆智库
2013.12	华夏新供给经济学研究院（中国新供给经济学五十人论坛）
2013.12	盘古智库
2014.6	上海大学智库产业研究中心
2014.8	万博新经济研究院
2015.4	新型城镇化媒体智库
2015.5	光明日报智库研究与发布中心
2015.5	一带一路百人论坛
2015.5	上海城市创新经济研究中心
2015.8	新浪智库
2015.8	中国旅游智库
2015.11	西财智库
2016.07	中国法治战略研究中心（华东政法大学）

3.《中华智库影响力报告》排名。2016 年 11 月 9 日，四川省社会科学院、中国科学院成都文献情报中心联合发布《中华智库影响力报告（2016)》，中国与全球化智库首次冲进"综合影响力排名"前 10 名（见表 3）。

表 3　综合影响力排名

2015 年排名	智库名称	排名变化（与 2014 年相比）
1	中国社会科学院	原位次
2	北京大学	升 1 位
3	清华大学	降 1 位
4	国务院发展研究中心	升 5 位
5	中国科学院	降 1 位
6	复旦大学	原位次
7	中国人民大学	降 2 位
8	上海社会科学院	原位次
9	中共中央政策研究室	—
10	中国与全球化智库	—

资料来源：《中华智库影响力报告（2016)》注："排名变化"是对 2015 年榜单与 2014 年榜单进行比较，其中"—"表示 2014 年榜单中该智库没有出现，下同。

在"舆论影响力排名"中，中国国际经济交流中心位列第二，比上年度上升 5 位之多（见表 4）。

表 4　舆论影响力排名

2015 年排名	智库名称	排名变化（与 2014 年相比）
1	南开大学	—
2	中国国际经济交流中心	升 5 位
3	湖南大学	—
4	清华大学	原位次
5	国家行政学院	—
6	中国社会科学院	降 5 位
7	国务院发展研究中心	—
8	复旦大学	—
9	中国国际问题研究院	—
10	上海交通大学	降 2 位

在"国际影响力排名"中，中国与全球化智库成功挺进前十，位列第九（见表 5）。

表 5　国际影响力排名

2015 年排名	智库名称	排名变化（与 2014 年相比）
1	北京大学	升 3 位
2	中国社会科学院	降 1 位
3	复旦大学	升 3 位
4	国务院发展研究中心	—
5	中国科学院	降 3 位
6	清华大学	降 1 位
7	浙江大学	—
8	上海社会科学院	降 1 位
9	中国与全球化智库	—
10	中国人民大学	降 1 位

在"社会智库影响力排名"中，中国与全球化智库、中国国

际经济交流中心、中国（海南）改革发展研究院、中国（深圳）综合开发研究院、21世纪教育研究院、中国经济体制改革研究会、零点研究咨询集团、中国经济50人论坛、第一财经研究院、盘古智库分列前十名（见表6）。

表6 社会智库影响力排名"第1—10名

2015年排名	智库名称	排名变化（与2014年相比）
1	中国与全球化智库	—
2	中国国际经济交流中心	—
3	中国（海南）改革发展研究院	降2位
4	中国（深圳）综合开发研究院	升4位
5	21世纪教育研究院	升1位
6	中国经济体制改革研究会	—
7	零点研究咨询集团	降5位
8	中国经济50人论坛	降1位
9	第一财经研究院	降4位
10	盘古智库	—

4.《中国智库网络影响力评价报告》排名。在2016年7月12日光明日报智库研究与发布中心和南京大学中国智库研究与评价中心发布的《中国智库网络影响力评价报告》中，社会智库占入围"综合网络影响力排名"智库的近1/4，成为智库界一道亮丽的风景（见表7）。

表 7　样本智库综合网络影响力排名

排名	机构名称	RSC	R 排名	R	S 排名	S	C 排名	C
4	中国金融四十人论坛	0.966	44	−0.32	1	4.00	40	−0.40
9	零点研究咨询集团	0.381	48	−0.35	4	0.42	3	2.40
13	中国国际经济交流中心	0.093	10	0.32	58	−0.30	17	0.11
17	中国人民大学重阳金融研究院	−0.043	13	0.13	19	−0.14	39	−0.39
20	中国经济体制改革研究会	−0.085	18	−0.08	59	−0.31	11	0.28
21	胡润研究院	−0.092	43	−0.32	21	−0.16	8	0.67
27	察哈尔学会	−0.158	26	−0.15	39	−0.21	21	−0.10
37	中国（深圳）综合开发研究院	−0.269	53	−0.39	40	−0.23	19	0.01
42	中国（海南）改革发展研究院	−0.302	39	−0.30	35	−0.21	47	−0.46
44	上海新金融研究院	−0.311	68	−0.53	22	−0.16	18	0.08
48	北京新世纪跨国公司研究所	−0.320	63	−0.48	30	−0.19	20	−0.08
54	中国与全球化智库	−0.344	58	−0.44	27	−0.18	34	−0.35
58	中国经济五十人论坛	−0.363	69	−0.53	16	−0.12	27	−0.28
65	第一财经研究院	−0.415	61	−0.47	46	−0.25	61	−0.54
68	上海 WTO 事务咨询中心	−0.445	65	−0.50	49	−0.26	66	−0.59

5.《中国智库透明度报告》排名。根据清华大学公共管理学

院团队发布的《中国智库透明度报告》排名，中国（海南）改革发展研究院、中国（深圳）综合开发研究院并列第 1 位，中国经济体制改革研究会列第 3 位，中国国际经济交流中心列第 9 位，人大重阳研究院、察哈尔学会并列第 11 位，盘古智库、中国金融四十人论坛、中国经济 50 人论坛、公众环境研究中心、21 世纪教育研究院并列第 20 位，社会智库占比最高（见表 8）。

表 8　中国智库透明度总体排名榜单

排名	智库名称	透明度分值	智库类型
1	中国（海南）改革发展研究院	95.45	社会智库
1	中国（深圳）综合开发研究院	95.45	社会智库
3	中国社会科学院	90.91	中央党政智库
3	中国经济体制改革研究会	90.91	社会智库
3	上海社会科学院	90.91	地方党政智库
6	国务院发展研究中心	86.36	中央党政智库
6	安徽省社会科学院	86.36	地方党政智库
6	国家行政学院	86.36	中央党政智库
9	广东省社会科学院	81.82	地方党政智库
9	中国国际经济交流中心	81.82	社会智库
11	北京大学国家发展研究院	77.27	高校智库
11	中共中央党校	77.27	中央党政智库
11	中国人民大学重阳金融研究院	77.27	高校智库
11	国家信息中心	77.27	中央党政智库
11	察哈尔学会	77.27	社会智库
11	中央编译局	77.27	中央党政智库
11	中国科学技术协会	77.27	中央党政智库
11	贵州省社会科学院	77.27	地方党政智库

排名	智库名称	透明度分值	智库类型
20	华中师范大学农村中国农村研究院	77.27	高校智库
20	清华大学布鲁金斯公共政府研究中心	72.73	高校智库
20	北京社会科学院	72:73	地方党政智库
20	盘古智库	72.73	社会智库
20	黑龙江省社会科学院	72.73	地方党政智库
20	内蒙古自治区社会科学院	72.73	地方党政智库
20	中国金融 40 人论坛	72.73	社会智库
20	中国经济 50 人论坛	72.73	社会智库
20	外交部中国国际问题研究院	72.73	中央党政智库
20	公众环境中心	72.73	社会智库
20	21 世纪教育研究院	72.73	社会智库
20	湖南省社会科学院	72.73	地方党政智库

（二）深耕国际：发展重点"巧"在调适

2016 年，中国社会智库的一个显著特点就是明显加快了走向国际舞台的步伐，建设具有国际水平的智库、大力开展涉外研究成为不少智库的战略取向。这种调适在实践中按照三条路线延展：

路线一：占社会智库很大比例、以涉外事务为重要研究对象的智库进一步坚定了原有功能定位，继续迈向国际舞台。中国与全球化智库、中国国际经济交流中心、察哈尔学会、知远战略与防务研究所、中国（深圳）综合开发研究院、中国南海研究院、蓝迪国际智库、广东亚太创新经济研究院、海南亚太观察研究院、上海春秋发展战略研究院、新丝绸之路经济研究院、一带一路百人论坛、中国国际战略学会等都有新动作。路线二：以人大重阳金融研究院、盘古智库等为代表的新锐智库，以极大的热情频频发力，强势崛起，逐渐成为智库提升国际水准的先锋。路线三：新成立的智库以涉外研究为主要指向，如丝路智谷研究院等。

社会智库大举向国际水准挺进的背后，是其对自身优劣的清醒认知及对发展机会的精准把握：其一，中国已发展为全球性大国，如何处理好与世界的关系，如何与其他国家打交道需要重新学习，这给社会智库走向国际提供了巨大机遇；其二，社会智库与体制内智库在国内问题研究领域竞争优势不明显，选择国际事务容易形成后发优势；其三，从事国际问题研究门槛较高，大量吸纳国外前政要、知名专家加盟，是提升智库知名度、美誉度的重要路径，而这正是体制机制较为灵活的社会智库更好发力之处。

（三）高速运转：日新月异"成"在勤奋

马不停蹄、快马加鞭、高效运转是 2016 年中国社会智库留给国人的深刻印象。

1. 驰而不息。盘古智库一年出访 20 多个国家和地区，举办 200 余场国际论坛和研讨、讲座活动，在自媒体全年发表 1900

多篇文章，接待各国高官、学者 3000 余人；人大重阳金融研究院全年仅在公开媒体上就发表评论文章近 1800 篇，平均每天 5 篇，出版书籍达 20 余本；中国与全球化智库举办大型论坛、研讨会、发布会 126 场，出席近 20 场国际活动，完成研究报告 112 项，提交建言献策 92 篇，出版著作近 20 部。

2. 务实干练。小体量爆发大能量也是社会智库的突出特点。中国与全球化智库同时维护 3 个网站、一个月刊、3 个微信公众号、1 个微博号以及多个英文社交媒体；重庆智库每月主办一期"智库重庆论坛"；盘古智库举办"2016 香山全球智库论坛"，从动议到开幕只用了不到半个月时间；中国（深圳）综合开发研究院每年完成国家部委、地方政府和国际政策咨询项目近 200 个。同时，社会智库在各类论坛、活动中的周密会务服务，快捷全面的跟踪报道，普遍超过一般的体制内智库。

3. 快速反应。针对国内外的热点事件或重大突发性事件，社会智库也往往反应最快。2016 年，围绕"G20 峰会"、全国"两会""南海仲裁""萨德""东北亚局势"以及"美国大选"等热点话题，很多社会智库连夜加班、快速回应、先声夺人、影响舆论，小分队起到了特战队的作用，效果十分明显。

（四）彰显作为：咨政启民"赢"在质量

2016 年，中国社会智库秉持实在、实用、实行的朴素价值观，充分发挥"思想库""点子库""交流库"作用，得到越来越广泛的认可，收到了越来越多的项目合作邀约。

1.咨政建言攀新高。2016 年是中国社会智库服务决策的丰收年，无论是数量还是质量都有较大提升。5 月 17 日，人大重阳执行院长王文受邀出席由习近平总书记主持的哲学社会科学工作座谈会并发言；中国与全球化智库《关于设立国家移民局的建议》获得中央重视；万博新经济研究院在李克强总理主持的经济形势座谈会上提出的"软价值战略"获总理点评；中国国际经济交流中心 20 多项研究成果得到中央领导同志批示；长江教育研究院向全国人大提交建议、议案 20 余份，均得到国家有关部门领导的办复和批示；国观智库参与国家涉海法律起草的研究论证工作，提供多份涉海、涉疆、涉华高质量国际舆情报告；上海华夏社会发展研究院研制的《全国文明城市测评体系》全国应用；重庆智库对全国"十三五"规划开局之年的系列政策评论引起中央有关部门关注；福卡智库全程参与《上海市城市总体规划(2016—2040)》编制；北京方迪经济发展研究院"京津冀协同发展重大问题研究"取得重要成果；中国（海南）改革发展研究院提出构建"泛南海经济合作圈"的建议得到相关部门高度关注。

2.公共外交开新局。2016 年，中国社会智库在公共外交领域作出了独特贡献。人大重阳研究院在美国华盛顿承办"中美智库南海问题对话会"，前国务委员戴秉国"南海仲裁案不过是张废纸"一说成为强劲中国声音；合作承办的 G20 智库会议，为G20 杭州峰会作出突出贡献；中国国际经济交流中心的"中美工商领袖与前高官对话会"已成为中美两国间的对话渠道,该中心还联合国务院发展研究中心、中国金融四十人论坛三家智库,与美国布鲁金斯学会、彼得森研究所等举办了首届中美智库经济对话;"萨德"事件爆发后,盘古智库举办的中韩专家"萨德"问题研讨会,受到中、韩、朝广泛关注与报道;中国与全球化智库举办或参与美国、比利时、瑞士、德国、日本等国的大型交流活动,充分发挥"二轨"作用;海国图智研究院受邀在美国对外关系委员会举行"大选后的中美关系"演讲;长城企业战略研究所持续跟踪调研 G20 国家科技创新,研究成果为 G20 科技部长会议活动决策提供支撑。

3.舆论引导出新彩。对外积极讲好中国故事,对内悉心解疑释惑是中国社会智库 2016 年的出彩担当。对外方面,人大重阳研究院一年足迹遍及美国和欧洲、非洲、大洋洲、亚洲诸国,宣讲"一带一路"与中国经济,在美国《国家利益》等 10 多家外媒上撰文或接受采访,引导国际舆论客观看待中国;中国国际经济交流中心创办"世界经济季度谈",向世界发出清晰的中国主张;中国与全球化智库上线新版英文网站,配合英文社交平台,用国际化语言传播中国观点;盘古智库关于美国大选的文章、视频累计点击量近 5000 万,在各大主流媒体发文达 1000 多篇。对内,G20 杭州峰会期间,人大重阳研究院作为央视直播嘉宾,全程参与解读;中国与全球化智库就经济全球化及逆全球化相关话题组织了多场研讨,发表了多本报告,澄清了许多模糊认识;中国（深圳）综合发展研究院发挥在港澳研究领域的优势，利用港澳媒体解读中央各项政策下的港澳发展机遇。

4.社会服务添新功。2016 年，中国社会智库开展公益服务的热情高涨，反响良好。万博新经济研究院多次应部委、地方政府、行业协会和知名企业邀请，做供给侧结构性改革辅导报告；福卡智库在上海电视台第一财经频道推出专栏，每周日准时与观众见面，分析国内外发展形势；长城企业战略研究所发布了全国第一个《独角兽企业榜单》及《国家高新区瞪羚企业发展报告》；方迪经济发展研究院发布"中关村指数 2016"；中国与全球化智库为广州外国语学院学生颁发"王辉耀奖学金"；中国（深圳）综合发展研究院向多个发展中国家传播中国经济特区和开发区发展经验；海国图智研究院为南方地区国际关系学者提供重要交流平台与优质学术资源。此外，还有多家智库帮助中国企业"走出去"参与"一带一路"建设。

（五）把握要害：内部运营"力"在机制

智库的内部运营机制是智库的"心脏"，是智库迈向高端的内生动力。2016 年，不少智库发力运营机制现代化，以机制的给力换取咨政的给分。

1.组织架构创新强化承载力。致力于建设完善的组织形态和内部组织体系是社会智库 2016 年的重要努力方向。中国国际经济交流中心按照高端智库要求设立了理事长会、学术委员会、咨询专家委员会、基金董事会和执行局的"三会一局"管理架构；中国（深圳）综合发展研究院成立了首席专家学术审议小组，增设了保密委员会，实施了内部管理架构整合；长江教育研究院新成立了策划部，强化活动策划。一些智库继续在各地"开连锁"、设分支。中国与全球化智库在上海和深圳成立了分会；盘古智库在上海、深圳、长沙、大连、乌鲁木齐等城市设立了办事机构；察哈尔学会则在上海、韩国设立了办事处。一些智库随着规模增长，及时在机构内增设了模块化研究部门，如中国国际经济交流中心新设"创新发展研究所"，中国与全球化智库新设"世界华商研究所"，盘古智库新设"印度研究中心"，国观智库新设"边疆研究院"。

2. 运行模式创新强化内驱力。社会智库在运行上也初步形成了几个框架性模式。中国（海南）改革发展研究院推进"事企分开"，实行"公益性主体与经营性主体分设"，增强了可持续发展能力，确保了研究的独立性；中国（深圳）综合开发研究院以咨询收入支撑智库发展，财务更具独立性和灵活性；长江教育研究院以长江出版传媒集团为支撑，以"一主（教育政策研究）两翼（教育多媒体产品和教育咨询评估）"为功能布局，形成协同创新机制；北京国际城市发展研究院形成了政府与社会组织合作互动的"一院两制"运行模式，研究院与区发展研究中心建立信息共享、人才交流、成果推广、工作评估、项目负责和评审转化六大工作机制；中国与全球化智库通过政府研究课题收入、出版物收入、活动收入、社会赞助、理事捐赠等多元化资金实现财务独立。北京方迪经济发展研究院还大力加强党建工作，荣获"北京市社会领域先进基层党组织"称号。

3.人事管理创新强化胜任力。不少智库大量聘请高校、科院院所才俊分块领衔研究工作，使中国社会智库成为体制内人才"双创"的重要平台，进一步丰富了中国式"旋转门"的内涵。人大重阳研究院成功争取外交部原副部长和中国社科院世经政所原副所长加盟，大大提升了研究实力；中国与全球化智库、盘古智库等延揽了一大批国内外高官、学者担任顾问、理事、高级研究员，建造了高层次的外部人才资源库。为强化激励，国观智库实施"未来合伙人制"，挑选自有团队优秀青年骨干为学术带头人；中国国际经济交流中心对研究、交流、后勤三类人员分别制定考核办法，奖优罚劣；中国（深圳）综合开发研究院建立了有利于激发智库活力的分配制度；中国（海南）改革发展研究院坚持灵活、规范、高效的全员岗位聘用制，构建智库机构与个人职业生涯协同发展的长效机制。

4.质量管理创新强化公信力。为鼓励形成高质量研究成果，提升智库声誉，不少智库制定了新的促进办法。中国国际经济交流中心制定专门管理办法，对课题研究的总体目标、阶段要求、终期质量评价做出明确设计，组织外部专家进行成果评审并按等级排队，等级为"优"的给予奖励，等级为"差"的，扣减一定比例课题费；中国（深圳）综合开发研究院建立了选题论证的

"定期开放务虚会制度"，制定《关于鼓励研究撰写"国家高端智库报告"的有关规定和实施办法》；中国与全球化智库注重政策研究成果的转化，精准抓住政策"窗口期"，有效推送制策观点，使成果顺利得到运用。

5. 交流合作创新强化开拓力。一些社会智库开始加快走出去，着手探索与国际智库合作开展研究项目。中国国际经济交流中心与美国布鲁金斯学会签署合作备忘录，同美国哥伦比亚大学、澳大利亚国立大学、法国可持续发展研究所、比利时布鲁盖尔研究所、英国皇家事务研究所、香港中文大学联合开展多项合作研究；中国（深圳）综合开发研究院与国际著名智库英国 Zen/Yen 集团联合研究和发布"全球金融中心指数"。不少社会智库与国内外政要、学者开展了频繁的交流互访，如中国与全球化智库接待了十多个国际知名的智库，数十位国际前政要、知名学者和国际机构负责人的到访。还有一些智库继续采取合作共建方式集纳研究资源，如国观智库与中国社科院中国边疆研究所、清华大学土木水利学院等开展战略合作；盘古智库与新华社舆情信息中心开展数据共享。

6. 传播创新强化影响力。2016 年社会智库在传播方面又有新的突破。人大重阳网、微信、微博、邮件群等传播体系已形成了近 100 万的受众群体，平均每天有 30 家网站转载其观点文章；盘古智库公众号被评为最具价值智囊号，在企鹅媒体排行榜 10 月财经类项目中获影响力冠军；人民日报、新华网、China

Daily、CNN、华尔街日报、CNBC 等上百家媒体对中国与全球化智库进行了报道，大量引用其研究成果；福卡智库还开始试水在微信公众号研发线上产品。清华大学公共管理学院课题组《中国智库大数据报告（2016）》按照智库的"微信公号影响力""微博专家影响力""微信引用指数"三大指标进行综合排名，结果显示：人大重阳金融研究院、盘古智库、中国与全球化智库、中国金融 40 人论坛、第一财经研究院、21 世纪教育研究院分列所有智库的第 2、5、6、7、8、13 位，在整个排行榜中，社会智库的比例也最高。2016 年除了"微信"成为智库传播的主要方式外，另一个突出特点就是很多社会智库在传播模式上采取了"前店后厂"的明星模式，巧妙通过塑造智库掌门人的形象来塑造智库形象，智库负责人或首席专家成为智库最有效也是成本最低的代言人。

7. 硬件保障创新强化支撑力。社会智库在研究平台建设上继续加大力度。盘古智库成立了由中国、美国、德国、意大利、印度、新加坡、加拿大等海内外近 20 家一流智库组成的全球治理智库连线；重庆智库获批成为国家自然科学基金依托单位；中国（海南）改革发展研究院大力建设中国改革信息库，完成对 200多位重要改革人物的访谈；上海 WTO 事务咨询中心建成"全球贸易与投资运行监控预警系统"业务工作平台，能按细分行业对全球贸易和投资规则体系变化、流量波动和产业产出量之间相互作用进行监控和预警。

（六）反躬自身：摸索规律"贵"在自觉

2016 年，中国社会智库"自己研究自己"的行业自觉得到进一步深化，出现了不断增多的专著、论文，举办了务实的专题论坛，设立了专门课题，为推动中国社会智库行稳致远探寻理性方向。

1. 著作不断问世。人大重阳研究院王文出版了《伐谋——中国智库影响世界之道》，中国与全球化智库王辉耀、苗绿出版了《大国背后的第四力量》，长江教育研究院周洪宇等出版了《智库的成长——长江教育研究院的探索之路》《智库的作用——以美国卡内基教学促进基金会为例》《国际思想库——国外教育智库研究》等，察哈尔学会柯银斌、吕晓莉出版了《智库是怎样炼成的：国外智库国际化案例研究》等（见表9）。

2. 论文明显增加。专门研究社会智库的理论文章也开始呈上升势头，初步统计已有 14 篇。其中，来自社会智库的作者苗绿、王辉耀、王佳宁、王致等 4 人贡献 5 篇，来自大学和科研院所等机构作者周湘智、唐杰、储殷、钱晶晶、赵新利、于凡、张广汇、张朝、杨宝强、周丽、余敏江、李艳萍、翟善梅等 13 人贡献 8 篇。研究内容也从宏观逐渐向微观深入、从粗放逐渐向精细升级，发展态势值得欣慰。

3. 论坛实现突破。2016 年 11 月 23 日，温州市决策咨询委员会、温州市政策研究室、温州大学在全国举办了首次民间智库专题论坛，与会专家聚焦"民间智库建设：实践现状与理论阐释"进行研讨，并撰写了系列高水平论文；12 月 17 日，中国社会智库历史性实现首次大集结，30 余名代表共赴南京参加光明日报与南京大学联合举办的"中国社会治理论坛"，在社会智库分论坛上，与会人员以"社会智库定位特色与运营模式创新"为主题开展热烈讨论，收获了丰富成果，增进了同业友谊。与此同时，中国与全球化智库还分别牵头主办了"2016 中国智库创新峰会""2016 上海全球智库论坛"；盘古智库举办了"2016 香山全球智库论坛"；长江教育研究院举办了首届"教育智库与教育治理高峰论坛"，以实际行动探摸社会智库发展规律。

4.课题聚焦探讨。2016 年，中国国际经济交流中心专门立项了"加强中国特色新型智库建设""国际著名智库机制比较研究"两个重大课题，组织研究人员到多家全球知名智库及国内优秀智库机广泛调研，寻求通过体制机制创新实现健康发展。此外，社会智库运营者和研究人员还通过论坛、讲座、媒体等途径，对社会智库建设发表了许多真知灼见，给出了深刻启发。

表 9   2016 年中国社会智库建设理论成果

作者	论文 / 专著	报刊 / 出版社	期数 / 时间
王文	《伐谋——中国智库影响世界之道》	人民出版社	2016 年
王辉耀 苗绿	《大国背后的第四力量》	中信出版社	2016 年

作者	论文 / 专著	报刊 / 出版社	期数 / 时间
柯银斌 吕晓莉	《智库是怎样炼成的：国外智库国际化案例研究》	江苏人民出版社	2016 年
周洪宇 申国昌 陈冬新	《智库的成长——长江教育研究院的探索之路》	湖北教育出版社	2016 年
周洪宇 邓凌雁	《智库的作用——以美国卡内基教学促进基金会为例》	湖北教育出版社	2016 年
周洪宇 付睿 邓凌雁	《国际思想库——国外教育智库研究》	湖北教育出版社	2016 年
苗绿 王辉耀	《社会智库如何利用运营机制创新促进发挥政策影响力》	《中国科学院院刊》	2016 年第 8 期
苗绿	《中国社会智库的政策影响机制分析——以中国与全球化智库（CCG）推动国际人才相关政策为例》	《智库理论与实践》	2016 年第 5 期
王辉耀	《完善法治环境　推动智库发展》	《中国党政干部论坛》	2016 年第 4 期
王佳宁	《社会智库：呈现"333"发展趋势》	《光明日报》	2016—12—27
王致	《打造中国特色新型智库的百年品牌》	《人民日报》	2016—12—26
周湘智	《2015 年中国社会智库回眸与评价》	《光明日报》	2016—3—23
唐杰	《促进社会智库规范健康发展》	《光明日报》	2016—4—2

作者	论文/专著	报刊/出版社	期数/时间
储殷	《评价社会智库质量的三个关键要素》	《光明日报》	2016—2—6
钱晶晶	《论新型智库对外传播特性的具体表征——以春秋、CCG和重阳金融三大智库为例》	《全球传媒学刊》	2016年第3期
赵新利 于凡	《民间智库如何开展公共外交——以察哈尔学会的实践为例》	《对外传播》	2016年第5期
张广汇 张朝	《中国特色社会智库科学发展的政策建议》	《智库理论与实践》	2016年第4期
杨宝强	《我国社会智库运行机制的结构审视与逻辑指向》	《湖北社会科学》	2016年第1期
周丽 余敏江	《政府购买社会智库服务的必要性与制度供给》	《南京社会科学》	2016年第10期
李艳萍 翟善梅	《我国社会智库的发展动因及建设路径探析》	《怀化学院学报》	2016年第7期

数据来源：根据中国期刊网、百度搜索及人际网络搜索等整理．

二、挑战：成长掣肘有待破解，发展偏差尤需警惕

虽然我国社会智库正在发生令人惊叹的喜人变化，并且这种态势必将持续深入下去，但从社会智库的外部因素来看，仍有一些结构性障碍尚未扫除；从社会智库自身来看，也存在一些不容忽视的问题，需要苦心攻关，再闯一片新天地。

（1）"东边日西边雨"的两极分化较为明显。一些智库已是光彩照人，一些智库则仍沉默彷徨；一些智库已率先探索出较为成熟的运营模式，一些智库还在摸着石头过河；一些智库已在走向国际的道路上迈开步伐，一些智库仍缺乏国际眼光；一些智库已接连在各地设分支，一些智库仍在为生计愁；一些一线城市的智库已风生水起，一些二、三线城市的智库气候难成。

（2）"重商业轻公益"的行业风险有所增加。社会智库资金渠道较为逼仄，公众政策公益理念尚待培育，当前"持商业想法，用公益手法"做智库的情形有所增加，部分智库理事和出资人存在分红现象，与智库研究的客观性形成冲突，与智库应具备的资政性、公益性、独立性形成冲突，加剧了行业的信誉风险。

（3）"桌子下放风筝"的发展羁绊依旧突出。不少社会智库马力十足，但火力无法全开的掣肘较为明显。注册登记难、职称评聘难、课题立项难、成果报送难、信息获取难、决策参与难、税费负担重等"六难一重"问题仍未得到解决，与智库作为政策公益组织要求形成矛盾，与智库急需壮大自有人才队伍形成矛盾，与智库产出高水平成果能力形成矛盾。例如，中国国际经济交流中心作为国家高端智库首批试点单位，也存在外部身份重叠、内部身份不一、经费使用受限、出国手续繁杂、留人难度增加等问题。

（4）"形式遮蔽内容"的权宜阶段有待度过。基于社会智库获取资源的外部性特征，在其成长初期通过频密开论坛、办活动来吸纳智慧、积累人脉、扩大影响，进而较快提升资源吸附力是无法绕开的路径依赖，也是布鲁金斯学会等智库运营的经验，但智库影响力的维系最终要靠高质量成果。当前部分智库过度关注经营自己的媒体性与公关性，过度依赖"蹭"专家、"蹭"名人、"蹭"媒体，自主研究能力与沉潜研究环境有待强化，存在平台化、空心化的隐忧。

三、展望：相关政策有效落实，自身建设有力提升

"山高愈前行，梦好起宏图"。2017 年，党的十九大隆重召开，中央《关于加快构建中国特色哲学社会科学的意见》深入实施，《关于社会智库健康发展的若干意见》让社会智库拥有更加广阔的舞台和空间。社会智库要善于抓住当前难得发展机遇，用好创新、协调、绿色、开放、共享新发展理念推手，深扎智库"四梁八柱"，加大马力向前奋进，努力成为新型智库代言人。党委政府及相关部门要抓好中央关于加强智库建设精神的贯彻落实，以更有力的信号、更开明的政策为社会智库发展拆壁垒、拓通道，成为社会智库的好伯乐。

（1）把"创新"作为社会智库建设的"核动力"。一是机制要更新型。要从组织架构、功能导向、供需对接、研发组织、成本控制、人事管理、国际交流、传播营销、硬件保障、文化涵养等方面不断完善运营机制，获得不断迈向高端的精进能力。二是

成果要更新锐。要扎好马步，练好内功，踏踏实实把研究做好，发现别人没有发现的问题，洞见别人没有察觉的风险，提供别人没掌握的情况，说出别人没听过的话，提出别人没想到的点子，作出别人做不到的贡献。三是方法要更新颖。当前最紧迫的就是要适应信息化、网络化、全球化的发展趋势，适应政策分析数字化、实证化、综合化的要求，以数据收集与分析技术等工具，大力提升研究精度，产出严谨、精确、前瞻成果。

（2）把"协调"作为社会智库建设的"加速器"。一是平台建设与内容建设要平衡。社会智库的论坛与论文要平衡，少些论坛，多些论文；"能见度"与"能干度"要平衡，多些实干，少些浮躁；核心产品与边缘产品要平衡，多些对策建议与决策信息，少些空洞平台与评价排名。二是政策公益与商业业务要平衡。允许社会智库从事一定范围的商业业务，但要从严控制比例。要加强智库的透明度管理，建立规范、可视的智库年报制度，防止过度商业化。三是研究人员与管理人员要平衡。数量上要形成最佳配比，国内研究人员与海外研究人员待遇要把握平衡；结构上要形成领军人才、骨干力量、后备新秀的梯队搭配，老、中、青三层次接力赓续，把两个积极性都发挥好，共同谱写智库建设的美好篇章。

（3）把"绿色"作为社会智库建设的"护身符"。一要淘汰落后产能。在主体结构上，要通过市场、自身和行业的力量，淘汰那些高投入低产出的"高能耗智库"，提高智库资源效能；在发展布局上，要大力淘汰那些不符合现实需要的内设机构、学科设置与研究方向；在产品品质上，要淘汰那些过时的研究方法、研究选题与话语体系。二要净化行业生态。要对标签为社会智库的现有机构进行二次识别，压减"套牌智库"空间。要始终保持职业敬畏，把专业、理性、责任作为底线操守，对违规的"污染型"智库实施问责，净化智库生态。三要营造清新环境。着力创造与智库环境相协调的物理空间，扩大研究人员的公共交流区域，配备先进的办公设施，提供充裕的研究经费，储备高水准大容量的文献资料，让全体智库成员在幽静舒适的环境中工作、创造、成长。

(4) 把"开放"作为社会智库建设的"加油站"。一是要打开视野。以世界眼光看中国、看问题、看趋势，以国际眼光建智库、找差距、强能力。要加大"走出去""走进去"力度，形成请进来、常常来、带人来的热络关系。二是要敞开胸怀。以开放包容的胸襟，增加接纳外来人才的胆量和肚量，提高虚心学习先进经验的气量和容量，强化智库公开透明的程度和力度，形成开阔敞亮、兼收并蓄、气象丛生的格局。三是要放开思路。要进一步打破定式思维，以互联网思维来组建社会化、网络化、多元化的研究团队，八方获取有智之士智力支持，整合最优质的资源，破解多学科、综合性疑难问题。

(5) 把"共享"作为社会智库建设的"温度计"。一是与社会共享。牢固树立为人民做学问、为人民建智库的理念，做好党委政府的"外脑""眼睛"和"耳朵"，当好群众的"嘴巴""腰杆"和"向导"，为民发声、为党建言，严防成为狭隘利益集团代言人，甚至违法乱纪，努力在成就国家、社会的同时成就自己。二是与行业共享。要相互团结、互相帮衬、抱团发展，乐于分享自己的经验，欣赏别人的成功，维护智库的形象，共同争取行业的成长与繁荣。要尽快成立社会智库行业组织，凝聚全行业的共识共为，促进全行业的自律自觉，一起为中国社会智库的发展进步鼓与呼。三是与员工共享。要始终把人文关怀作为价值坚守，对全体智库成员在成长上真诚关心，工作上真切关注，生活上真情关爱，使全体成员在思想上共进步、在工作上共进取、在得失上共进退，让大家倍感踏实、倍增温暖、倍添自信。

"岁月曾著风雨，更待满树繁花。"这是一个需要理论而且一定能够产生理论的时代，这是一个需要思想而且一定能够产生思想的时代。身处智库发展黄金窗口的当代中国社会智库，当不忘"一盏孤灯照寒窗"的初心，保持"一片痴心谱绝响"的韧劲，绽放"一剑指处江河畅"的豪情，立时代之潮头、通古今之变化、发思想之先声、铸百年之品牌。

（执笔：湖南省社会科学院国家治理与公共政策研究中心副主任周湘智）

立足高端　服务决策　引领发展

——国家高端智库 2016 年度发展报告

在中国特色新型智库体系建设的宏伟工程中，着力打造一批高端智库，是满足国家政策和战略咨询需求，助推实现"两个一百年"奋斗目标和中华民族伟大复兴中国梦的战略选择。

在中央的高度重视、大力支持下，在国家高端智库理事会的有力推动、周密部署中，2016 年，各高端智库试点工作有序展开，实现了精彩开局、迈出了重要步伐。首批高端智库的丰厚实践，为重点建设一批具有较大影响力和国际知名度的高端智库探索了路径、积累了经验。

一、制度设计不断完善，治理体制 创新激发内生活力

2016 年，国家高端智库继续在《国家高端智库建设试点工作方案》《国家高端智库管理办法（试行）》《国家高端智库专项

经费管理办法（试行）》等制度框架指导下稳步前行。高端智库理事会作为国家高端智库建设议事机构和评估机构，作用凸显。各高端智库遵循智库发展规律和决策咨询工作规律，以体制机制创新为突破口，通过不断完善内部组织形式和管理方式，培育智库发展内生动力。

（一）国家高端智库理事会宏观指导协调有力

为加强对高端智库建设的宏观指导和统筹协调，经中央批准，在全国社科规划领导小组下设立国家高端智库理事会，作为国家高端智库建设的议事机构和评估机构。

国家高端智库理事会由中央部委综合性决策需求部门的分管领导及部分高端智库代表组成，主要职责是定标准、作评估，主要目的是搭建决策部门与智库间的桥梁纽带、促进决策供需双方对接。2016 年 1 月 22 日，国家高端智库理事会扩大会议召开，时任中共中央政治局委员、中央书记处书记、中宣部部长刘奇葆出席并作讲话，对理事会工作提出明确要求。会议审议通过理事会《议事规则》，明确了理事会职责、人员组成、会议制度等事项。以理事会名义向十几家中央决策部门征集研究选题，形成并发布《2016 年国家高端智库选题方向和重点课题》，各试点智库积极认领，明确了智库研究方向、增强了服务决策的针对性。2016 年 10 月，理事会第二次全体会议召开。会议听取各试点单位工作汇报并进行测评，对下一阶段工作提出要求。理事会秘书处加强日常协调管理，建立课题研究、成果报送、信息通报制度，整合智库资源，组织开展重大课题研究、舆论引导、公共外交活动，促进智库管理和运行逐步规范化。

为畅通成果报送渠道，理事会秘书处创办了《国家高端智库报告》，直报中央领导同志。创办《国家高端智库建设试点工作简报》，及时反映试点工作动态，起到了通报情况、交流经验、推动工作的作用。

（二）高端智库组织形式和管理方式日渐完善

各高端智库试点单位认真贯彻习近平总书记关于"积极探索中国特色新型智库的组织形式和管理方式"的重要指示精神，按照试点工作方案和两个《管理办法》要求，遵循智库发展规律和决策咨询工作规律，创新内部治理机制，在机构建设、人才使用、经费管理等方面寻求突破，探索完善智库内部治理结构和运行模式新路。

1.完善制度和组织架构。各高端智库试点单位均制定了《智库管理细则》和《专项经费管理细则》，全部成立了学术委员会，发挥学术组织把关作用，部分智库成立理事会、领导小组作为决策机构。中央党校将国家高端智库建设要求融入"中央党校教学与智库创新工程"，把智库建设作为所有工作的一个根本方向。中国社科院构建起以院综合性智库为统领、所（院）级智库为主体、专业化智库为样板的院级、所级、专业化智库"三位一体"

的智库建设格局。新华社研究制订了"1 + 8"基础性文件，初步形成层次分明、结构合理、覆盖全面的总体制度框架。中国工程院加强战略研究联盟建设，积极构建战略咨询信息支撑保障能力。国防大学在原有 14 个研究中心基础上，新成立了中国国家安全、"一带一路"安全保障和网络太空安全等 11 个研究中心。中央编译局以原有编译、研究及文献信息等方面工作为依托，着眼于马克思主义理论建设和当代实践中的重大战略问题，设置了马克思主义理论与当代实践、当代世界与社会主义前沿问题、国家治理体系和治理能力现代化等五大重点研究领域，并设置了 19 个重点研究方向。中山大学粤港澳发展研究院在学校层面的体制机制支撑下，制定《中山大学高端智库建设方案》及管理细则等系列方案，探索建立适应智库发展的组织管理、运行机制与绩效考核机制。

2. 加强资源统筹整合。中国科学院专门组建成立了事业法人机构"科技战略咨询研究院"，有效统筹院内各类型研究资源。军事科学院成立了智库建设领导小组，院长、政委亲自担任组长和首席专家。中国人民大学以国家发展与战略研究院为平台、以课题为载体，面向全校招标，有效撬动和整合了全校资源。中国社科院国家金融与发展实验室坚持选择自己"有领军人物，有鲜明特色，达到国内领先水平"的研究领域，形成"铁打的营盘"，并为其确定相应二级机构，由此使各类课题依据既定的学术逻辑，梳理、归并、汇聚到研究体系中。

3. 探索供需有效对接机制。首批国家高端智库试点单位中，10 家综合性智库通过各自原有渠道以国家高端智库名义将研究成果报送中央，15 家专业性智库也畅通了对策建议的报送渠道。中国宏观经济研究院创建《形势要报》，全年向国家发展改革委领导直接提供长短结合的形势分析报告 100 余期。中山大学粤港澳发展研究院与香港中联办、香港特区政府建立起制度化的合作安排，同时以《粤港澳研究专报》《港澳社情舆情动态》等为成果报送平台，提供卓有成效的对策建议。上海社科院与中央办公厅、中央财办、中央政策研究室、中央国安办等中央部门建立研究和咨询对接机制。这些有益的创新和尝试，为探索中国特色新型智库建设路径发挥了先行先试的示范作用。

4. 拓宽人才选聘使用思路。北京大学国家发展研究院开辟研究员职称序列，为智库研究人员解决编制问题。中国（深圳）综合开发研究院 60% 的研究人员通过市场招聘，还面向全球招聘高水平研究人员。中国国际经济交流中心聘请了一大批离退休党政部门领导干部担任理事、研究员，充分发挥他们的从政智慧和决策经验，对中国式"旋转门"制度进行了积极探索。武汉大学国际法研究所完善以质量创新和实际贡献为导向的评价办法。国家行政学院通过选好首席专家，用好访问学者和博士后研究人员等，确保"库"中有"智"。

5. 创新经费管理使用。高端智库积极探索以政府投入为主的多元化资金筹措机制，制定智库专项经费管理办法。2016 年 10

月 12 日，中国人民大学国家发展与战略研究院理事会暨国家高端智库研究基金捐赠协议签订仪式在京举行。随着签约仪式结束，这所高端智库有了自己的专属研究基金，初期金额 1 亿元。其中，一部分用于保证该院的资金流动性，另一部分以母基金形式，注入资金运作，满足持续性发展需求。中国（深圳）综合开发研究院经费来源中 80% 靠市场化的咨询收入，已经具有较强的自我发展能力，形成类似于兰德公司"合同订购"的智库发展模式，有一套治理完善、监管有力的智库运行机制，建立了有利于激发智库活力的分配制度，财务更具独立性和灵活性。清华大学国情研究院通过科研项目资金保障基础研究和教学、日常公用经费，通过国家高端智库专项经费保障决策咨询研究工作开展，通过教育基金会设立的国情研究院发展基金募集资金提供外部资金来源。此外，中国宏观经济研究院、上海社科院、中国国际经济交流中心等也就建立智库基金制进行了有益尝试。

二、提升咨政建言能力，全方位服务中央决策有力有效

2016 年，各高端智库聚焦党和国家发展的全局性、战略性、前瞻性问题，深入开展应用对策研究，一批针对性强、应急性高、咨政效果明显的成果涌现。与此同时，各高端智库拓宽渠道、创新形式，全方位服务中央决策。

（一）聚焦重大问题开展应用对策研究

各高端智库积极适应党和国家事业发展的战略需求，立足各自定位和特色，潜心思考和研判，提供切实管用的政策建议。2016 年是"十三五"规划开局之年。为集思广益制定规划，中央委托 42 家单位完成了 31 项"十三五"规划重大课题研究，形成了 117 份专题研究报告，国务院发展研究中心、中国社会科学院、中国科学院、北京大学国家发展研究院等高端智库名列其中，表现突出。2016 年是"一带一路"建设大踏步推进之年，高端智库中许多机构都从不同角度展开研究，为其提供了坚强支撑。中央党校的党情政情社情信息反映与研判、中央编译局的国外政党治国理政经验与借鉴研究、中国石油经济技术研究院的国家能源安全问题研究、军事科学院的推进军队改革"二次创新"研究……几乎每一项关系国计民生的重要议题背后，都有高端智库的智慧与心血。上海社科院承担国家战略的"地方版"预研究、总结地方先行先试中的经验问题、评估国家战略与中央政策的落实效果等具体任务，通过组织开展国情调研课题、与代表性区域建立地方政府合作研究平台、建立国家高端智库间的协同研究平台、围绕重点领域形成地方智库合作研究机制等开展课题研究。

各高端智库还针对经济社会发展中的倾向性、潜在性问题，实时跟踪、快速反应，寻找解决方法。国务院发展研究中心连续七年推出的"国务院发展研究中心研究丛书"、中国社科院国家金融与发展实验室生产的全方位系列智库产品等产生了广泛影响。中国宏观经济研究院鼓励科研人员深入基层，开展实地调研，推出务实举措。

（二）以多种形式直接服务中央决策

除开展对策研究外，高端智库还通过参加内部座谈研讨、咨询授课、参与政策评估等多种形式直接服务中央决策。比如，党的十八大以来中央政治局集体学习中，中国社科院、中国工程院、国防大学、军事科学院、中国宏观经济研究院、商务部国际贸易经济合作研究院等高端智库的 9 名专家参与讲解授课。2016年 7 月，习近平总书记、李克强总理分别主持召开的经济形势专家座谈会上，半数以上专家都来自高端智库，林毅夫、刘世锦、李扬、樊纲、王战、姚洋等专家作了重点发言。中国人民大学国家发展与战略研究院作为中办信息直报点，直接承接中办、国办下达的课题研究任务。复旦大学中国研究院受中宣部委托深度参与"讲好中国故事"五支队伍建设，承办两期国际评论员研修班、三期专家学者研修班，培训学员超过 200 人，为国家增强国际话语权、提高文化软实力作出重要贡献。国务院发展研究中心、国家行政学院、新华社受国务院委托，承担对促进民间投资政策落实、政府管理和投资环境情况的第三方评估调研工作；中国社科院受中央经济体制和生态文明体制改革专项小组委托，对经济体制改革进展情况进行总体评估，对财税体制改革进展情况进行专项评估，为中央和有关部门准确掌握政策落实情况、加强和改进相关工作提供了有价值的参考。中央党校面向全国党校系统开展智库建设工作情况专题调研，初步摸清了全国省级、副省级党校智库建设的成绩和问题。中央编译局吸收局外各类研究机构和高校研究人员作为智库协作网络成员，参与各领域研究工作。

（三）主动开展舆论引导，社会影响广泛

各高端智库围绕党和国家重大决策、经济社会发展形势、国内外热点问题等积极开展宣传阐释，解读中央政策、引导社会舆论、凝聚思想共识。针对重大舆论热点问题，国家高端智库理事会精心组织策划，各高端智库积极主动发声。2016年全国"两会"期间，理事会组织高端智库专家40多人次接受媒体采访、发表署名文章100多篇，深入解读"两会"精神，人民日报、新华社分别刊发智库专家接受采访的新闻综述，光明日报推出理事会秘书处组织的两期专版文章，取得良好社会反响。高端智库专家已经成为宣传部门、新闻媒体组织舆论引导的重要倚靠力量。比如，中央电视台邀请中央党校教授谢春涛作为主要嘉宾参加建党95周年大会直播节目，邀请复旦大学中国研究院院长张维为参加G20杭州峰会包括开闭幕式在内的8场直播节目；国务院新闻办多次邀请李扬、隆国强等高端智库专家参加新闻发布会、国务

院政策吹风会，以智库专家身份向世界媒体和国内公众宣介中央方针政策；中联部等部门邀请蔡昉、李扬等高端智库专家出国宣讲，介绍中国经济社会发展情况，宣讲"十三五"规划，向国际社会讲好中国故事。

三、积极开展公共外交，在国际社会传播中国声音

开展公共外交、传播中国声音、增强国际影响，是高端智库为国家发展贡献力量的重要方式。当前国际舆论场中，"西强我弱"的格局还没有根本改变，我们往往处于有理说不出，说了传不开的境地。高端智库充分发挥自身学术影响、人脉交往等优势，通过多种形式、多种渠道，举办或参与一系列有影响的对外交流活动，在对外交往中发挥着不可替代的作用，有力服务了国家总体外交战略。

（一）通过主办国际活动、开展多边对话、专家担任国际组织重要职务等多种方式，助力我国深度参与全球治理、提升国际话语权

在主办国际活动方面，中国社科院与其他两家智库共同牵头T20活动，在中国、美国、秘鲁、德国、瑞士、印度等国举办了10场智库研讨会，充分发挥了作为G20重要配套活动和思想库的助力作用。军事科学院主办的"香山论坛"，作为一轨半高端

亚洲安全和防务论坛，是目前我军举办的规模最大、层级最高、影响最广的多边国际安全对话会议。上海社会科学院的"世界中国学论坛"，向世界介绍"学术中的中国""发展中的中国"，引导国际社会倾听最真实的中国故事。国务院发展研究中心联合国际关系与可持续发展中心创立的"丝路国际论坛"第三届论坛于2016年6月在波兰华沙举行，习近平主席和波兰总统杜达、总理希德沃出席论坛开幕式并发表主旨演讲，来自16个国际组织、33个国家的约460位代表参加论坛并围绕"共建'一带一路'，促进亚欧互联互通"主题进行深入研讨。国务院发展研究中心举办的"中国发展高层论坛"，是我国政府开展经济外交、参与全球治理、传播和发挥中国国际影响力的重要平台。中国国际经济交流中心与美国全国商会联合举办的"中美工商领袖与前高官对话会"成为中美两国间的重要对话渠道。中国社科院国家全球战略智库与美国智库开展"中美智库联合报告"项目研究，促进了两国智库之间的深度交流。中国社科院国家金融与发展实验室围绕重大经济金融问题召开国际性研讨会，产生了大量成果。北京大学国家发展研究院与美中关系全国委员会进行"中美经济对话"，为"中美战略与经济对话"提供重要参考，很好发挥了智库在公共外交方面的重要作用。商务部国际贸易经济合作研究院举办"中国开放与发展论坛"，与会专家深度研讨中国对外开放的理论和实践问题。

随着中国国际地位的提升和学术影响力的增强，越来越多的高端智库专家担任国际组织重要职务。如中国石油经济技术研究院首席专家、原院长孙贤胜当选国际能源论坛第四任秘书长，此次当选成为中国在国际能源事务中话语权增强的重要标志。此外，中国现代国际关系研究院院长季志业担任上合组织睦邻友好委员会智库理事会主席，中国（深圳）综合开发研究院副理事长张晓刚担任国际标准化组织主席，等等，有力地提升了我国在这些组织中的话语权和影响力。

（二）以高度的道路自信、理论自信、制度自信、文化自信，在国际场合主动发声，大力传播中国文化和中国价值，积极参与国际规则制定，维护我国正当权益

2016 年 6 月 15 日，中国社科院国家金融与发展实验室理事长李扬作为主讲专家，参加了国务院新闻办有关中国债务问题的国内外媒体吹风会，以智库专家身份向中外媒体宣介中央方针政策。由智库向世界和公众宣讲国家大政，在中国尚属首次。国务院发展研究中心副主任隆国强等也应邀参加新闻发布会、国务院政策吹风会。国务院发展研究中心副主任王一鸣、国务院发展研究中心原副主任刘世锦、中国社科院副院长蔡昉等在中联部组织下出国宣讲"十三五"规划，介绍中国经济社会发展情况。

诸多高端智库专家在世界互联网大会、2015 年冬季达沃斯论坛、博鳌亚洲论坛、G20 杭州峰会等重要国际场合积极提出中国观点、中国倡议。仅 G20 杭州峰会期间，高端智库专家就接

受采访 100 多人次，发文 300 多篇。

针对所谓的南海仲裁案实体问题裁决，多个高端智库以鲜明立场作出响亮回应，或在国内外举办相关国际会议，或在中英文媒体上撰文发声，阐明中国南海主张、争取国际社会理解支持。在应对南海仲裁案中，武汉大学国际法研究所、中国社科院等高端智库先后在荷兰海牙、新加坡等地举办高规格的高端智库研讨会、对话会，戴秉国、赵启正、郑永年、易显河等政界知名人士和学界权威专家发表演讲，伸张正义主张、回应非法仲裁，在国际社会引发强烈反响，为我南海外交斗争作出了特殊贡献。

武汉大学国际法研究所积极参与国际规则制定，反映中国的利益诉求和主张，争取国际规则制定的更大话语权。2016 年，该所研究人员深度参与网络空间国际规则的讨论、多次参加海牙国际私法会议组织的《承认与执行判决公约》谈判、多人次参加联合国贸易法委员会 2016 年年会，均取得了一定成绩。

（三）不断拓展智库交流网络，与世界各国智库建立密切的合作交流机制，为我国国际问题战略应对和经济社会发展大局服务

由多家国家高端智库试点单位参与的"一带一路"智库合作联盟，为"一带一路"倡议在沿线国家的顺利开展发挥着积极的二轨外交作用。2016 年，"一带一路"智库合作联盟继续对"一带一路"沿线国家和域外国家所有智库开放，不断扩大朋友圈，

进一步传承和弘扬丝路精神，推动各国互利合作不断迈上新台阶。与此同时，国务院发展研究中心倡议成立的丝路国际智库网络，也在 2016 年继续为推动国际智库间信息、知识和成果共享，深入开展智库间国际合作作出积极贡献。中国社科院国家金融与发展实验室初步建立了与国外著名智库的学术联系，已经与美国、日本、韩国、英国等知名智库开展稳定合作。

四、现存不足与改进建议

国家高端智库试点工作开展以来，在出思想、出成果、出人才方面取得很大成绩，为推动全面深化改革作出重要贡献。同时也表现出一些不足，需加以重视解决。

高端智库体制机制改革，与中央提出的遵循智库发展规律和决策咨询规律，建立灵活高效的运行机制的目标仍有差距。智库自身在一些要害症结、"老大难"问题的解决上尚有改进空间，已经提出的部分改革构想仍有待进一步落实。

咨政研究"不管用""不好用"的现象仍然不同程度存在，尤其是部分智库自选课题的靶向性、时效性和有用性不够理想。这既有决策部门与智库之间信息不对称等外部原因，也与智库的问题意识、政策熟悉程度、前瞻眼光、战略思维等训练不足密切相关。

部分高端智库存在不同程度的人才结构不合理问题，特别是在研究人员专职与兼职、"走出去"与"引进来"相结合方面，在形成开放、竞争、流动的人才格局方面还有提升空间。

针对以上问题，我们建议：

坚持由易到难、稳妥可行的原则，以持之以恒、不畏繁难的决心，推进智库组织形式和管理方式创新。通过完善学术委员会制度、充分发挥首席专家领军掌舵作用、加快建立奖励激励制度和以成果质量及实际贡献为核心的智库评价指标体系等举措，进一步完善适应新型智库运转的体制机制。

着力提升服务决策水平，聚焦决策咨询研究这一中心任务，聚焦党和国家发展的全局性、战略性、前瞻性问题，深入开展应用对策研究。以认领的国家高端智库理事会重点课题作为研究工作重中之重，组织力量集中攻关，推出更多高质量、有价值的研究成果。

充分发挥国家高端智库理事会牵线搭桥作用，推动智库通过各种形式与决策部门建立对接关系，更多参与决策、更好提供服务。探索决策部门直接联系智库制度，促进每个决策部门与一家或几家智库形成相对固定畅通的对接机制。

建设高端智库，是从国家层面推动智库建设的重大实践，是党和国家重视知识、重视智力、重视知识分子的重要体现，是推进科学民主决策、推进国家治理体系和治理能力现代化的重大举措。通过高端智库建设，有效拓展了宣传思想工作服务党和国家工作大局的渠道和载体，充分调动了学界承担社会责任、致力知识报国的积极性和主动性，有力推动了中国特色社会主义事业智力支撑体系的建设和发展。实践充分证明，中央关于建设国家高端智库的决策是完全正确的。

（执笔：贾宇、王斯敏、曲一琳、张胜）

附　录

附录一
"中国智库索引"（CTTI）研制报告

为更好地服务中国特色新型智库建设、弥补我国智库数据管理和在线评价工具的空白，由南京大学中国智库研究与评价中心、光明日报智库研究与发布中心联合研发的"中国智库索引"(CTTI)，于 2016 年 9 月 28 日正式上线。为使广大读者和用户全面、深入了解 CTTI 有关情况，兹发布此研制报告。

一、研发背景

党的十八大和十八届三中全会要求加强中国特色新型智库建设，建立健全决策咨询制度，启动了智库建设的国家战略。此后，我国新型智库的发展迎来了一个黄金时期。

然而，直到目前我国还没有建立起一套完整的智库情况统计分析方法。科技部曾在 2011 年组织开展过一次"全国软科学研究机构统计调查报告"，统计结果是中国共有各类型软科学研究机构 2408 家。谢寿光、蔡继辉主编的《中国智库名录（2015）》登记了 1137 家智库（不包含港澳台）。2016 年 1 月上海社会科学院智库研究中心发布的《2015年中国智库报告》，认为中国的活跃智库有300余家。可见，对于中国到底有多少家智库，意见差别很大。缺乏智库统计指标体系是导致我国没有完整系统的智库统计数据的主要原因。这不仅不利于各级政府对辖区内建设中国特色新型智库发展态势的掌握，也影响各级政府在科学决策过程中对智库资源的利用，而且使我国的智库评估评价等智库管理和研究缺乏必要的数据支撑。

为了记录、保存、集成智库信息，美国哈佛大学肯尼迪政府学院图书馆提供了专门的"智库搜索"检索工具，对智库的检索，准确率几乎提升了一个数量级。Lynn John Hellebust 和 Kristen Page Hellebust 编辑出版的《智库名录：独立非营利政策研究机构指南》是美国智库研究的权威工具书。但是，肯尼迪政府学院图书馆的智库搜索没有自己独立的索引库，是谷歌为它定制的垂直搜索引擎。而《智库名录》只记录智库基本信息，包含了13个字段。

为解决全面描述、全面收集智库数据，提供数据整理、数据检索、数据分析、数据应用的功能，南京大学中国智库研究与评价中心联合光明日报智库研究与发布中心开展了"中国智库索引"（CTTI）的研究开发工作。2015年6月成立了以李刚教授为主持人的课题组，系统研发经历三个阶段。2015年6月至10月属于第一阶段，完成了系统需求分析、字段设计，确定了系统设计的基本思想，明确了系统架构设计。在10月18日由光明日报理论部和南京大学共同主办的"新型智库机构评估与治理创新专题研讨会"上发布了 CTTI 的中期研究成果，被业内视为 2015 年智库界十大事件之一。2015 年 11 月至 2016 年 6 月属于系统开发的第二阶段，完成了 CTTI 的系统开发。2016 年 7 月至 9 月属于第三阶段，这一阶段完成了系统环境部署，上线内测，以及委托第三方测试系统安全性等工作。9 月 28 日上线发布，可以开放给被收录的来源智库录入数据。

二、目标与设计理念

CTTI 的基本目标和需求有三个。第一，对新型智库的各要素进行准确"画像"，力求全面准确描述和反映智库的基础信息、人员、成果、活动、影响力等诸方面的情况。第二，以完备的字段作为支撑，以多角度查询的方式全方位展示查询结果，实现对智库机构从内部架构到外部活动、从人员组成到成果发布的立体式展示。用户（政府、企业事业单位、社会团体等）有大量的政策研究、咨询需求，但是它们未必知道谁是最恰当的解决方案提供者，而智库也经常处于任务不足，不知道客户在哪里的情形。CTTI 设计目标之一就是解决这种信息不对称情况。第三，为新型智库评估评价提供针对性的基础数据。

根据基本目标，课题组确定了相应的设计理念和设计要求。

第一，智库"画像"和专家"画像"必须全面准确，要从多个维度对智库和专家各要素进行描述，字段设计宁可冗余，也不能出现有数据而无对应的字段的情况。

第二，把这一在线大型数据库设计成为一个智库的"垂直搜索引擎"（专业搜索），实现对智库各种信息的智能分析，快速准确检索到目标信息。比如某机构发布需求需要寻求计划生育方面的研究专家，那么我们就可以锁定研究领域为计划生育的专家，根据对他们年度成果、活动的评价，进行排名选择。

第三，对接智库评价的新理念。CTTI 不是单纯的智库数据管理系统，还有智库评价，这是后期数据应用的主要目的之一。对于智库评价，目前主要有两种方式：一是影响力评价，比如上海社科院的评价体系；二是资源—绩效评价，比如麦甘的《全球智库报告》，中国社科院的 AMI 全球智库综合评价模型也属于资源—绩效评价。它们的共同点是都属于"分值评价模型"，根据分值（这个分值可能来自专家问卷，也可能来自一些定量数据）的大小进行排名。大部分排行榜都只取少数几个因素来排名。我们在设计 CTTI 的时候，考虑到构建的评价模型必须是一种多因子评价模型。CTTI 评价因子不是几个，而是几十个甚至上百个。另外，CTTI 评价模型是一种学习模型，具有智能分析评价的特征，不是简单地算一个分值，给出排名，而是具备自主根据评价对象的不同，自动进行权重赋值。CTTI 评价模型也不仅是一个模型、一个算法，而是准备开发出一组模型、一组算法，根据不同的评价目的调用不同的算法，这样可以使评价更具针对性和个性化。为了实现评价上的突破，CTTI 的设计理念也将不断追求更新与突破。

第四，确保数据安全，争取达到准金融数据安全级别。CTTI 由底层数据库和顶层应用系统两部分组成。为达到 CTTI 的预期目标，在进行框架安排和功能设计时，采用底层数据库字段做加法，顶层功能设计做减法，后台管理系统做加法，前台应用系统做减法的设计思想。一方面使得 CTTI 的数据字段和数据库设计较为完备，另一方面使其顶层功能和前台应用可面向未来需要做灵活扩充。

从用户角度区分，CTTI 的应用系统分别是检索模块、机构应用模块、专家应用模块以及后台管理模块。

三、数据库设计

CTTI 的数据库设计面向智库信息检索和管理的需求，力求全面收集智库机构、专家、产品和活动的所有信息。CTTI 的数据库部分的设计目标是，将现在和未来所有可能汇集到的智库数据都能够分门别类地存储进数据库。为了达到这一目标，CTTI 数据库的设计采用"加法"思想，即前期通过开展智库普查以多次手工收集数据的方式实现对我国现有所有类型的智库、专家、产品和活动的全覆盖。通过充分调研，将 CTTI 的数据库划分为机构数据库、专家数据库、机构产品数据库和机构活动数据库四个数据库子集。

（一）机构数据库

机构数据库子集面向智库机构索引需求，包含机构自然概况、社会联系、机构影响力等总共 50 个大类 305 个字段。

（二）专家数据库

专家数据库子集面向智库专家索引需求，包含专家自然概况、任职经历、身份、成果、荣誉、影响力等总共 36 个大类 238 个字段。其中影响力数据包括官方网站、搜索引擎显示度、微博等 13 类社会影响力数据，内参、报告和批示等 3 类政策影响力数据，论文、期刊、项目等 5 类学术影响力数据。

（三）产品数据库

产品数据库子集面向智库产品索引需求，将智库产品进一步细分为报告、电子出版物、论文、内参、期刊、其他出版物、时事通讯、视频资料、图书、项目等 10 个大类共计 234 个字段。

（四）活动数据库

活动数据库子集面向智库活动索引需求，将智库的活动细分为会议、培训、调研考察以及接待来访四大类，共计 94 个字段。

为确保数据规范性，CTTI 采用数据字典的方式，对学科门类、地区代码、民族代码、会议级别等 81 项内容进行了规范化汇总，由系统管理员维护。需求发布和查询是 CTTI 的一个应用功能，该功能面向机构用户，以满足人员招聘和课题招募的需求。该功能由一个单独的数据库作为支撑，独立于上述 4 个数据库之外。除此之外，CTTI 作为一个完整的检索系统还包含代码对照表、关系映射表等数据库建模所必需的辅助文件，在此不做赘述。

四、任务流程设计

以强大的数据库为支持，面向未来的增量需求，CTTI 具备了完成多种任务的可能。就现阶段的需求而言，CTTI 系统内部实现了三个任务流程：数据处理流程、检索流程和后台管理流程。下面将展开详细描述：

（一）数据处理流程

该流程主要完成的任务包括数据的录入、修改、审核、发布和维护。其中"数据"既包括前文所述的机构、专家、产品和活动数据，也包括新闻、需求信息等周边数据。数据来自手工收集的网络或纸质信息源。

在数据处理流程中，机构用户和专家用户可通过不同的入口登录系统，录入对应字段的数据。这些数据经系统管理员审核后发布或开放检索。系统管理员拥有审核权和数据管理的最高权限。对于审核后的数据，所有系统用户和访客都可以直接检索查询。

（二）检索流程

检索流程包括机构检索、专家检索、产品检索、活动检索、需求检索以及综合检索等六类任务。CTTI 支持模糊查询和多条件查询。多条件查询只需以空格分隔条件即可，与常见搜索引擎使用方法一样。其中，综合检索是前五类检索的"或"操作。对于这五类检索任务，CTTI 均提供对检索结果的二次筛选功能。筛选可选项如图 3 所示。每项筛选项下设若干个条件，可通过勾选完成筛选。对于机构和专家的检索，CTTI 提供按字母索引，以便于快速查找。CTTI 最终检索结果包括结果列表和相关结果两部分。结果列表是指符合检索条件的所有条目的列表。结果条目按照命中权重即检索字段匹配率从高到低排序。

（三）后台管理流程

后台管理流程只对系统管理员开放，包括用户注册和身份管理、日志管理、参数设置、新闻发布、统计分析、数据管理和审核等。

五、自主创新

CTTI 不是对西方某个成熟产品的模仿，它的设计理念、功能布局、数据采集机制、评价机制等都是自主提出的。体现在以下几个方面：

第一，CTTI 建立了共建共享的数据采集机制，重视数据的客观性和准确性。CTTI 的数据采集有三种形式：依靠来源智库和专家自主填报、南京大学中国智库研究与评价中心手工收集、网上数据自动抓取。目前第一种方式是主流，数据由智库机构管理员或者专家本人录入，提交给 CTTI 后台审核，每一条数据都经过后台审核准确无误才提交到数据库。这种数据采集机制表面上人工投入巨大，实际上由于采用了时下最流行的"众包"（众筹）模式，数据共建共享，数据采集成本分摊到每一个参与者，反而是比较低廉的。由于是人工模式，数据的准确性和客观性大大增强。为减少人为干扰影响力数据的情况，CTTI 每个智库每个专家的影响力数值除后台管理员填报的少数字段外，都是根据填报的数据自动计算出影响力数值。

第二，CTTI 的用户界面设计和用户体验达到了同类产品的前沿水平。比如，CTTI 允许几百上千人同时录入数据。由于现代科研中合作研究是一种常态，那么一定会出现同一篇文献不同专家不同智库先后录入各自名下这种场景。那么在 CTTI 中录入数据时，只要出现关联数据，系统就会自动拉取原来存在的数据，让最近的录入者修改补充。这样不仅杜绝了雷同数据，而且节省了数据录入量。再比如 CTTI 在数据录入界面设计了大量醒目的按钮，用户可以随时保存、修改、调用数据，杜绝了因误操作丢失数据的情况。另外，CTTI 几乎为每个字段都提供了数据录入提示语，提示语不仅解释了字段的含义，而且给出了示例。这样数据录入人员无须查阅系统说明书就可以知道如何准确地录入数据。

第三，CTTI 系统和数据安全性达到了准金融数据安全级别。在部署方案上，CTTI 将应用服务器与数据服务器分开部署，采用内外网隔离的方案，公网用户只能访问应用服务器，无法直接访问到数据服务器，保证了数据的安全性；在通信协议方面，CTTI 使用 https 的 SSL 加密协议，保证所有请求数据在传输的过程中都是加密的，防止攻击者通过拦截、篡改请求内容非法访问系统；由于 CTTI 收录的数据众多，为了防止系统数据被轻易窃取，CTTI 在反扒网方面也做了应对设计，采用了 B/S 架构并以科学的权限设置和角色分配保障信息的可用性和可控性，一般访客访问系统只能查询到最基本的数据，无法看到系统的全貌，后续我们也将对客户端 IP 访问频率增加限制，避免出现非人为操作的破坏性攻击。

第四，CTTI 创新了用户分层服务模式。CTTI 的用户有需要利用智库的党和政府的政策研究机构，有负责智库注册、指导的民政局、宣传部等部门，有智库管理员和专家等机构内部用户，有大学、科研院所等学术单位，有报刊、网站等媒体，有各种企业等营利部门，还有一般的公众。CTTI 设计了分层服务方案，根据不同层次的用户访问到的数据层次和类型不同，给予针对性的服务。比如，各种统计图标、统计工具在设计时就充分考虑了行政管理部门的需要。在数据的呈现与导出方面，充分考虑了智库的需要，智库和专家可以方便地在 CTTI 中进行数据管理与导出。又比如为了方便系统管理员的风险应急管理，CTTI 提供了瞬间关闭某一个智库全部数据而不影响其他智库数据的功能。这样即使个别智库数据出现敏感问题，也不需要关闭整个系统。

第五，CTTI 在一定意义上建立了中国特色新型智库的统计指标体系和元数据标准。全部 871 个字段实现了对智库基本信息、专家信息、成果信息、活动信息的各种属性的全面覆盖，给出了立体的智库各要素画像。这些数据字段可以成为今后其他智库系统开发的元数据。

可以预见，CTTI 将对我国哲学社会科学研究领域产生重要影响，对我国哲学社会科学界开展以问题为导向的研究起到强有力的辅助和促进作用。CTTI 的成功上线填补了我国智库数据管理和在线评价工具的空白，为我国智库评价工作提供了基础数据，理清了新型智库评价这项集机构评价、成果评价、人员评价以及活动评价的复杂工作的头绪，并引导这项工作趋于理性和客观。但是，目前 CTTI 推出的毕竟是测试版，使用过程中还会出现不少问题，甚至错误。我们欢迎智库界和用户对 CTTI 提出宝贵意见，以便在二期开发中采纳改进。

（南京大学中国智库研究与评价中心、光明日报智库研究与发布中心联合课题组，执笔：李刚、王斯敏、关琳、丁炫凯。原载《光明日报》2016 年 9 月 28 日智库版）

CTTI 智库测评是以第三方身份对智库机构运用资源方式的能力和效益进行的过程—结果导向型评价。在项目实施过程中，课题组确立并遵循以下几点基本原则——

实施评价的目的是为智库提升管理质量提供专业服务，而不是生产治理权和话语权；评价是对话交流的过程，而不是训导与规范；评价是基于数据的系统分析，无法获得数据的智库不在评价范围之内；评价过程必须公正公开，结果可核查可重复，及时回应社会问责；尊重机构的商业秘密、保护个人隐私、严守国家秘密的安全底线；一切为了公共福祉，以非营利的形式传播评价结果。

一、RPA 智库测评指标体系及赋值

课题组确定了 4 个一级指标和 19 个二级指标，4 个一级指标分别是 M（治理结构）、R（智库资源）、P（智库成果）、A（智库活动），命名为智库 MRPA 测评指标。MRPA 属于结果导向的

智库效能测评体系，可以用资源占用量、资源的运用效果两大维度来测评智库。

对 **MRPA** 二级指标赋值考虑了以下几点情况——

对智库结构的测评只考察内部管理机构是否存在，而没有考察这些机构运转是否正常。这符合我国新型智库还未充分发展的现状，对已经被列为国家高端智库者，给予一定分值的特别赋值。

将网站等看作智库的基础设置。考虑到我国大多数智库对网站建设和社交媒体运用不够重视，因此，该指标只是根据网站和社交媒体的有无来赋值，暂不考虑质量的优劣。

在各类智库成果中，专家普遍认为内参、批示和研究报告是反映智库决策影响力的主要指标，因此给予相对较高的赋值。

高层次、高水平的论坛和会议是智库发挥影响力的重要途径，也是智库区别于传统研究机构的重要特征，因此，指标体系给予智库活动成果较为重要的地位。

调研考察是具有中国特色的智库研究方法，因此，指标体系对此类活动也给予较高的赋值。

MRPA 智库排序共 11 个，分为数量指标排序和效能指标排序两类——

一是数量指标排序。智库资源（**R** 值）的排序依据是智库的年度预算（R1）、研究人员（R2）、行政人员（R3）、网络资源（R4）4 个指标赋值的算术和。智库成果（**P** 值）的排序依据是单篇内参（P1）、被批示内参（P2）、智库主办／承办期刊（P3）、图书（P4）、研究报告（P5）、中央主流媒体理论文章（P6）、论文（P7）、纵向项目（P8）、横向项目（P9）9个指标赋值的算术和。智库活动（A值）的排序依据是会议（A1）、培训（A2）、调研考察（A3）3个指标赋值的算术和。

智库综合测评 T（n）的排序规则是 T（n）=R + M + P + A，即资源、管理、成果和活动4类指标赋值的算术和。以上4种排序反映了智库的资源总量和产出总量，描述了每个智库的资源和产出在 CTTI 来源智库中的相对位置。智库在4个排序中的差异性反映了智库的个体性特征。

二是效能指标排序。效能是指智库的能力和效率，智库能力是对智库的资源配置策略是否合理、管理能力是否具备以及智库的组织制度和组织文化发育是否完善的综合反映；而智库效率则是指智库用最集约的时间、资本、人力使产出最大化的能力。在给定资源总量的情况下，智库的成果和活动产出越大则智库效能越高。在本报告中，资源包含了专家、行政、预算、网络四类，智库产出并不是这四类资源简单组合的结果，而是这四类资源复杂整合运用的结果。

二、MRPA 智库专家排序规则

专家是智库机构的生命力所在。MRPA 智库专家测评指标分为三类，分别是专家个人研究成果（P 值）、专家个人活动（A 值）和荣誉奖励（H 值）。MRPA 智库专家绩效用 Ep 表示，绩效是三类指标赋值的算术和。

$$Ep=P1 + P2 + P4 + P5 + P6 + P7 + P8 + P9 + A1 + A2 + A3 + H$$

大学智库指数排序规则

一般而言，如果一所大学从事战略研究和政策研究的院系和科研机构越多，它的智库能力就越强。不难发现，经济学院、政府管理学院、国际关系学院、法学院等特色院系实力比较强的大学在智库能力和智库影响力方面也相对越强。大学智库指数就是对大学的智库能力和智库影响力的描述和评价。

CTTI 大学智库指数是把来源智库中直属于同一所大学的各个智库的综合测评分值进行求和，得出该大学的智库总值，定义该值为 Uts。在计算过程中，将 Uts 的最大值标记为 maxUts，以所有其他大学 Uts 平均值除以 maxUts 所得比值一定小于等于 1，将此比值乘以 100 所得到的就是该大学智库指数，即 indexUT。

$$indexUT=Uts/maxUts \times 100$$

MRPA 测评系统

MRPA 测评系统是 CTTI 系统后台的一个系统，它包含智库排序、专家排序、大学智库指数排序 3 个子系统。智库排序既可以进行综合排序，也可以进行分类排序。专家排序和大学智库指数排序也是如此。此外，MRPA 测评系统还有查询功能和数据统计分析功能，不仅能够准确定位智库和专家，而且可以统计出每个智库 MRPA 指标 60 个得分点的得分情况和每位专家 MRPA 指标 48 个得分点的得分情况。

课题组将 MRPA 测评系统指标项分值设计成可调整的参数形式，使得评价主体（可能是智库管理部门、研究者、有特定需求的用户）可以根据不同的目的调整指标赋值，从而得出个性化的排序结果。

中国特色新型智库建设尚处于探索期。以高校为例，特别是普通高校，每家高校最终入选的智库一般只有 1—2 家，母体高校往往是举全校之力来办好这 1—2 家智库，发挥了"图钉效应"，使得这些智库在全国智库界崭露头角。即便如此，321 家完成数据填写的智库共拥有研究人员 7443 名（包含全职和兼职），平均拥有研究专家 23 人，即每家智库平均 20 人，剔除 60％的兼职人员，每家智库全职研究人员不足 10 人。美国智库研究人员人均经费是 20 万美元，以此为标准推算，CTTI 来源智库的年度预算应为平均每家 200 万元人民币，由此可见，我国新型智库规模偏小，尚处在起步阶段。

从活动产出来看，完成数据填写的 321 家来源智库在 2015 年至 2016 年两年间共举办和参与了包含会议、培训、调研等在内的各类活动 7127 场，平均每家智库每年 11 场、每月不到 1 场活动。两年间，321 家智库共产生各类研究成果 32866 项，平均每家智库产出 102 项，平均每位研究人员产出 4.41 项研究成果，平均每人每年 2.4 项。因此，从智库的效能来说，新型智库科研生产率相对较低。

总之，无论是规模还是质量，中国智库还有很大的成长空间。令人振奋的是，中办、国办印发的《关于加强中国特色新型智库建设的意见》已经获得我国智库界广泛认同，在党和国家高度重视、大力支持下，各级各类智库也已经打下了较好的基础，形成了良好的开局，相信随着中国特色新型智库建设的提质与深化，一个共商、共建、共享和公开的新型智库共同体也将稳步形成。

（南京大学中国智库研究与评价中心、光明日报智库研究与发布中心联合课题组，执笔：李刚、王斯敏。原载《光明日报》2016 年 12 月 21 日智库版）

附录三
"中国智库索引"（CTTI）首批来源智库及遴选过程

　　经过为期一年半的调研、设计、研发与数据收集，"中国智库索引"（CTTI）产生了首批来源智库名录。

　　CTTI 是国内首个智库垂直搜索引擎和数据管理平台。CTTI 包括机构数据库、专家数据库、机构产品数据库和机构活动数据库四个数据库子集。自 2016 年 9 月 28 日 CTTI 上线并向被收录来源智库开放端口录入数据以来，截至 2016 年 12 月 12 日零点，已收录来源智库 489 家，拥有专家数据 7443 条、智库活动数据 7127 条、成果数据 32866 条，每条记录平均内含数据点 20 个，合计数据项 98 万个。这是目前国内体量最大的、具有完整知识产权的智库垂直搜索引擎和数据管理平台。

　　需要说明的是，为了及时跟上智库发展的速度与规模，不断提升智库名录的科学性与完整性，CTTI 来源智库名录计划每两年大规模调整一次。首批来源智库的有效期为 2017 年 1 月至 2018 年 12 月，下一次调整将于 2018 年 9 月左右启动。为使遴选过程公开化、透明化，本文特将遴选原则、遴选步骤及相关情况作一介绍。

一、遴选原则：可信赖数据仓理念与七项参考指标

CTTI 旨在为党政机构、学术界、媒体界和公众提供真实和优质的智库机构信息和严谨的专家信息，减少用户识别数据的成本。因此，在来源数据定位上，CTTI 采取了可信赖数据仓理念，该理念主要体现在两个方面：一是精选来源智库，把质量较差、建设不规范的智库，或者不属于智库的机构排除在外；二是用人工审核的方式审核来源智库填报的每一条数据，确保数据符合基本的标准。

来源智库是其他关联数据的唯一关联客体。一旦某一智库被遴选为来源智库，那么和该智库关联的专家、成果、活动及影响力数据将会被全部无条件采集进入 CTTI 系统。相反，即使某位专家非常著名，但如果该专家不属于任何一家来源智库，便不会被 CTTI 收录。

来源智库是精选后的智库，是中国境内专注于战略、公共政策研究与咨询的非营利性机构。由于历史原因，来源智库中也包含了少量以企业等法人性质注册的机构，但是这些机构都以战略研究、公众政策研究与咨询为主营业务，并表现出强烈的社会责任意识。

在精选、真实、权威、可信赖的遴选原则指导下，CTTI 遴选工作组征求了部分业内专家的意见，提出了"来源智库遴选参

考指标"。该指标体系分为政治要求、学术基础、领域要求、组织形式、资源保障、运行与成果、国际合作与交流 7 类，其目标是把长期关注政策研究，且有一定学术基础和基本资源保障的智库遴选出来。此外，该指标设定了非强制性的量化数据指标，供各推荐单位参考使用。

二、遴选过程：摸底、推荐、评审、审核

第一步，全国智库机构摸底调查。南京大学中国智库研究与评价中心（CCTTSE）在网上调研了 2000 余家智库，对智库的网络影响力进行了专题研究，研究成果《中国智库网络影响力评价报告》在 2016 年 7 月 13 日光明日报《智库》版进行了专题发布。通过这次研究，CCTTSE 掌握了我国有正式官方网站的智库名单。CCTTSE 仔细研究了教育部重点研究基地的名单，对其中具有智库功能的基地进行了深入研究。此外，CCTTSE 还对各类智库研究报告和智库名录进行了深入剖析，基本上掌握了我国智库的整体情况。

第二步，委托有关机构推荐来源智库。各省区市及新疆生产建设兵团来源智库推荐，是由光明日报智库研究与发布中心委托各地宣传部智库主管部门（哲学社会科学规划办或者理论处）开展的。高校系统，委托各高校社会科学管理部门推荐，一般每个学校不超过 5 家，教育部重点社科基地由于基础好且大多是实体

性机构，因此优先入选。第一批国家高端智库试点单位直接收入。中央部委智库原则上每个部委不超过2家。中央部委下属智库和社会智库是由光明日报智库研究与发布中心征求各方意见后遴选出来的。

自2016年7月15日到9月28日，遴选工作持续了2个多月。光明日报智库研究与发布中心和各省区市宣传部有关部门反复联系协商，得到全国除港澳台外31个省区市及新疆生产建设兵团推荐的智库名录496家。由各种渠道推荐上来的候选智库共计780家。

第三步，业内专家评审。课题组邀请了200位智库实务界（主要是各智库的负责人）、智库研究圈和智库媒体的专家，组成在线评审专家团，对候选池中的智库进行了在线选择。

第四步，在线数据审核。课题组向通过推荐关、评审关的500余家智库发出了初步入围通知，并邀请入围智库在线填写数据。明确拒绝入围或虽然入围但未提供任何数据且无法联系到的智库，不予列入正式来源智库名单。

经过以上各环节的工作，课题组最终确定入选的CTTI来源智库共计489家，并为正式入选的智库颁发证明文件。

截至2016年12月12日零点，已经有321家来源智库填写了较为完备的数据，占入选智库总数的65.24%。一些智库未及时填写数据，其原因主要是自身体量太大、需要填写的数据太多等，这些智库都表示将尽快完善数据填写工作。

三、来源智库数据分析

来源智库地区分布。根据地域统计表（表一）可知，北京、上海、江苏占据入围智库的前三名。其中，北京作为科研重地，中央部委众多、高校云集、研究力量雄厚，共有 171 家机构入选，占所有入选机构的 34.97%；此外，广东、湖北、陕西、湖南等地也是智库较为集中的省份。由此可以看出，来源智库的地区分布和我国科教资源的分布大体一致，这说明我国智库具有较强的科教属性。

来源智库的类型分布。根据智库类型统计图（图一）可知，在 489 家来源智库中，高校智库 254 家，占 51.943%；党政部门智库 66 家，占 13.497%；社科院智库 46 家，占 9.407%；党校行政学院智库 44 家，占 8.998%；社会智库 36 家，占 7.362%；媒体智库 11 家，占 2.249%。高校学科实力雄厚、具有人才优势，因此占据来源智库的"半壁江山"。自 1999 年以来，教育部在全国 66 所高等学校相继设立了 151 个人文社科重点研究基地，经过多年培育，这些基地大多成为各大高校实体化运行的研究重镇，其中部分基地原本就发挥着智库作用，为党和政府提供了大量决策咨询服务。随着智库意识的加强和社科研究问题导向的确立，人文社科重点研究基地和部分 2011 协同创新中心呈现出"智库化"的趋势。党政部门智库大多是为中央部委提供决策咨询的事业单位，是我国智库共同体的主力和核心。此外，社会智库和媒体智库的异军突起令人欣喜，这充分说明了我国智库共同体的结构愈加合理，丰富多样的政策思想供给体系已初步形成。

由于诸多主客观条件限制，此名单在完善性、科学性上还有一定改进空间。但在智库管理界、智库界、智库研究界的共同努力下，我们迈出了中国智库"摸清家底"的第一步。因此，我们可以自豪地说：中国智库说不清多少大小、找不到"家族名单"的时代正在过去。相信经过一段时间的完善与培育，这一名录将会基本呈现中国智库的真实状况与整体生态。

表一 "中国智库索引"首批来源智库地域统计

地区	数量	地区	数量	地区	数量
北京	171	安徽	6	重庆	10
天津	10	福建	9	四川	12
河北	11	江西	7	贵州	3
山西	1	山东	10	云南	5
内蒙古	4	河南	3	西藏	4
辽宁	6	湖北	17	陕西	17
吉林	11	湖南	26	甘肃	6
黑龙江	4	广东	18	青海	3
上海	52	广西	3	宁夏	4
江苏	35	海南	8	新疆	2
浙江	11				

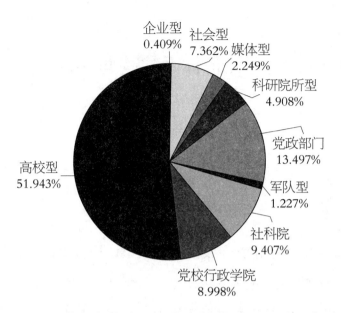

企业型
0.409%

社会型
7.362%

媒体型
2.249%

科研院所型
4.908%

党政部门
13.497%

军队型
1.227%

社科院
9.407%

党校行政学院
8.998%

高校型
51.943%

图一 "中国智库索引"首批来源智库类型统计图

（南京大学中国智库研究与评价中心、光明日报智库
研究与发布中心联合课题组，执笔：李刚、王斯敏。原载
《光明日报》2016年12月21日智库版）

附录四
智库网络影响力评价体系建构与实证

智库影响力是指其在设置确定政策议程、提供政策建议、进行政策教育传播、推进公共外交、监督评价政策执行等过程中体现出来的改变他者思维或行为的力量，其影响对象可以是政策制定者、精英群体和公众舆论，也可以是国内外政策过程环境。

"互联网＋"时代，随着互联网成为信息传播的主要媒介，智库综合影响力与智库在虚拟空间的影响力正逐渐趋同，现实世界思想传播与网络虚拟空间思想传播的界限也逐渐模糊，智库网络影响力已成为衡量智库综合影响力、竞争力的重要指标之一。因此，本研究开创性地提出网络影响力评价模型，并将其应用到智库影响力传播这一具体实践中。具体而言，智库网络影响力是指智库的资源和能力在网络空间中对他者的劝说能力和支配能力，本质上是一种软性的、教化的、理性的"权力"或者"实力"。

在上海社会科学院发布的《2015 中国智库报告》、中国社会科学院发布的《2015 全球智库评价报告》和美国宾夕法尼亚大学（以下称为 U Penn）《全球智库报告 2015》中，智库影响力评价指标存在着一定差异，学术界对其评价结果也存在争议。因此，引入智库网络影响力概念及定量方法，有助于智库评价研究工作进一步深入，是对现行智库评价工作的有益补充。

一、智库网络影响力 RSC 雪球评价模型

（一）评价指标体系

智库网络影响力评价指标体系由三部分构成，分别为智库的网络资源指标 R（Resources）、智库网络传播能力指标 S（Spread）和智库网络交流能力指标 C（Communication），我们称之为智库网络影响力评价的 RSC 雪球评价模型。

智库网络资源指标包含资源的量和质两类指标。资源指标不仅要反映智库网络传播的内容总量，而且要反映智库在网络世界中的表现、品牌与声望。根据信息计量相关理论，智库网络资本指标包括智库在网络中的显示度、社会化媒体资源多寡、学术理论水平、在新闻媒体中的曝光率、网络资本（反映了智库自身拥有的资源大小和在网络中的网络地位资本）。具体包括：

1）网络学术 H 指数：智库思想产品被引用指数，代表被认可、推荐的程度。H 指数是有关引用情况度量的指标。

2）社会化媒体文章数：智库在社交媒体上发表文章数量，

主要包括社交网站、微博、微信等。

3）网络显示度：智库在网络中被利用的潜在可能性，反映智库在网络中的影响力和受关注程度。

4）网络新闻显示度：智库在新闻媒体中的曝光率。

5）网络入度和网络出度：点度中心度指标反映智库在社会网络中具有怎样的权力，或居于什么样的中心地位。网络入度和网络出度共同反映智库网络资本大小。

智库网络传播能力指标：媒体性是现代智库的基本属性之一，也是智库和纯研究机构的主要区别之一。智库利用自己的实体资源和虚拟资源在网络空间中影响决策者和影响公众的能力就是其网络传播能力。该指标包括智库网站网络总链接数、网络入链数和网络内链数，代表了智库资源被访问情况和资源的利用情况。

1）网络总链数：是指智库网站在网络中被链接的总数量，包括自身链接和其他机构网站所链接的数量。

2）网络入链数：智库网站在网络中被其他网站所链接的数量，它源于引文分析中的被引次数，在网络中将链接等同于引用，代表被推荐或被认可。

3）网络内链数：指智库网站在同一域名下的内容页面之间互相链接。

4）社会化媒体文章阅读量：指一段时间内在社交媒体上发表文章引起公众阅读的次数。

5）社会化媒体文章点赞量：指一段时间内在社交媒体上发表文章引起公众阅读并点赞的次数。

智库网络交流能力指标：智库网络传播能力主要是单向影响关系，而交流能力则是双向交换和互动关系。它体现了智库吸纳、沟通、交换、交互的能力。这种交流交互能力在网络中体现为一种结构关系，反映智库网络地位。网络影响因子、网络使用因子分别代表在网络中被他者使用情况和使用网络中其他资源的能力，共同反映了智库在网络中的交流、协同创新能力。

1）网络影响因子：反映智库在网络中被其他网络成员利用程度。具体为在指定时间内指向某一国家或网站的外部入链和内部入链网页数的总量和与该国家或网站内部的网页数的比值。

2）网络使用影响因子：也叫出链网络影响因子，它反映一个国家或网站的网页指向其他网页的能力的分布情况，该值越高说明网站利用其他网络信息资源的程度越高，相应该网站的信息量和质量也就可能越高。

3）社交媒体文章转发率：指一段时间内在社交媒体上发表

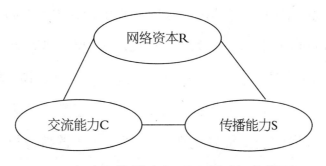

图 1　智库网络影响力 RSC 雪球评价模型

文章引起公众阅读并转发的次数。

RSC 评价指标体系通过资源 R、传播能力 S、交流能力 C 三类指标共同反映智库网络综合影响力。在 RSC 雪球评价模型中，三类指标分别代表雪球在空间中的三个维度，当智库在三个维度上不断"滚雪球"时，其网络影响力就会不断增强；当智库仅在一个或两个维度上"滚雪球"时，雪球就变得长条化或扁平化，其影响力必然受到影响；当智库不再滚动雪球时，雪球便不再变大，影响力逐渐消失。

（二）价指标数据测度方法

智库网络影响力的指标所需数据全部来自公开信息源，涉及链接分析、社会网络分析、学术引用、社交媒体等多方面数据。

对于链接分析数据，利用搜索引擎和相应的检索命令获取数据，辅以 Alexa、Open Site Explore、链接检测工具、SEO 插件、搜索引擎管理员等第三方工具，采集了链接分析数据。链接指标包括智库网站的入链数、出链数、内链数、总链数、网络影响因子、网络使用因子、网站规模 6 项。利用站长工具（网址：http://seo.chinaz.com/）获取反链数、出链数，利用谷歌搜索引擎使用检索命令获取网站规模、入链数、内链数、总链数相关数据。

对于社会网络分析数据来说，点度中心度是用来衡量网络中节点在网络中重要程度的概念。利用上述链接分析获取的数据——网络反链和网络出链数分别计算智库点度中心度的入度和出度，公式如下：无向图中绝对点度值中心度公式：的度数；无向图中标准化点度值中心度公式：C_{RD}（i）=C_{RD}（i）／（n-1）。

对于学术引用数据来说，利用学术软件 Publish or Perish，以 Google Scholar 为统计源，对可以反映智库学术水平的指标数据进行统计收集。

对于社会化媒体数据部分，可通过监测智库机构公众号的方式获取相关原数据，目前通过"新媒体指数平台"（http://www.gsdata.cn/）进行数据收集。

二、网络数据综合分析与评价结果

（一）智库样本来源

选取 68 个国内典型智库作为评价对象，选择来源主要有以下六个：

1. 2015 年 U Penn 全球智库综合排名中入选的中国智库；

2. 2015 年上海社会科学院对我国智库排名中的全部智库；

3. 2015 年中国社会科学院全球智库排名中入选的中国智库；

4. 2015 年四川社会科学院对我国智库排名中的全部智库；

5. 2014 年零点咨询集团对我国智库排名中的全部智库；

6. 2015 年入选的 25 家首批国家高端智库。

将上述智库名单汇总，然后除去不符合我们定义的智库机构及自身没有网站的智库，再经去重后共余下 68 家综合性智库作为样本。

（二）数据分析方法

评价权重是指对评价对象而言各评价指标的相对重要程度。权重的确定分为主观赋值和客观赋值法两类。主观赋值法是按照评价的导向，相应地增加这方面的指标权重，以利于引导其他智库机构的努力方向，这种赋值方式主要由组织评价的机构来为各个指标主观设定权重。客观赋值法是根据事物的客观实在表现，设定权重时尽可能客观地展现事物本来状态。定量的方法属于客观赋值法，其原始数据由各指标在客观现实中的实际数据中形成，可以根据指标间的相关关系或变异系数来确定权重大小。这类方法可以克服人为因素的干扰，不依赖于主观判断，通过考查、分析各指标之间的相互关系，根据事物的原始信息数据确定权数大小，使评价的结果尽可能客观、精确。本研究使用 SPSS20 中的因子分析法对各项指标数据进行分析，对样本数据采用客观赋值法中的因子分析法进行权重设定，根据因子分析算法计算各机构网络影响力综合得分。

依据上述评价指标及其数据获取方法采集指标数据，数据采集时间为 2015 月 5 月。将样本数据导入 SPSS20 进行分析，得出各因子的方差贡献率：

表 1　各因子的方差贡献率

成分	初始特征值			提取平方和载入			旋转平方和载入		
	合计	方差的 %	累积 %	合计	方差的 %	累积 %	合计	方差的 %	累积 %
1	3.611	36.114	36.114	3.611	36.114	36.114	3.592	35.920	35.920
2	2.099	20.991	57.105	2.099	20.991	57.105	2.077	20.774	56.694
3	1.260	12.603	69.707	1.260	12.603	69.707	1.301	13.013	69.707
4	.910	9.099	78.806						
5	.802	8.017	86.823						
6	.695	6.952	93.775						
7	.430	4.297	98.071						
8	.165	1.652	99.723						
9	.021	.212	99.935						
10	.006	.065	100.000						

提取方法：主成分分析。

由表 1 可以清楚看到，因子分析共萃取出了三个因子，第 1 个因子（R）的特征根值为 3.611，解释原有指标总方差的 36.114%；第 2 个因子（S）的特征根值为 2.099，解释原有指标总方差的 20.991%；第 3 个因子（C）的特征根值为 1.260，解释原有指标总方差的 12.603%；三个因子共解释了原有指标总方差的 69.707%。

在因子分析法中，因子变量构造最终体现为因子得分，基本思想是利用原有变量的线性组合结果来揭示内含的因子变量，即：通过因子得分函数来计算可以看作变量权数总和的因子得分，变量对因子的重要程度通过权数的大小表示。在各智库机构评价指标相关原始数据的基础上，根据上述因子分析结果，将因子变为变量的线性组合进行回归，得到各因子得分，进而利用因子贡献大小得到因子综合得分。按照智库网络影响力评价体系RSC，利用因子分析中的因子得分，将因子荷载作为因子权重，对智库网站进行综合评价，得到各机构的综合得分。

采用回归分析法将因子变为原指标的线性组合，求各因子的得分 F_i：

$F_i=b_{ij}X_{ij}$

其中 b 是回归系数。

以各因子的方差贡献率为权重，将各因子线性进行组合从而得到因子的综合评价指标函数 F，F 综合得分的计算方法为：

$$F=(\lambda_1 F_1 + \cdots +\lambda_m F_m) / (\lambda_1 + \cdots +\lambda m)=W_1 F_1 + \cdots +W_m F_m$$

其中 W_1 代表因子 1 的方差贡献率。综合以上研究，智库网络影响力综合得分 F_{RSC} 计算公式为：

$$F_{RSC}=W_{RFR} + W_{SFS} + W_{CFC}$$

（三）评价结果及排名

根据智库综合因子得分计算公式（$F_{RSC} = W_R F_R + W_S F_S + W_C F_C$），以各因子方差贡献率为权重，结合回归分析中的各因子得分系数代入计算后得出各智库机构的网络影响力评价最终结果。由于因子得分是均值为 0 标准差为 1 的标准化后的数据，因此智库网络影响力因子得分存在负值，负值只代表相对其他智库网络影响力的大小，并不是指其网络影响力为负。排名结果见表2—表 6。

表 2　样本智库综合网络影响力排名

排名	机构名称	RSC	R 排名	R	S 排名	S	C 排名	C
1	中国社会科学院	3.906	1	7.63	53	−0.27	14	0.18
2	中共中央党校	1.275	2	2.35	9	0.09	15	0.17
3	国务院发展研究中心	0.986	4	1.77	3	0.64	68	−0.70
4	中国金融四十人论坛	0.966	44	−0.32	1	4.00	40	−0.40
5	国家行政学院	0.912	3	1.83	8	0.12	37	−0.38
6	清华大学当代国际关系研究院	0.779	41	−0.31	70	−0.83	1	6.58
7	清华—卡内基全球政策中心	0.616	6	0.70	69	−0.66	2	2.49
8	北京市委党校	0.408	9	0.32	2	1.03	36	−0.37
9	零点研究咨询集团	0.381	48	−0.35	4	0.42	3	2.40
10	北京大学国家发展研究院	0.296	5	0.84	23	−0.17	52	−0.49
11	中央编译局	0.114	11	0.30	10	0.04	33	−0.31
12	上海社会科学院	0.105	7	0.42	11	−0.04	59	−0.54
13	中国国际经济交流中心	0.093	10	0.32	58	−0.30	17	0.11
14	上海国际问题研究院	0.081	47	−0.35	7	0.15	4	1.19
15	商务部国际贸易经济合作研究院	0.050	14	0.05	13	−0.05	13	0.21
16	中国浦东干部学院	0.025	15	0.00	62	−0.33	7	0.68
17	中国人民大学重阳金融研究院	−0.043	13	0.13	19	−0.14	39	−0.39
18	中国社会科学院世界政治与经济研究所	−0.055	66	−0.52	6	0.26	5	0.75
19	中国国际问题研究院	−0.078	27	−0.15	20	−0.16	12	0.25
20	中国经济体制改革研究会	−0.085	18	−0.08	59	−0.31	11	0.28
21	胡润研究院	−0.092	43	−0.32	21	−0.16	8	0.67

排名	机构名称	RSC	R排名	R	S排名	S	C排名	C
22	中国人民大学国家发展与战略研究院	−0.095	12	0.15	63	−0.33	38	−0.39
23	同济大学可持续发展与管理研究所	−0.112	28	−0.16	66	−0.35	10	0.44
24	中国人民解放军军事科学院	−0.118	17	−0.08	24	−0.17	23	−0.15
25	北京市社会科学院	−0.125	16	−0.02	25	−0.17	35	−0.35
26	清华—布鲁金斯公共政策研究中心	−0.140	30	−0.20	68	−0.45	9	0.54
27	察哈尔学会	−0.158	26	−0.15	39	−0.21	21	−0.10
28	中国现代国际关系研究院	−0.161	24	−0.13	18	−0.13	29	−0.30
29	北京大学文化产业研究院	−0.187	19	−0.09	61	−0.33	25	−0.24
30	北京大学中国卫生经济研究中心	−0.224	29	−0.17	67	−0.37	22	−0.14
31	上海市委党校	−0.224	35	−0.25	32	−0.20	24	−0.19
32	复旦大学美国研究中心	−0.225	38	−0.29	65	−0.35	16	0.15
33	中国新闻出版研究院	−0.229	25	−0.14	45	−0.25	43	−0.44
34	北京大学国际战略研究院	−0.238	33	−0.23	38	−0.21	28	−0.29
35	国家发改委宏观经济研究院	−0.240	32	−0.22	17	−0.13	50	−0.47
36	武汉大学国家文化创新研究中心	−0.248	23	−0.13	56	−0.29	57	−0.53
37	中国（深圳）综合开发研究院	−0.269	53	−0.39	40	−0.23	19	0.01
38	厦门大学中国能源经济研究中心	−0.284	22	−0.13	54	−0.28	69	−0.75

排名	机构名称	RSC	R 排名	R	S 排名	S	C 排名	C
39	四川省社会科学院	−0.290	45	−0.34	15	−0.12	45	−0.44
40	中国（海南）改革发展研究院	−0.302	39	−0.30	35	−0.21	47	−0.46
41	广东省社会科学院	−0.306	57	−0.43	14	−0.12	26	−0.26
42	江苏省社会科学院	−0.307	34	−0.25	48	−0.25	62	−0.56
43	复旦大学人口与发展政策研究中心	−0.307	31	−0.22	64	−0.34	51	−0.49
44	上海新金融研究院	−0.311	68	−0.53	22	−0.16	18	0.08
45	上海大学社会学院基层治理创新研究中心	−0.313	40	−0.30	41	−0.24	49	−0.47
46	清华大学国家文化产业研究中心	−0.314	36	−0.28	47	−0.25	55	−0.51
47	重庆社会科学院	−0.318	55	−0.41	51	−0.26	32	−0.31
48	北京新世纪跨国公司研究所	−0.320	63	−0.48	30	−0.19	20	−0.08
49	吉林省社会科学院	−0.320	46	−0.34	33	−0.20	46	−0.45
50	复旦大学中国经济研究中心	−0.322	21	−0.12	60	−0.32	70	−0.89
51	浙江省社会科学院	−0.326	50	−0.38	28	−0.19	41	−0.41
52	天津社会科学院	−0.337	51	−0.38	52	−0.26	31	−0.31
53	中国人民大学文化产业研究院	−0.341	42	−0.31	44	−0.25	65	−0.58
54	中国与全球化智库	−0.344	58	−0.44	27	−0.18	34	−0.35
55	武汉大学国际法研究所	−0.347	49	−0.37	34	−0.21	54	−0.51
56	湖北省社会科学院	−0.351	52	−0.38	31	−0.20	56	−0.52
57	上海交通大学国家文化产业创新与发展研究基地	−0.352	37	−0.28	57	−0.29	67	−0.65
58	中国经济五十人论坛	−0.363	69	−0.53	16	−0.12	27	−0.28

排名	机构名称	RSC	R排名	R	S排名	S	C排名	C
59	山东社会科学院	−0.377	62	−0.47	26	−0.18	42	−0.42
60	上海市人民政府发展研究中心	−0.384	60	−0.46	37	−0.21	48	−0.47
61	瞭望智库	−0.386	67	−0.53	29	−0.19	30	−0.30
62	中国石油经济技术研究院	−0.389	56	−0.42	43	−0.25	58	−0.53
63	新疆社会科学院	−0.392	54	−0.41	42	−0.24	64	−0.58
64	吉林大学中国文化研究所	−0.411	59	−0.45	55	−0.29	53	−0.50
65	第一财经研究院	−0.415	61	−0.47	46	−0.25	61	−0.54
66	中山大学粤港澳发展研究院	−0.429	64	−0.48	50	−0.26	63	−0.58
67	国家卫生计生委卫生发展研究中心	−0.433	70	−0.56	36	−0.21	44	−0.44
68	上海WTO事务咨询中心	−0.445	65	−0.50	49	−0.26	66	−0.59

表3　样本中地方社科院智库网络影响力排名

排名	机构名称	RSC	R	S	C
1	上海社会科学院	0.10	0.42	−0.04	−0.54
2	北京市社会科学院	−0.13	−0.02	−0.17	−0.35
3	四川省社会科学院	−0.29	−0.34	−0.12	−0.44
4	广东省社会科学院	−0.31	−0.43	−0.12	−0.26
5	江苏省社会科学院	−0.31	−0.25	−0.25	−0.56
6	重庆社会科学院	−0.32	−0.41	−0.26	−0.31
7	吉林省社会科学院	−0.32	−0.34	−0.20	−0.45
8	浙江省社会科学院	−0.33	−0.38	−0.19	−0.41

排名	机构名称	RSC	R	S	C
9	天津社会科学院	−0.34	−0.38	−0.26	−0.31
10	湖北省社会科学院	−0.35	−0.38	−0.20	−0.52
11	山东社会科学院	−0.38	−0.47	−0.18	−0.42
12	新疆社会科学院	−0.39	−0.41	−0.24	−0.58

表4　样本中高校智库网络影响力排名

排名	机构名称	RSC	R	S	C
1	清华大学当代国际关系研究院	0.78	−0.31	−0.83	6.58
2	清华—卡内基全球政策中心	0.62	0.70	−0.66	2.49
3	北京大学国家发展研究院	0.30	0.84	−0.17	−0.49
4	中国人民大学重阳金融研究院	−0.04	0.13	−0.14	−0.39
5	中国人民大学国家发展与战略研究院	−0.10	0.15	−0.33	−0.39
6	同济大学可持续发展与管理研究所	−0.11	−0.16	−0.35	0.44
7	中国人民解放军军事科学院	−0.12	−0.08	−0.17	−0.15
8	清华—布鲁金斯公共政策研究中心	−0.14	−0.20	−0.45	0.54
9	北京大学文化产业研究院	−0.19	−0.09	−0.33	−0.24
10	北京大学中国卫生经济研究中心	−0.22	−0.17	−0.37	−0.14
11	复旦大学美国研究中心	−0.23	−0.29	−0.35	0.15
12	北京大学国际战略研究院	−0.24	−0.23	−0.21	−0.29
13	武汉大学国家文化创新研究中心	−0.25	−0.13	−0.29	−0.53
14	复旦大学人口与发展政策研究中心	−0.31	−0.22	−0.34	−0.49

排名	机构名称	RSC	R	S	C
15	上海大学社会学院基层治理创新研究中心	−0.31	−0.30	−0.24	−0.47
16	清华大学国家文化产业研究中心	−0.31	−0.28	−0.25	−0.51
17	复旦大学中国经济研究中心	−0.32	−0.12	−0.32	−0.89
18	中国人民大学文化产业研究院	−0.34	−0.31	−0.25	−0.58
19	武汉大学国际法研究所	−0.35	−0.37	−0.21	−0.51
20	上海交通大学国家文化产业创新与发展研究基地	−0.35	−0.28	−0.29	−0.65
21	吉林大学中国文化研究所	−0.41	−0.45	−0.29	−0.50
22	中山大学粤港澳发展研究院	−0.43	−0.48	−0.26	−0.58

表 5　样本中党校行政学院智库网络影响力排名

排名	机构名称	RSC	R	S	C
1	中共中央党校	1.27	2.35	0.09	0.17
2	国家行政学院	0.91	1.83	0.12	−0.38
3	北京市委党校	0.41	0.32	1.03	−0.37
4	中国浦东干部学院	0.02	0.00	−0.33	0.68
5	上海市委党校	−0.22	−0.25	−0.20	−0.19

表 6　样本中社会智库网络影响力排名

排名	机构名称	RSC	R	S	C
1	中国金融四十人论坛	0.97	−0.32	4.00	−0.40
2	零点研究咨询集团	0.38	−0.35	0.42	2.40
3	中国经济体制改革研究会	−0.08	−0.08	−0.31	0.28
4	胡润研究院	−0.09	−0.32	−0.16	0.67
5	察哈尔学会	−0.16	−0.15	−0.21	−0.10

排名	机构名称	RSC	R	S	C
6	中国（深圳）综合开发研究院	-0.27	-0.39	-0.23	0.01
7	中国（海南）改革发展研究院	-0.30	-0.30	-0.21	-0.46
8	上海新金融研究院	-0.31	-0.53	-0.16	0.08
9	北京新世纪跨国公司研究所	-0.32	-0.48	-0.19	-0.08
10	中国与全球化智库	-0.34	-0.44	-0.18	-0.35
11	中国经济五十人论坛	-0.36	-0.53	-0.12	-0.28
12	第一财经研究院	-0.41	-0.47	-0.25	-0.54

从上述结果可以看出，中国社会科学院、国务院发展研究中心、国家行政学院、中共中央党校、中国国际问题研究所等排名靠前的智库，其本身不仅具有较多的资源，而且具有相对较多的社会网络资本，在网络环境中有一定传播资源和传播渠道。而一些排名较低的智库虽然本身的传播能力和交流能力较强，但由于本身没有丰富的资源含量，其网络影响力也受到了严重影响。处于边缘的一些智库，既没有丰富的信息资源和社会网络资本，也没有较强的传播能力和交流能力，因此便成为了孤立点，其网络影响力十分微弱。因此，对于拥有较多丰富资源的最核心的智库，其任务是加强传播能力、扩大传播范围，增强与其他智库包括国外智库的交流，提高在网络中的社会、国际影响力；对于有着较强的传播能力而没有足够资源的智库，应丰富自身的资源成果，加强自身的思想成果产出；处于边缘的智库，应不断加强自身思想成果产出与公开范围，提升影响力。从评价体系可以看

出，智库资源能力建设体现在较强的学术功底、较丰富的思想成果产出和较多的社会网络资本。因而智库在资源能力建设方面不能急于求多、求快，要注重思想成果的学术理论基础，以科学方法指导政策问题。

该评价体系指出了提升智库网络影响力需要努力的方向——不仅要增加自身的资源建设能力，也要重视资源的传播能力和与其他机构之间的交流能力；智库传播能力强可以增加智库的交流机会、协同创新机会，并促进产出更多新的研究成果，增加自身资源建设能力。同时从各具体指标来看，三方面并不是各自独立的，而是相互促进，相互影响。智库资源建设是根本，是智库信息传播、信息交流的基础，没有自身的资源建设，交流只能是单向学习吸收，协同创新也就无法实现。智库传播能力是将自身的研究成果进行宣传，从而引起讨论引导舆论。政策参与者一般对政策问题涉及的各种知识并不十分了解，没有确定的解决方案，因此需要专家对问题做深入研究后，提供不同的建议并引起专家、学者和不同利益群体的讨论，然后再通过学习、讨论修正当前政策，做出恰当决策。因此，智库研究成果的传播效果直接影响智库在政策问题中被讨论的重心，直接影响政策决策。在此意义上，智库研究成果的传播也会促进智库之间的交流与协作，进而反过来促使智库产出更多研究成果。概括而言，智库资本指标、传播能力指标、交流能力指标三者共同反映智库的网络综合影响力，三类指标对智库评价既各有侧重点，又相互影响、相互促进。

三、结语：智库网络影响力的思考与启示

影响力是智库生命力的体现。工业社会属于"专家治国"的时代，知识精英出谋划策，也引领着公共舆论。网络空间的出现意味着单纯依赖精英治国时代一去不返，人民群众在国家治理中的地位空前提升。通过网络信息的流动，政策问题建构权和政策议程设置权一部分转移到了网络空间，任何一个地方性的事件或问题，都有可能转化为全国性政策问题。因此，在"互联网＋"时代，中国智库如果仅把眼睛盯在"朝上"，过于看重内参和批示，而忽视在网络空间的经营，那么就很难建立自己的网络影响力，也很难承担在虚拟世界中传播中国声音，沟通世界，提升国家软实力的历史使命。

（南京大学中国智库研究与评价中心、光明日报智库研究与发布中心联合发布，执笔：陈媛媛、李刚、丁炫凯等）

附录五
2016 中国智库年度"十大"评选相关情况介绍

2016 中国智库年度"十大"评选，是光明日报作为第三方发起的一项公益性年度活动，旨在通过公开推荐、专家评选的形式，进一步激发社会各界对于智库建设、智库研究、智库作用的关注，深化各类人群对于智库群体、智库职能、智库现状的认识，并优中选优、树立标杆，激励智库界自我检视、对标先进，以"争创一流"的精神加强自身建设、提升咨政水平，进一步发挥咨政启民、服务社会、理论创新、公共外交、培养人才的重要作用。

【评选标准】

此次评选凸显两个关键词："年度"与"影响力"。因此，在时间维度上着重考察 2016 年度的综合表现，其他年份的事迹与成绩只作为参考条件，而非主要衡量指标；在影响力细分方面，依照智库界通则，主要考虑决策影响力、社会影响力（包括媒体影响力、网络影响力等）、国际影响力、学术影响力四大方面。

【评选过程】

评选于 2016 年 11 月启动，通过光明日报智库版、光明网、智库研究与发布中心微信公众号"光明智库"及邮件系统公布评选推荐启事及具体规则，向社会广泛告知。截至 2017 年 1 月 5 日，共收到智库材料 200 余份、智库人物材料近百份。

按照预先的流程设计，本次评选通过"公开推荐——汇总筛选——通讯初评——中国智库索引（CTTI）数据参考——中心学术委员会及特聘专家终审评定"的完整链条得出结果。

附录六
2016 年度"十大智库"

　　智者前瞻，智库远谋。在这个需要思想而且一定能够产生思想的时代，一批国家急需、特色鲜明、制度创新、引领发展的中国特色新型智库正如雨后春笋般生长。

　　智库治理与体制机制改革不断破冰，以"中国智库索引"上线、首批来源智库名录公布为标志，一个共商共建共享的新型智库共同体日渐成型。决策咨询与政策研究硕果盈枝，打造国家发展的战略库、聚智池，提供辅助决策的大战略、巧方案，智库的核心竞争力清晰彰显。经济形势应时而变，智库解读适时而动。舆论场上的智库声音空前响亮，成为百姓信赖的"政策代言"。"智库外交"新军突起，成为中国全球治理理念的特色载体、"中国方案"走向世界的最佳使者。

　　回眸 2016，聚焦中国智库年度领军者，整个智库界的无限风光尽收眼底——

1. 北京大学国家发展研究院

它依托百年学府，在中国社会科学的国际化、规范化、本土化之路上一往无前。它心系时代风云，参与国内关于改革的重大讨论，二十年纵横不息。2016年，北京大学南南合作与发展学院在这里挂牌；林毅夫、姚洋、黄益平等多位教授走进中南海，成为习近平总书记和李克强总理的座上宾。"朗润·格政"论坛，剖析经济热点，推究公共政策选择；"中美经济对话"消化两国政府成果，架起民间互信之桥。

2. 复旦发展研究院

一群寄情国运、忘我奉献的知识分子，一条中国特色的文理医工融合发展智库之路。它是国内最早提出构建"思想库"概念的机构之一，如今又在推动跨学科融合、构建全球智库联盟的内聚外联中傲立时代潮头。2016年，它在全球治理、生态治理和网络治理等领域的基础性综合研究和跨学科研究亮眼夺目。在美国、丹麦和墨西哥首创的"海外中国研究中心"，将"地理的客场"变成了"中国话语的主场"。

3. 国务院发展研究中心

崇尚实事求是、客观理性和专业主义精神，追踪国民经济、社会发展和改革开放的全局性、战略性问题。成立37年来，它始终与中国改革开放的心跳同频共振，以热血和汗水浇铸着中国发展的历史坐标。2016年,它完成数十项中央交办研究任务和重大课题研究,许多建议与方案进入国家决策。走出国门举办大量具有主动权和话语权的公共外交活动,在波兰华沙主办的"丝路国际论坛2016",中国国家主席习近平、波兰共和国总统杜达出席论坛开幕式并发表主旨演讲,成为智库外交的闪光案例。

4.上海社会科学院

深悉浦江风物,厚植家国情怀,以精准的微观切口联通宏观政策走向。作为新中国最早建立的社会科学院和全国最大的地方社会科学院,它在追求卓越之路上不懈跋涉。2016年,它与海外多所大学和智库研究机构建立广泛学术联系,多位诺贝尔经济学奖获得者在这里贡献卓识。它承担起国家战略的"地方版"预研究,通过总结地方先行先试中的经验、评估国家战略与中央政策的落实效果,为国家决策提供鲜活样本。

5.中国人民大学国家发展与战略研究院

在优质学术资源中取精用弘,在智库的同台竞技中势如破竹。它被赋予中国人民大学优秀的学术基因,十大特色研究团队成为它起跳的支点。2016年,它创新并完善以理事会为主体的"三位一体"治理体系、以内部成果购买制为核心的智库激励体系。以"10+5"体系为平台,源源不断推出智库成果;以跨国议题研究为依托,在国际话语空间传播中国声音。2016年,它举办各类品牌活动共 187 场，平均每月超过 15 场。

6. 中国国际经济交流中心

成立七年来，它怀着朴实而高远的志向，在咨政启民的道路上高扬中国声音、广聚中国智慧。基辛格说它"做了别人不敢想也做不到的事"，国人称它为中国智库的"航空母舰"。它提出的"设立亚洲基础设施融资机构"成为我国建设亚投行的战略前导。2016 年，它的品牌活动"中美工商领袖和前高官对话"等成功运转，二轨外交成效卓著，大量产出咨政成果、密集针对热点发声，树立了新型社会智库的标杆与典范。

7. 中国宏观经济研究院

道有大节，理有大致。它立足于国家经济之"大"，在中国宏观经济决策的坐标系上留下闪光智慧。2016 年，它开展宏观经济前瞻性、储备性和应急性课题 150 余项，为高层访问和会晤提供研究材料 90 余份，30 余人参与《"十三五"国家战略性新兴产业发展规划》等 20 多项文件的前期研究和起草工作，诸多政策建议和创新性观点被宏观决策采纳。它打造的"学术茶座"在 2016 年被评为"中央国家机关学习品牌"。

8. 中国社会科学院国家全球战略智库

以国际视野洞察寰球冷暖，以中国立场面向世界发声。2016

年，1000 余篇学术研究和对策研究成果，见证着它的辛勤跋涉，全球战略、周边安全、"一带一路"等领域的独到见地，标定着它的举步不凡。南海问题，举世关注。它以远见卓识，密集推出 30 余篇对策报告，引发高层关注；它以铮铮铁骨，在国际会议和国外媒体上高频发声，鸣响时代主题。

9. 中国社会科学院世界经济与政治研究所

半世纪经世济民，寄情人间冷暖；三十年运筹帷幄，心系大国外交。2016 年，它被外交部指定为二十国集团智库峰会中方首席牵头智库，与上海国际问题研究院和中国人民大学重阳金融研究院携手行走列国，广揽众智，凝聚共识，在 G20 杭州峰会上显露中国智库峥嵘。它完成的《博鳌亚洲论坛新兴经济体发展 2016 年度报告》，对新兴经济体发展进行评价和展望，在博鳌亚洲论坛上书写中国智库风采。

10. 中国现代国际关系研究院

智强者，不以山海为远。作为国内规模最大的国际问题研究机构，2016 年，它立足国际战略与国家安全，有力配合了"一带一路"、G20 等国家重大对外战略。千人次国际交流、百场次出访调研，数十位专家参与中央重大决策咨询，密集的步伐呼应着它对前进方向的笃定，展现了老牌智库的实力与担当。

附录七
2016年度"十大智库人物"

　　肩挑家国重任，用双脚丈量学术厚度；心怀报国理想，用心血写就咨政方案；情系中华复兴，于激扬文字中述学立论，于激荡智慧里建言献策。智慧如同燧石，越是碰撞，越能迸发出巨大的光热与能量；越是交流，越能催生出破解难题的灵感与动力。

　　"十大智库人物"评选，旨在勾勒中国特色新型智库建设进程，拼接年度智库人物思想版图，在复兴路上中展现智者风采、智识力量。

　　2016，在中国智库灿若星河的发展图景中，一些名字值得铭记——

　　1. 林毅夫　国务院参事，北京大学教授，世界银行前高级副行长兼首席经济学家

　　多个耀眼的头衔，映射出一颗经世济民的热切之心。作为北京大学国家发展研究院的主要创始者，他常年带领学者们为改革献策、为国民鼓呼。2016年，他继续放眼大势、瞭望全球，提出的大量建议，为中央决策提供了重要参考。同时，在博鳌亚洲论坛等国际会场发出中国声音，引领公众正确看待经济形势，树立了"既顶天又立地"的国家智囊形象。

2. 蔡昉　中国社会科学院副院长

作为卓有建树的"穷人经济学家"，他持续关注农业、心系基层，注重研究的实用与成果的转化。近年来，对该院新型智库建设工作的顶层设计与实际推进作出独特贡献。2016 年，他一面围绕国家经济发展大势提出大量对策建议，一面活跃在重要智库国际舞台，深入解读国家经济政策、宣传中央大政方针，国际上赢得了共识、于国内凝聚了力量。

3. 胡鞍钢　清华大学国情研究院院长

作为中国国情研究的主要开拓者之一，30 余年来，他精耕于此、日新日进，将研究、资政与教学有机结合，带领年轻学人树立家国情怀，做出的研究不仅"独树一帜"，成果更是"技高一筹"。2016 年，他以深厚的理论支撑与扎实的国情调研，为中央和地方的"十三五"规划奋力建言，并全程指导澳门特别行政区制定首个五年发展规划编制工作，为 2.0 版本的"一国两制"贡献了智库力量。

4. 樊纲　中国（深圳）综合开发研究院院长、首席专家，中国人民银行货币政策委员会委员

多年来，他深植经济理论领域，密切关注中国经济动态，在国家发展重要关口勇敢发声，彰显了经济学家的责任担当。2016年，他的身影活跃在中央层面的多个经济工作座谈会、经济政策研讨会上，负责主持对国家"'十三五'规划第一年执行情况"的第三方评估工作。自2012年担任中国（深圳）综合开发研究院院长以来，不断探索社会智库建设的有效路径，使该院成为首批国家高端智库试点单位，更为地方智库立足特色、寻求发展提供了优质样本。

5. 傅莹　全国人大外事委员会主任委员，曾任中国驻菲律宾、澳大利亚、英国等国大使

勇扛中国智库建设时代重任，躬身垂范，引导国内智库增强核心实力、发挥国际影响。2016年，南海形势云谲波诡，她对内建言献策、对外强力发声，5月10日，在美国《国家利益》杂志网站发表了英文万字长文《关于南沙争议和南海紧张的缘由》（与吴士存合撰），梳理了自二战胜利特别是冷战终结以来南沙争议的发展脉络，以坚实依据批驳菲律宾的无理说辞，阐述中国立场，引导国际舆论，为世界看待南海问题提供了正确视角，言明了中国主张。

6. 李扬　中国社会科学院国家金融与发展实验室理事长、中国社会科学院原副院长

他领衔的国家金融与发展实验室，锚定金融改革与发展，以一大批高质量、专业性、系统化、前瞻性研究成果，服务国家货币金融政策研定和宏观经济政策预判。国之智囊，勇者担当。2016 年，他率领中国共产党代表团访问卡塔尔、阿联酋和（南）苏丹，以智库负责人身份向国际社会擘画中国广阔改革发展前景。是年，应邀参加中国债务问题国内外媒体吹风会，以智库专家身份宣讲国家大政，精准传递中国发展好声音。

7. 李稻葵　清华大学中国与世界经济研究中心主任、清华大学苏世民书院院长

在公众空间，他以理性话语研讨经济问题，寻索通往济民经世之门径；于智库机构，他锐意创新，推倒围墙，意在充分释放智库创造潜力。2016 年，李稻葵带领清华大学中国与世界经济研究中心破浪前行，举办金砖国家经济智库论坛、"一带一路"国际金融论坛等高水平会议，广邀群贤，为中国发展与世界经济作出新说明。

8. 魏礼群　中国行政体制改革研究会原会长，中国国际经济交流中心常务副理事长兼学术委员会主任，北京师范大学中国社会管理研究院院长

为国奉献四秩有余，历任国务院研究室、国家行政学院、中国国际经济交流中心等各类智库领导职务，是闻名业界的资深智库人。离休多年仍孜孜不倦，始终活跃在智库建设、管理、研究第一线。2016 年，其主持的多个重大决策咨询研究项目得到中央领导重要批示，转化推动相关实际工作；为诸多省市、部门提供智力支持，以高质量社会服务助推经济社会发展；亲率北师大社会管理智库、国家旅游智库等蓬勃生长，为完善智库治理结构、探索新型专业性智库之路不懈探索。智库前路漫长，他初心不改，永远在路上。

9. 刘世锦　国务院发展研究中心原副主任

以经济学家的洞察与睿智首倡"新常态"，积极引导公众正确看待短期压力和长期前景，提出在新常态下力争企业可盈利、财政可增收、就业可充分、风险可控制、民生可改善、资源环境可持续的"六可"目标，影响深远。他对中国经济走势的预测多次被事实所验证。2016 年，应邀参加李克强总理主持召开的座谈会，就《政府工作报告（征求意见稿）》和《"十三五"规划纲要（草案）（征求意见稿）》等提出建议；在各类论坛持续发声，坚定批驳看空、看衰中国经济之说，为民众解惑释疑，为增长注入信心。

10. 张维为　复旦大学中国研究院院长、国家高端智库理事会理事

曾担任邓小平同志和其他国家领导人的英文翻译，"中国三部曲"系列著作社会反响强烈。足迹遍布百余个国家，在国际舞台上身体力行，倡导"以为中国崛起而奋斗的使命感讲好中国故事"。2016年，先后组团出访英、法等国，宣介中国模式、广播中国思想；倾力打造复旦大学中国研究院，一年多时间，初步构建起一支有信念、有军魂、有学识能力、有中国情怀的"智库生力军"。他曾多次提出，在重返世界之巅的伟大征程中，要着力推动理论创新和话语建构，方为世界之中国。

附录八
2016 年度中国智库大事记

一月

1 月 6 日，中国社会科学院京津冀协同发展智库在河北保定宣告成立。同日召开第四届中国工业发展论坛，发布《中国工业发展报告 2015》。中国社会科学院京津冀协同发展智库是由中国社会科学院联合京津冀三地社会科学院及首都经贸大学、天津财经大学、河北经贸大学等联合发起的专业性智库，旨在联合京津冀的社会科学人才资源，促进三地智库资源联动，充分发挥理论创新、咨政建言、舆论引导、社会服务等重要功能。

1 月 11 日，首届"智库发展与舆论传播"研讨会在中国人民大学举行。来自清华—布鲁金斯公共政策研究中心、中国公共外交协会、中国社会科学出版社等机构的近 20 位专家学者共聚一堂，就如何构建智库发展与舆论传播的良性机制展开深入交流。

1 月 13 日，由中国社会科学院财经战略研究院与社会科学文献出版社联合主办的财经智库期刊建设学术研讨会暨《财经智库》创刊号首发式在北京举行。《财经智库》是全国第一本以智库命名的经济领域智库类期刊，将在突出实体性智库特色与优势的同时，打造财经智库高端交流平台。

1月16日，由阿里研究院主办的"2016新经济智库大会"在京举行，国家信息中心信息化研究部、中国国际经济交流中心、阿里研究院等10家智库在会上联合发布"走向2020：新经济十大预测"，包括贝恩公司、波士顿咨询、国家信息中心、浙江大学等机构做出的十条预测最终入围。

1月16日，由国务院发展研究中心指导，中国发展出版社主办，国研文化传媒股份有限公司、中国发展观察杂志社承办的"国研智库论坛·新年论坛2016"在京举行。来自中央和地方政府部门、智库机构、企业界和新闻界的代表约500人参加了论坛。

1月17日，由中国与全球化智库（CCG）与西南财经大学发展研究院联合主办的"中国人才50人圆桌论坛"在京举行。百位国内人才研究领域知名专家和学者、政府有关部门领导和企业界人士深入交流"十三五"规划实施给中国带来的机遇和挑战及应对，共同探讨如何尽快建立具有国际竞争力的中国人才制度优势。

1月18日，"四川省军民融合研究院"揭牌仪式在西南科技大学举行。该研究院定位为四川省高校、军工院所、驻军部队在落实军民融合发展战略中的人才培养、创新研究、技术转移"特区"和战略研究智库。

1月20日，"全球智库国际战略研讨暨丛书出版座谈会"在北京举行。该丛书由中国社会科学院全球战略智库组织编写，选取全球数十家主要智库在过去一两年里针对时事与政策发表的几百篇评论文章编译成集，以供学界、政界及其他对"一带一路"、亚投行和TPP等国际问题感兴趣的各界人士参考。包括《国外智库看"一带一路"》《国外智库看"亚投行"》《国外智库看TPP》等。

1月22日，中共中央政治局委员、中央书记处书记、中宣部部长刘奇葆出席国家高端智库理事会扩大会议，强调国家高端智库理事会要深入学习贯彻中央关于智库建设的部署要求，牢牢把握正确方向，加强宏观指导和统筹协调，确保高端智库建设试点工作扎实推进，实现良好开局。他指出，高端智库要明确研究方向，坚持走专业化路子，着力在提升研究质量上下功夫，多出优秀成果。要发挥自身优势，在对外交流、公共外交、舆论引导中展现更大作为，深化拓展与国际智库的交流合作，在国际舞台上积极发声、善于发声，增强国际话语权。

当地时间1月23日，首届中伊"一带一路"智库对话在伊朗首都德黑兰举行。该对话由中国人民大学和伊朗政治与国际问题研究院主办，会上签署了"中国国家发改委、中国人民大学和伊朗外交部、伊朗政治与国际问题研究院共建'一带一路'智库合作备忘录"。

1月27日，由美国宾夕法尼亚大学智库研究项目（TTCSP）研究编写的《全球智库报告2015》在联合国总部、世界银行、北京、上海等全球80多个地点同步发布。报告显示，2015年，全球共有智库6846家。其中，美国以1835家智库稳居首位，中国依然是世界第二智库大国，智库数量达到435家，比上年增加了6家，英国和印度分别以288家和280家位居第三、四名。2015全球智库综合排名榜单共列及175家世界智库。美国的布鲁金斯学会、英国的查塔姆社和美国的卡内基国际和平基金会位列前三名。中国有9家中国智库入选，排名最高的是中国社会科学院，位列第31名。

1月27日，由上海社会科学院智库研究中心编写的《2015中国智库报告·影响力排名与政策建议》在上海发布。《报告》以中国智库的决策影响力、学术影响力、社会影响力、国际影响力及智库成长能力为评价标准，制定了2015年中国智库的综合影响力排名、分项影响力排名、系统影响力排名、专业影响力排名等四大榜单。其中，位居综合影响力排名前15位的智库分别为：中国社会科学院、国务院发展研究中心、北京大学、清华大学、中国科学院、复旦大学、中央党校、上海社会科学院、中国人民大学、中国工程院、中国国际问题研究院、国家发改委宏观经济研究院、上海国际问题研究院、中国国际经济交流中心、南京大学。

1月28日，《国家智库》编辑部、上海大学智库产业研究中心、光明网联合发布"2015年中国智库十大事件"：两办印发《关于加强中国特色新型智库建设的意见》、"一带一路"智库合作联盟成立、中国软科学研究先驱成思危先生逝世、解放军首个国家安全战略智库揭牌成立、习近平在联合国宣布设立国际发展知识中心、中国智库索引发布、《国家高端智库建设试点工作方案》通过审议及首批25家试点单位确定、"全球智库百强排行榜"发布、二十国集团智库峰会启动、中国—中东欧国家智库合作进入快车道入选。

1月30日，习近平总书记代表中共中央，向各民主党派、工商联和无党派人士，向统一战线广大成员，致以诚挚问候和新春祝福，并强调：统一战线人才荟萃、智力密集，可以说是一个大智库。希望同志们着眼"十三五"时期发展，把握经济发展新常态这个大逻辑，就经济社会发展的重大问题、全面深化改革的难点问题、推动创新创造的关键问题，为中共中央决策和施政提供有价值的意见和建议。

二月

2月4日，中国国际问题研究院与美国智库布鲁金斯学会在华盛顿联合主办研讨会，共话中美关系发展走向，寻找不断增进战略互信、有效管控分歧之路。

2月16日，由中国社会科学院经济学部、中国社会科学院智库工作协调办公室主办，城市发展与环境研究所承办的中国社会科学院高端智库论坛之"2016年经济形势座谈会——聚焦新常态、新改革、新发展"在京举行。围绕新常态、新改革、新发展、生态文明建设与新型城镇化等主题，对我国经济形势作了深入研讨。

2月25日，宁夏回族自治区政治协商会议举行聘任仪式，向20位文史专员颁发聘书，这是宁夏政协首次聘任文史专员，是构建新型智库的重要措施。

2月28日，由中国科学院文献情报中心和南京大学联合主办的学术期刊《智库理论与研究》在京发布创刊号。《智库理论与实践》为双月刊，主要栏目包括理论研究、智库建设、案例剖析、专家访谈等。

三月

3月1日，由中国社会科学院亚太与全球战略研究院、中国社会科学院蓝迪国际智库项目主办的《探索新型智库发展之路——蓝迪国际智库报告（2015）》新书发布会在京举行。该书总结了蓝迪国际智库在体制机制探索、发挥智库作用、推进国际合作等方面的经验，为读者呈现了蓝迪国际智库服务国家"一带一路"建设、服务外交大局、服务国家软实力建设、服务企业国际化等方面取得的成绩。

3月17日，《中华人民共和国国民经济和社会发展第十三个五年规划纲要》发布，纲要指出：重点建设50—100家国家高端智库。

3月17日，由国家开发银行、清华大学、丝路基金、中国开发性金融促进会、中国金融四十人论坛共同发起的"丝路规划研究中心"在京成立，该中心由全国政协办公厅作为业务主管单位，定位为一个综合性研究咨询机构，旨在服务国家"一带一路"规划研究服务，发挥战略研究、政策建言、人才培养、舆论引导、公共外交等职能。

3月19日，国务院发展研究中心在京举办以"新五年规划时期的中国"为主题的"中国发展高层论坛2016年会"。围绕"十三五"时期的改革发展、全面建成小康社会、稳健货币政策、对外开放、深化财税体制改革、创新驱动发展等一些列重大议题进行探讨。

3月23日，澜沧江—湄公河合作首次领导人会议在海南省三亚市举行，会议发布《澜沧江—湄公河合作首次领导人会议三亚宣言》，宣布打造六国智库联盟和媒体论坛，继续举办澜沧江—湄公河青年友好交流项目。

3月23日，全国党建研究会第六次会员代表大会在京召开。中共中央总书记、国家主席、中央军委主席习近平作出重要指示：希望全国党建研究会坚持正确政治方向，发挥党建高端智库作用，发扬成绩，发挥优势，围绕协调推进"五位一体"总体布局和"四个全面"战略布局，深入研究党建理论和实际问题，深入总结全面从严治党实践经验，为构建中国化的马克思主义党建理论体系，为加强和改善党的领导、确保党始终成为中国特色社会主义事业的坚强领导核心作出新的更大的贡献。

3月24日，由中国浦东干部学院主办、光明日报社支持的"中国特色新型智库建设专题研讨班"（第1期）在上海开班。这是我国国家级干部教育培训机构首次面向全国举办以智库建设为主题的研讨班。来自中央各部委研究机构、全国各省区市政策研究系统及智库机构的干部专家60余人参加培训。为期7天的培训着重围绕建设中国特色新型智库的目标定位、结构布局、风格特点、运作方式、人才建设、政策保障等展开学习研讨。

3月27—28日，由中国浦东干部学院与光明日报社联合主办的"中国特色新型智库建设"高层论坛2016在上海举行。论坛以"中国特色新型智库建设的机遇、挑战与前景"为主题，重点针对培育智库文化、创新研究方法、改进治理机制、增进国际交流、建立科学评价和激励机制等议题展开研讨交流。

3月28日，由"一带一路"百人论坛和商务印书馆主办的《"一带一路"年度报告2016》发布暨百人论坛专家峰会在京举行。来自中国社会科学院、中国人民大学、中国国际问题研究院、中国—东盟商务理事会以及相关智库和企业的100余位专家学者出席峰会，围绕"一带一路"智库建议、"一带一路"企业视角、"一带一路"学者声音三个主题进行研讨。

3月，中共中央办公厅印发《科协系统深化改革实施方案》，

《方案》指出：创新党委和政府决策服务机制，建设开放高端科技创新智库。

3月，中共中央印发《关于深化人才发展体制机制改革的意见》。《意见》指出：加强各类人才教育培训、国情研修，增强认同感和向心力。完善专家决策咨询制度，畅通建言献策渠道，充分发挥新型智库作用。

四月

4月7日，首届新华社国家高端智库论坛"战略与路径：构建融通中外的话语体系"在京举行。来自中央重点外宣媒体、高校、新华社和新华社国家高端智库的专家学者数十人与会。中宣部副部长、国家高端智库理事会理事长王晓晖出席会议并致辞。

4月15日，光明日报文艺评论中心在京举行成立仪式。作为光明日报智库化传播的重要组成部分，文艺评论中心将进一步发挥光明日报在文化领域的社会影响力和特色优势、资源优势，广泛联系文艺界的专家、学者和管理部门，组织开展各项与文艺评论有关的工作，包括对党和政府的文艺方针政策的阐释宣传，对当下文艺现象、文艺话题、文艺作品的座谈研讨，以及对有关研究成果的发布等。

4月16日，由清华大学环境学院、人文学院、低碳能源实验室等共同发起的交叉学科科研机构——清华大学生态文明研究中心在京成立。该中心将广泛联合工科、理科和文科的一批学者进行深度合作，建构完整的生态文明理论体系，探讨生态文明的建设途径。

4月20日，由中国社会科学院中国社会科学评价中心主办的"国家高端智库建设"学术研讨会在京举行，来自首批国家高端智库试点单位的20余位专家学者出席会议。与会者结合自身所在智库的实际情况，就高端智库建设的经验、不同类别智库的特色、智库未来发展及面临的挑战等热点话题进行了交流探讨。

4月20日，由中南大学与光明日报社共建的中国村落文化智库在中南大学揭牌。双方将汇集科研传播合力，协同推进中国传统村落文化的研究、传承、创新及传播，共建中国村落文化高端智库。该智库将组织专家团队，设置研究课题，创办相关刊物，展示中国传统村落文化保护成果与经验，深析该领域存在的问题与障碍，并提出针对性对策建议，发挥中国特色新型智库咨政启民、辅助决策的重要作用。

4月22日，光明日报与南京大学在京签署战略合作协议，约定以光明日报智库研究与发布中心、南京大学中国智库研究与评价中心为主体，共同就智库评价、智库运营与治理等主题展开深入研究。

4月25日，由河北省社会科学院主办的第二届河北省国际智库论坛在石家庄举行，会议主题为："搭建国际学术交流平台，探讨国内外知名智库的管理经验及运行机制，为打造河北中心智库和国内一流智库集思广益，建言献策"。与会智库学者围绕京津冀协同发展背景下新型智库建设等重大问题进行研讨交流。

五月

5月7日，由深圳市综研软科学发展基金会、中国（深圳）综合开发研究院发起主办的"2016中国智库论坛暨综合开发研究院北京年会"在京举行，论坛以"对外直接投资：战略、机制与挑战"为主题，并发布智库成果《中国开放褐皮书（2014—2015）：中国对外直接投资元年》。

5月10日，美国《国家利益》杂志网站发表了由中国全国人大外事委员会主任委员、社科院全球战略智库首席专家、中国国际经济交流中心特邀副理事长傅莹和中国南海研究院院长吴士存联合撰写的英文长文《关于南沙争议和南海紧张的缘由》。这篇文章梳理了自二战胜利特别是冷战终结以来南沙争议的发展脉络，详解了这一问题如何从"围绕南沙群岛及其附近海域的主权和权益之争"泛化为"南海问题"乃至"地缘争夺"，"在全球战略棋局中的位置被刻意夸大"。文章还就如何理解中国在南海的政策目标和如何避免彼此战略误判提出了思考。

5月10日，由21世纪海上丝绸之路协同创新中心主办、"一带一路"智库合作联盟指导的"21世纪海上丝绸之路国际智库论坛"在广州开幕。与会代表围绕"增进战略互信""扩大经贸合作""促进人文交流""加强海洋协作"等议题展开讨论。

5月12日，经国务院和中央军委批准，中国国防金融研究会在京成立。该研究会是以军民融合方式组建的全国性、学术性、非营利性高端智库，旨在围绕国防金融领域的重大问题，进行理论研究、政策分析、方案设计和学术交流，为国家和军队提供决策咨询服务。

5月15日，由中国与全球化智库（CCG）主办的第二届中国与全球化圆桌论坛在京举行，论坛主题为"推动中国企业全球化发展"。

5月16日，中国财税法治战略研究院揭牌成立。研究院旨在打造参政议政与政治协商领域的国家级财税法治专业智库，将依托常州大学史良法学院，接受中国民主同盟和中国法学会的双重指导，是国内首家财税法领域实体研究机构。

5月22日，由世界中国学论坛组委会主办，上海社会科学院、韩国高丽大学承办的世界中国学论坛2016东亚分论坛在韩国高丽大学举行。来自中国、韩国、日本、新加坡、马来西亚和蒙古国等国家和地区的50多名专家学者以"中国未来的发展前景"为主题展开了研讨。

5月27日，由中国人民大学重阳金融研究院和德国国际合作机构共同主办的"中国 哈萨克斯坦'一带一路'智库对话"在哈萨克斯坦首都阿斯塔纳举行。来自中国人民大学、德国国际合作机构（GIZ）、哈萨克斯坦交通部、丝路组织等机构的代表出席对话会。本次会议是首次由中国和欧洲智库联手在第三国召开的"一带一路"对话会。

六月

6月2日，智库类行业协会——连云港市智库业协会成立。该协会为行业性、非营利性社会组织，将以服务科学决策为宗旨，以政策研究咨询为主攻方向，以改革创新为动力，以完善组织形式和管理方式为重点，并通过开展应用对策研究和学术活动，举办政策分析、决策咨询相关讲座和业务培训，开展智库成员与党委政府、企业、省内外智库机构以及其他社会团体之间的合作交流。

6月5日，盘古智库主办的"共享·创新"2016香山全球智库论坛在京举行。会议包括"中美关系与全球治理""全球治理智库连线""智库对全球治理的影响""中国智库的建设与探索"等环节。

6月6日，光明日报智库研究与发布中心、中国与全球化智库（CCG）、宾夕法尼亚大学智库研究项目（TTCSP）、西南财经大学发展研究院在京举办"2016中国智库创新峰会"。本次峰会是国内首次专门围绕智库创新进行研讨的高规格峰会，邀请国内外相关领域的权威专家、学者、实践者以及媒体代表，围绕中国的智库创新进行经验介绍与交流，旨在更好地分析智库发展面临的新挑战与新问题，为中国特色新型智库创新发展建言献策。

6月19日，以"加强中美公共外交推进亚太安全合作"为主题的2016中美公共外交论坛在京举行。该论坛由中国人民大学国家发展与战略研究院主办、中国公共外交协会协办，来自中美政界、学界、智库战略界和媒体界的 30 多位知名专家学者，围绕如何通过公共外交加强中美战略互信、如何加强智库在中美关系和亚太安全合作中的作用、如何推进中美全方位多领域公共外交交流与合作等议题展开深入研讨。

6 月 20 日，国家主席习近平出席丝路国际论坛暨中波地方与经贸合作论坛开幕式，强调"智力先行，强化智库的支撑引领作用。要加强对'一带一路'建设方案和路径的研究，在规划对接、政策协调、机制设计上做好政府的参谋和助手，在理念传播、政策解读、民意通达上做好桥梁和纽带"。该活动由中国国务院发展研究中心、国际关系和可持续发展中心、波兰信息与外国投资局以及联合国开发计划署共同主办。

6 月 20 日，由中国社会科学院、16 ＋ 1 智库交流与合作网络、波兰国际事务研究所联合主办的"中波外交政策论坛：进展、潜力、前瞻"国际学术研讨会在波兰华沙举行。会议期间，两国智库代表围绕中波外交关系、"一带一路"倡议的重要性、波兰在"一带一路"倡议中的作用、落实"一带一路"倡议面临的挑战等议题开展了交流与研讨。

6 月 20—21 日，中亚区域经济合作学院和亚洲开发银行联合举办的第一届"中亚区域智库发展论坛"在哈萨克斯坦首都阿斯塔纳举行。包括中亚区域经济合作机制 10 个成员国的政府官员和智库代表，亚行官员，以及金融、经济、交通、能源、贸易领域的知名学者，共约 100 名代表在论坛期间畅所欲言，共同探讨了中亚区域经济合作的未来发展潜力、合作方式及建立区域智库网络的重要意义。

6 月 24—26 日，新华社江苏分社、新华网、紫金传媒智库在南京举办"融合创新与传媒智库"2016 全国百名媒体总编金陵高峰论坛。此次论坛旨在贯彻落实习近平总书记在 2 月 19 日党的新闻舆论工作座谈会及 4 月 19 日网络安全和信息化工作座谈会上重要讲话精神，提高新闻舆论工作能力水平，推动媒体融合发展，共同探讨融合创新时代媒体"借势、借智、借力"的转型发展之道。

6 月 25 日，西北大学中国西部发展研究中心"一带一路"研究院揭牌。该院的宗旨是搭建平台、整合资源、凝聚人才、广泛合作，服务陕西"一带一路"文化、经济、科技交流。工作目标是建设国内外具有重要影响力的"一带一路"文化、经济问题的科学研究基地、教学和人才培养基地，以及咨政助企的社会服务基地。

6 月 26 日，武汉大学中国边界与海洋研究院等在海牙举行"南海仲裁案与国际法治研讨会"。来自亚洲、欧美及非洲国家和地区的 30 多名国际法学者共聚一堂，就南海仲裁案的发起、仲裁庭的组建和程序、仲裁庭对此案管辖权和可受理性的裁决、中国对此仲裁不参与不接受的立场、中国在南海拥有的历史性权利、南海仲裁案对国际法治的影响阐述了意见。

6 月 26 日，国家发改委国际合作中心、中华财务咨询有限公司及北京信泽金教育科技有限公司联合成立国合现代资本研究院。国合现代资本研究院致力于关注 PPP 的发展，讨论交流有关推进 PPP 发展的相关问题。

6 月 29 日，中国社会科学院西藏智库成立大会暨第一届理事会会议在北京召开。西藏智库由中国社科院发起成立，是非经营性的专业研究机构，围绕国家治藏战略与西藏及四省藏区发展与稳定，开展全局性、前瞻性、战略性、综合性的重大理论和现实问题研究。

6 月 29 日，中央党校举办"中央党校国家高端智库理事会会议"。中央党校常务副校长何毅亭表示，中央党校作为国家高端智库建设的首批 25 家试点单位之一，在目标定位上，必须贯穿一条红线，就是要体现"中国特色"，要坚持党的领导、坚持中国特色社会主义方向、坚持立足中国国情，把中央党校智库努力建设成国内一流、国际知名的高端智库。

七月

当地时间 7 月 5 日，中美智库南海问题对话会在美国华盛顿举行。来自中国人民大学、中国南海研究院、南京大学、上海社会科学院等机构的 10 多位中方专家与来自美国卡内基国际和平基金会、布鲁金斯学会等学术机构的 15 位美国学者和前外交官一起对话，围绕"南海问题：中方与美方的视角""多角度看南海分歧与未来""南海问题务实解决思路与建议"三个议题进行研讨。

7月8日，中共中央总书记、国家主席、中央军委主席习近平在京主持召开经济形势专家座谈会，就当前经济形势和经济工作听取专家学者意见和建议，并发表重要讲话。会上十位发言专家中有多位来自智库。专家们分别就金融改革与防控金融风险、宏观经济运行与趋势判断、供给侧结构性改革等摆情况、讲问题、提建议。

7月8日，江苏省委宣传部批准设立15家省内重点培育智库，包括江苏长江经济带研究院、苏北发展研究院、江苏省公共安全研究院、江苏师范大学"一带一路"研究院、教育现代化研究院等。

7月8日，生态文明贵阳国际论坛2016年年会举行。中共中央政治局常委、全国政协主席俞正声出席开幕式并发表主旨演讲。复旦发展研究院、中联部"一带一路"智库合作联盟、中国与全球化智库等多家智库参与并发布成果。

7月9日，"一带一路"新疆发展与中亚合作高校智库联盟在石河子大学成立。"一带一路"高校智库联盟以教育部为指导单位、北京大学为理事长单位，华中科技大学、华东理工大学、华中农业大学、重庆大学、江南大学、对外经济贸易大学、南京师范大学、华南农业大学、石河子大学、塔里木大学10个副理事长单位组建的非法人学术团体，将聚焦"一带一路"发展战略，着眼于新疆发展和中亚合作，形成更多服务国家战略的高水平学术成果和对策咨询报告，为地区发展贡献力量。

7月11日，"全球贸易与创新政策联盟"成立。该联盟由中、美、英等十个国家的十家智库单位共同发起。上海科学技术政策研究所作为联盟创始成员之一，与来自中北美洲、欧洲和亚洲的首批十所智库一起，共同打造一个国际智库网络载体平台。

7月11日，交通行业首个"综合性、专业化、门户型"智库平台——中国交通智库成立。将通过精准搜索、资讯共享、社群互动和专业咨询等核心功能，对行业内的技术资源、数据资源、人力资源、产品资源等进行整合，对接供给侧与需求侧的沟通渠道。

7月12日，光明日报智库研究与发布中心和南京大学中国智库研究与评价中心在光明日报社联合发布《中国智库网络影响力评价报告》。会上公布了中国智库网络影响力排名，并举行了以"网络时代，智库如何提升影响力"为主题的高端对话。中国社会科学院、中共中央党校、国务院发展研究中心、中国金融四十人论坛、国家行政学院、清华大学当代国际关系研究院、清华—卡内基全球政策中心、中共北京市委党校、零点研究咨询集团、北京大学国家发展研究院位列前十。

7月14—16日，由中国科学院文献情报中心《智库理论与实践》编辑部主办的"2016新型智库核心能力建设高级研修班"在京举办。来自全国各地200余名智库研究及工作者汇聚一堂，共同研习探讨新形势下中国新型智库的基础理论、发展规划、实践方案及问题对策。

7月14日，广东省社科联、华南理工大学公共政策研究院、中山大学粤港澳发展研究院、中国（海南）改革发展研究院、综合开发研究院（中国·深圳）、南方报业传媒集团等单位主办的第五届南方智库论坛在广州举行，主题为"扩大开放与中国未来"。200余位与会专家围绕中国开放发展的新趋势与新战略、扩大开放与供给侧结构性改革、"一带一路"与对外资本输出、扩大开放与广东创新发展等重大课题进行了深入探讨。

7月15日，第五届中国沿边九省区新型智库战略联盟高层论坛暨内蒙古社会科学院分院工作会议在锡林浩特开幕，论坛主题为"推进智库建设，服务开放发展"。与会专家学者深入交流了沿边开放发展和新型智库建设的经验与思路，进一步明确了推进智库联盟平台建设的方向。

7月15日，山东省淄博市智库发展研究会正式成立。

7月17日，北京师范大学中国社会管理研究院联合北京市委社会工作委员会、中国社会工作联合会、清华—布鲁金斯公共政策研究中心举办第六届中国社会治理论坛。论坛聚焦于"创新社会治理，决胜全面小康"这一主题，进行了多层次、立体化的探索与思考。

7月18—19日，南海问题与区域合作发展高端智库学术研讨会及专家与媒体见面会在新加坡举行。与会专家学者围绕菲律宾南海仲裁案及中国东盟关系发展进行对话，批驳了谬误，探讨了中国与东盟关系未来发展的途径与前景，阐明了中国作为一个负责任大国维护南海地区和平稳定的坚定意志与大国担当。

7月19日，甘肃省党校系统贯彻落实新发展理念理论研讨会暨智库联盟成立大会于甘肃省张掖市召开。会议讨论并宣布了甘肃省党校系统中国特色社会主义理论体系研究中心（甘肃省党校系统智库联盟）章程、组织机构及人员名单。

7月20日，中央社会主义学院召开"统一战线高端智库工作启动会"，为新时期统战工作出谋划策，为国家发展和民族复兴咨政建言。中央社会主义学院建设统一战线高端智库将立足"大统战""大文化"，广泛凝聚共识，为巩固和发展新时期统一战线和多党合作事业提供思想支撑和文化支持。

7月21日，2016年全国行政学院系统决策咨询工作与新型智库建设经验交流会在黑龙江哈尔滨举行。此次经验交流是全国行政学院系统加强决策咨询工作与新型智库建设的一次重要活动，旨在提高对新形势下加强行政学院新型智库建设的重要认识，明确行政学院系统加强决策咨询工作与新型智库建设的方向和任务。

7月22日，"中国绿色催化专家智库"首届高端年会——"2016绿色及可持续发展麦积山论坛"在甘肃省天水市开幕。80多位两院院士、长江学者、"千人计划"教授及来自英国、美国、比利时、巴基斯坦的国内外顶尖专家学者出席，共同研讨在新形势下如何将新材料、新能源领域最新科研技术成果转化为现实生产力,构建绿色新能源产业体系,为西部地区人与自然和谐相处、经济与环境协调发展建言献策。

7月22日,湖北省首个网络智库平台——"决策与信息"网络智库平台成立。该平台的基本特色在于"两个融合":一是功能上实现智库与决策的融合,各方智库到平台上展示、传播、转化研究成果,各类决策机构到平台上来借用智慧,引进智慧。二是在形态上,实现新媒体与传统媒体融合。

7月25日,中博四川智库在四川成都成立。该智库由中组部、团中央第16批赴川博士服务团牵头,以在川的博士团成员作为固定成员,以当年在川本批博士团成员为主体,对川外博士团成员动态开放,为四川招商、引资、引智和宣传等方面搭建共享平台。

7月28日,中国人民大学重阳金融研究院在京举办"G20与中国"国际研讨会暨G20研究系列智库专著发布会。人大重阳研究团队撰写的《2016:G20与中国》中英文双语版本、《G20蓝皮书2015—2016》中英文双语版本、《G20与可持续发展》等8部G20研究系列智库专著集体面世,全面阐述并探讨G20与中国贡献。

7月28日,四川省与中国人民大学联合创办的四川文化创意产业研究院正式挂牌成立,相关专家委员围绕四川音乐产业资源及发展、四川音乐产业发展支撑体系、四川音乐产业重点行业发展研究等内容开展战略研讨会，并公开发布中国西部文化产业发展指数和中国西部文化消费指数。

7月29—30日，由中国社会科学院世界经济与政治研究所、上海国际问题研究院、中国人民大学重阳金融研究院主办的"G20智库论坛（T20）：建设新型全球关系——新动力、新活力、新前景"在京举行。来自世界20多个国家的百家智库代表、部分政要及联合国开发计划署、经济合作与发展组织等国际组织的500多位嘉宾齐聚北京，共同探讨在经济全球化背景下如何加强宏观经济政策协调，推动全球贸易体制发展，完善全球经济治理。

八月

8月6日，由深圳市综研软科学发展基金会、中国（深圳）综合开发研究院发起主办的"2016中国智库论坛暨综合开发研究院深圳年会"在深圳举行。论坛以"中国企业走出去：路径、风险与创新"为主题，主要研讨在国际化的格局里，中国市场如何与国际接轨，中国企业如何主动参与国际合作与竞争，如何实现互利共赢、共同发展，同时维护国家利益和经济安全。

8月11日，全国党建研究会"党建高端智库建设规划"调研座谈会在贵阳举行。座谈会围绕深入学习贯彻习近平总书记重要指示精神、完善全国党建研究会党建高端智库建设规划、加强全国党建研究会和国企党建专委会建设、深化国企党建改革创新等问题进行了深入研讨，提出了一系列建设性意见建议。

8月12日，由中国驻肯尼亚使馆与浙江师范大学、中非发展基金、肯尼亚非洲经济研究所、肯尼亚公共政策与分析研究院等单位共同举办的中非媒体智库研讨会在肯尼亚蒙巴萨举行。来自中国、肯尼亚、南非、塞内加尔、坦桑尼亚、尼日利亚、摩洛哥、埃及等20多个国家的知名智库负责人，围绕中非媒体智库合作、新时期中非合作论坛约翰内斯堡峰会成果落实及进一步促进成果落实的相关战略举措等议题进行讨论。

8月12日，由广州市工信委大数据管理局牵头并指导，广州大数据行业协会主导的广州大数据专家智库成立。

8月15日，山东省人才工作领导小组办公室发布山东省智库高端人才初步人选名单。来自山东省各领域的183名智库专家入选。

8月15日，首批132名专家入选天津法制智库专家名录。

8月20日，中国社会科学院"当代中国马克思主义政治经济学创新智库"挂牌仪式在京举行。该智库是由中国社会科学院创办，依托中国社会科学院经济研究所，并联合中国社会科学院经济学部其他7个研究所、哲学研究所和历史研究所成立的中国特色社会主义政治经济学研究的专业智库，也是国内成立的第一家中国特色社会主义政治经济学高端智库。

8月25日，由福建师范大学、中共中央党校国际战略研究院、中国科学技术交流中心、国务院发展研究中心管理世界杂志社、中国社会科学院社会科学文献出版社、光明日报理论部、中智科学技术评价研究中心等单位合作成立的"二十国集团（G20）联合研究中心"挂牌。

8月25日，中国社会科学院主办的"中国社会科学论坛·智库成果的出版与传播"在京举行。与会者提出，当前，我国智库建设呈现蓬勃发展之势，国际智库之间的交流日益增强，智库在影响公众、公共外交方面的作用日益增强，要加强智库出版的传播能力建设。会议还就《中国工业经济运行夏季报告（2016）》英文版举行了签约仪式。

8月26日，江西省信息化智库成立大会暨第一次会议在南昌召开。智库大会还举行了颁发专家证书仪式，审议通过《江西省信息化智库章程》。省信息化工作领导小组各成员单位、信息化智库专家共100余人参加会议。

8月26日，以"大气环境与绿色发展"为主题的"聚焦中原"第七期院士专家智库论坛在郑州举办。"聚焦中原"院士专家智库论坛是河南省科协搭建的科技智库平台。两年来，论坛先后围绕着丝绸之路经济带、郑州航空港经济综合实验区建设、粮食核心区建设、"互联网＋"现代服务业、河南省创新人才队伍建设等重大的发展战略和重点问题，邀请了30多位院士和百余名省内外专家进行研讨。

8月28日，由一带一路百人论坛、商务印书馆、北京语言大学、镇江市创业精英联合会联合主办的以"'一带一路'双引擎：城市与企业"为主题的一带一路百人论坛第二届年会在江苏省镇江市举行。各界专家围绕习近平总书记关于推进"一带一路"建设的重要讲话精神、媒体与智库如何助力"一带一路"、镇江如何融合"一带一路"建设、当前宏观经济形势与"一带一路"民营企业机遇等议题进行研讨。

8月29日，中国国际经济交流中心在京举行系列成果发布会，成果包括《未来十年中美经贸关系》《互联网革命与中国业态变革》《美国全球战略调整与布局》《抉择》。

九月

9月4—5日，二十国集团领导人第十一次峰会在杭州举行，智库对峰会的智慧贡献得到习近平总书记肯定。

9月5日，盘古智库在京举办"G20与全球治理：中国角色与贡献"论坛。与会专家学者针对中国与全球治理关系、G20制度化面临的挑战、中美关系前景、杭州峰会对G20治理机制的影响与效应等问题展开了深入探讨，并对世界经济的未来走势、宏观协调政策的效用、中国经济增长的核心动力等问题进行剖析。

9月6日，中国社会科学院城乡发展一体化智库成立大会暨第一届理事会会议、深化农村集体产权制度改革研讨会在京召开。会议宣布了城乡发展一体化智库理事会、学术委员会组成名单。

9月7日，中国高校"一带一路"智库联席会议在西北大学召开。会议由西北大学主办，社会科学文献出版社协办，西北大学丝绸之路研究院具体组织实施。《中国高校"一带一路"智库2016年度报告》公布了"一带一路"专项智库综合影响力排名前十名的研究机构，并为中国高校"一带一路"智库影响力人物榜单并颁奖。

9月7日，由广东省人民政府、中国国家开发银行和世界银行共同主办的第二届对非投资论坛在广州开幕，由中国国家开发银行和世界银行共同倡议发起的对非投资智库联盟在会上成立。

9月7—8日，江苏、湖北两省智库交流座谈会在南京举行。来自江苏和湖北的专家围绕新型智库建设、智库与新媒体融合发展等议题进行交流探讨。

9月8日，由中国社会科学院和广西壮族自治区人民政府主办，广西社会科学院和中国—东盟博览会秘书处共同承办的第九届"中国—东盟智库战略对话论坛"在广西南宁举行。来自中国和东盟各国智库机构和高校的专家学者等100余人出席论坛。专家们就如何推动21世纪海上丝绸之路建设等双边合作新战略展开深度研讨。

9月9日，由中央编译局世界发展战略研究部主办的"全球治理与发展战略学术研讨会暨中央编译局国家高端智库重点研究领域工作会议"在北京召开。

9月12日，河南省新型智库建设暨2016年度发展研究中心

（研究室）主任座谈会在洛阳召开。会议以"新形势下加强政府智库建设，促进研究中心（研究室）工作交流"为主题，来自省政府发展研究中心、各省辖市政府发展研究中心（研究室）以及有关高校研究机构的专家学者共商加快新型智库建设大计，共谋决策咨询研究良策。

9月12日，由中国科学院西北生态环境资源研究院（筹）兰州文献情报中心举办的第二届环境与发展智库论坛在兰州召开。来自政府部门、科研机构、高校、企业、国际组织和媒体代表等单位共120多人参加了会议。与会专家学者围绕"一带一路战略与西部发展和智库决策服务影响力"展开讨论，并对智库论坛的发展提出了期望和建议。

9月13日，上海市第一中级人民法院与上海社会科学院、华东政法大学合作建立的上海司法公信力研究中心在沪揭牌。此次司法公信力研究中心的建立，旨在推动司法实务部门与高等院校、科研机构的交流合作，促进上海国家高端法治智库建设，共同打造司法公信力研究建设新平台，推动司法公开和司法改革进程。

9月14日，由贵阳市人民政府、工信部电子一所、加州大学伯克利分校共同筹建的"贵州伯克利大数据创新研究中心"在贵阳揭牌。随着"贵州伯克利大数据创新研究中心"项目建设的开展，贵州省大数据引领创新经济社会的能力将进一步提升，此举还将为贵州引进尖端人才，建立顶级智库。

9 月 18 日，上海社会科学院国家高端智库资深专家座谈会在上海召开。会上宣布成立"上海社会科学院国家高端智库资深专家组"，并宣读首批院国家高端资深专家组特聘专家名单。专家们先后就如何做好议题设计、成果审改、专题调研、国际智库交流等专家组工作作了发言，并就高端智库建设的相关问题提出了意见和建议。

9 月 18 日，由辽宁社会科学院经济研究所主办的东北区域经济发展论坛在沈阳召开。会上，辽宁社会科学院经济研究所、吉林省社会科学院经济研究所、黑龙江省社会科学院经济研究所、内蒙古社会科学院经济研究所四家单位联合成立东北区域经济发展智库联盟。

9 月 19—23 日，由印度观察家研究基金会、印度发展中国家信息与研究中心共同主办的第八届金砖国家学术论坛和第五次智库理事会分别在果阿、德里召开。由中共中央对外联络部、国家发展与改革委员会、中国社会科学院、中国人民大学、北京师范大学、国家开发银行等组成的中方工作组和中国专家学者代表团出席会议。

9 月 20 日，国务院总理李克强在纽约同美国经济、金融、智库、媒体等各界人士座谈，就中美关系及经贸合作等共同关心的问题交流互动。

9 月 21 日，由湖北省委办公厅与武汉大学共建的武汉大学党内法规研究中心成立。该中心定位于打造成党内法规建设的高端智库，构建党内法规创新研究基地和人才培养基地，为落实全面从严治党、推进国家治理体系和治理能力现代化作出贡献。

9月21日，中国旅游媒体智库在济南揭牌。中国旅游媒体智库由大众日报与山东省旅游发展委员会联合30家全国省级党报联盟成员单位共同发起，目的在于提升主流媒体营造良好舆论氛围、引导和服务旅游产业大发展的水平和能力，打造支持推动旅游行业、景区、企业、线路产品和新型业态以及旅游目的地形象宣传和推广的高端智力平台。

9月22日，由中国国际问题研究院和东盟战略与国际问题研究所共同主办的第四届中国—东盟智库对话会在柬埔寨暹粒举行。来自中国和东盟10国的40余位与会学者就中国—东盟建立对话关系25周年回顾与展望、中国与东盟澜湄合作机制与次区域合作、共同应对区域性海上安全挑战等议题进行讨论。

9月23—24日，全国社会科学院第十九届院长联席会议暨首届智库论坛在淄博举行。来自中国社会科学院、全国各省区市社科院、部分城市社科院和山东省、淄博市的有关专家学者近200人与会。

9月26日，上海市欧美同学会联合中国科学学与科技政策研究会区域创新专业委员会、上海市科学学研究会共同在沪举办"科技智库影响力评价及国际化发展"研讨会。来自上海市欧美同学会、中国科学技术发展战略研究院、中国科协创新战略研究院单位的50多位智库负责人和专家学者，围绕科技智库国内外发展态势、智库影响力评价体系、全球科技智库网络与国际化发展路径、新媒体与智库影响力提升等几个议题展开研讨。

9 月 28 日，光明日报智库研究与发布中心学术委员会成立仪式暨《2015 中国智库年度发展报告》、中国智库索引系统发布会在京举行。国务院研究室原主任、党组书记魏礼群，中共中央党史研究室副主任冯俊，国防大学战略教研部主任任天佑，中央党校原副校长张伯里，北京师范大学校长董奇，中国社会科学院学部委员、副院长蔡昉等 33 人受聘担任中心首批学术委员。首批学术委员均为国内各类代表性智库、智库管理部门、研究机构主要负责人及权威专家。由光明日报智库研究与发布中心组织编写、社会科学文献出版社出版的《2015 中国智库年度发展报告》同期发布；由南京大学中国智库研究与评价中心、光明日报智库研究与发布中心共同研发的"中国智库索引"系统上线发布。

9 月 28—29 日，由中俄蒙智库联盟主办、内蒙古自治区发展研究中心担任轮值主席方的"中蒙俄智库国际论坛 2016"在呼和浩特召开。论坛以"中蒙俄经济走廊：对接与拓展"为主题，以主论坛主旨演讲和 5 场平行论坛专题交流方式开展。

十月

10 月 10 日，由中国军事科学院和中国国际战略学会主办的第七届香山论坛在京开幕，来自 59 个国家和 6 个国际组织的 400 余名官员、学者与会。共同探讨亚太安全合作问题。此次论坛主题为"加强安全对话合作，构建新型国际关系"，设 4 个大会议题，主要讨论"合作应对亚太安全新挑战""军队在全球治理中的作用""海上安全合作""国际恐怖主义威胁及应对"。

10 月 10—11 日，由中国社科院国家全球战略智库、北京外国语大学、中国社科院亚太与全球战略研究院联合举办的"全球视角下的'一带一路'"国际研讨会在京举行。21 个国家、31 位国外代表和 39 位国内专家代表参与会议，就"一带一路"建设面临的全球新形势和新挑战、"一带一路"建设与多领域合作和如何在国际视角下推进"一带一路"建设等议题展开深入研讨，共商"一带一路"前进道路上各种难题的解决方案。

10 月 12 日，中国人民大学国家发展与战略研究院理事会暨国家高端智库研究基金捐赠协议签订仪式在京举行。国发院高端智库研究基金面向社会开放，筹集的全部资金一部分用于保证国发院的资金流动性；另一部分将以母基金的形式，注入资金运作，获得进一步的经营性收益，满足智库持续性发展的资金需求。

10 月 12 日，由教育部教育发展研究中心和欧洲大学协会共同承办的"首届中欧教育政策智库论坛"在京举行。论坛以"一流大学建设与高等教育国际化"为主题，就一流大学建设、高等教育国际化、创新创业教育和高等教育质量保障等双方高等教育领域共同关心的议题进行研讨和交流，并就智库对教育决策的影响以及智库自身建设等问题进行探讨，以促进建立中国和欧洲教育智库交流合作长效机制。

10 月 12 日，盘古智库"2016 金砖机制与全球治理论坛"在京举行，盘古智库印度研究中心挂牌成立。

10 月 15 日，由国研文化传媒股份有限公司和北京经济技术投资开发总公司共同主办的中国智库创新科学园开园仪式暨"国研智库大讲堂"首场讲座在京举行。中国智库创新科学园是是由北京经济技术开发区工委管委会和北京经济技术投资开发总公司、国研文化传媒股份有限公司三方联手打造，以智库产业为主体，集聚高端智慧产业、推动文化与科技融合发展的全国首家智库类园区。

10 月 18—19 日，由云南大学、新加坡国立大学东亚研究所联合云南省普洱市委、普洱市人民政府及普洱学院共同举办的第七届西南论坛暨澜湄智库论坛在普洱召开。与会专家学者深入探讨东盟共同体建设对中国—东盟关系的影响，积极探索推进"一带一路"倡议实施、加快澜湄合作和中国—中南半岛经济走廊建设的方式、路径和具体项目。

10 月 19 日，中国科协创新战略研究院江苏分院在江苏南京正式挂牌运营。江苏分院在苏科创新战略研究院基础上设立，同步成立研究院理事会、专家咨询委员会、学术委员会。分院成立后，将加快建设科技创新智库，围绕长三角地区科技创新发展战略等重大问题，组织开展科技创新政策和评估、科技创新文化和科学文化、科技人才与环境等相关研究。

10 月 20 日，由商务部国际贸易经济合作研究院与上海合作组织秘书处联合主办的上合组织首届经济论坛在京举行，倡议成立"上合组织经济智库联盟"。来自上合组织成员国、观察员国、对话伙伴国等 18 个国家的研究机构专家，围绕上合组织成员国经济一体化及贸易制度安排、贸易投资便利化及金融自由化、互联互通与产能合作等热点议题展开讨论。

10 月 20 日，全国城市社科院第二十六次院长联席会议暨城市智库联盟第二届年会在山东济南举行。来自中国社会科学院、中国社会科学杂志社、中国社会科学出版社和上海、重庆、山东社科院以及全国 39 家城市社科院的学者 130 余人参加了会议。会议主题为深入学习贯彻习近平总书记在哲学社会科学工作座谈会上的重要讲话精神，加强新型智库建设，推进城市社科院社科研究创新发展。

10 月 21 日，由中国人民大学与俄罗斯圣彼得堡国立经济大学联合主办的第七届中俄高级经济论坛在京举行。中俄高级经济论坛自 2002 年至今已发展成为一个常规性的论坛，不仅是中国人民大学和圣彼得堡国立经济大学校际合作的标志性项目，而且成为推动中俄两国经贸关系健康发展、助力中俄战略协作伙伴关系高水平运转的重要平台，已分别在北京和圣彼得堡举办六届。

10 月 22 日，由中国法治现代化研究院、江苏高校区域法治发展协同创新中心、南京师范大学江苏法治发展研究院和南京师范大学法学院合办的"中国法治现代化 2016 年智库论坛"在江苏南京举行。与会专家学者紧扣"新发展理念与中国法治现代化"的主题，从法律、政治、经济、社会、科技、文化、历史等视角，运用规范分析、实证调查、跨域比较等方法，对中国法治现代化进程中的重大理论和实践问题进行研讨。

10 月 22 日，由湖南省社会科学院主办的湖湘智库论坛 (2016) 暨中南地区社科院院长联席会议在湖南长沙召开。来自湖南、山东、河南、山西、江苏、重庆、贵州、甘肃、四川、广东、广西、湖北、浙江、云南、江西、安徽等 16 省区市地方社会科学院及湖南重点智库的 150 余名专家学者参加。

10 月 22 日，首届东北三省一区社科院院长联席会议暨智库论坛在吉林长春召开。来自中国社科院、辽宁社科院、黑龙江省社科院、内蒙古社科院及吉林省社科院的专家学者 30 余人参加会议。会议以深入贯彻习近平总书记"5·17"重要讲话精神，繁荣发展哲学社会科学，推进地方社科院特色新型智库建设，探讨全面振兴东北老工业基地新举措为主题。

10 月 22 日，北京外国语大学"区域与全球治理高等研究院"在京成立，首届区域与全球治理高端论坛同日举行。据称，北外将以此为契机，整合校内外研究力量，开拓区域与全球治理研究的新领域、新理论、新方法，努力将区域与全球治理高等研究院建设成为产出学术精品、培养高端人才、服务国家总体战略的新型高端智库。

10 月 23 日，由甘肃省委党校和甘肃日报社主办的"加强甘肃基础工作"智库专家研讨会在兰州召开。来自省人大、省委党校、省社会科学院、兰州大学、西北师范大学、甘肃行政学院和甘肃日报社有关负责人以及专家学者，就如何加强甘肃基础工作和新型智库建设进行了深入交流。

10月23日，由中国管理科学研究院专家咨询委员会主办的中国管理科学研究院智库工作启动仪式在京举行。大会启动了"中国管理智库专家库"工作，由中国管理科学研究院专家咨询委员会主办，其目的是通过在全国范围内选聘和培育一批在管理科学和交叉学科领域的优秀人才，纳入专家库，更好地为党、政府和企业提供服务。

10月25日，中国科学院科技政策与管理科学研究所更名为中国科学院科技战略咨询研究院。该院将致力于科技发展战略研究，引领未来创新发展方向，为中国科学院建成国家倚重、社会信任、特色鲜明、国际著名的高水平科技智库发挥不可替代的作用。

10月27日，察哈尔公共外交年会暨公共外交温州论坛在浙江温州召开，会议以"全球治理创新的中国智慧"为主题，形成"公共外交温州共识"。

10月28日，中央编译局世界发展战略研究部和云南省社会科学界联合会在云南昆明联合举办首届"全球治理与发展战略论坛"。围绕"全球治理中的边疆与区域"的主题，近50名专家开展深入研讨，为推动云南省积极融入"一带一路"，建设"面向南亚东南亚辐射中心"，积极建言献策。

10 月 30 日，中国社会科学院国家金融与发展实验室理事长李扬等联合发起的"中国社会责任百人论坛"在京启动。同日发布《企业社会责任蓝皮书：中国企业社会责任研究报告 (2016)》。

10 月 30—31 日，由暨南大学、海国图智研究院主办的"2016 中国外交与智库创新"学术研讨会在广东广州举行。与会者就中国外交和中国智库面临的机遇及挑战进行了讨论。

10 月 31 日，法制日报社"中国城市管理法治研究中心"在京成立。"中国城市管理法治研究中心"是开放型城市管理法学研究机构，以"城市管理法学"学科建设为核心，以城市管理国家智库建设为目标，以向中央和地方政府提供城市管理疑难问题法治化解决方案为重点。

十一月

11 月 5 日，中国财政科学研究院与中国财政学会共同举办的"财政与国家治理暨财政智库 60 年研讨会"在京召开。会议围绕财政作为国家治理基础和重要支柱的战略定位及新型财政智库建设的思路和方法展开研讨。

11 月 5 日，由国务院参事室牵头，零点有数等三家民间调研数据机构参与的国务院参事室社会调查中心正式成立。中心将围绕相关核心工作议题与政府相关部门委托的专项议题展开调研工作。

11 月 5 日，由一带一路百人论坛与商务印书馆联合举办的"一带一路百人论坛研究院成立暨学术研讨会"在京举办。相关机构的权威专家 30 余人出席会议，并就"一带一路"的若干前沿问题展开了深入交流。

11 月 6 日，由国务院发展研究中心指导，中国发展出版社主办的"国研智库论坛·2016 年会"在京举办。会上，国务院发展研究中心发布了 2015—2016 年度重要研究成果暨"国务院发展研究中心研究丛书 2016"。论坛主题为"供给侧结构性改革与经济新动能"。来自各级各类智库、中央和地方政府、国内外知名企业等各界代表约 400 人参加论坛。

11 月 7 日，由广东省社会科学院主办的"广东智库论坛2016——中国开放战略下的广东发展"在广州举行。论坛聚焦"中国开放战略下的广东发展"主题，就广东参与国家"一带一路"建设、深化粤港澳合作、加快自贸区发展、构建高水平开放格局、建设现代金融治理体系等论题进行深入研讨，为广东开放发展把脉支招、建言献策。

11 月 8 日，华侨大学印度尼西亚研究中心成立。华侨大学国际关系学院将把印度尼西亚列为开展中外关系及涉侨研究的重点国家之一，积极寻求东南亚各大学及研究机构合作，打造高端的学术及智库平台，服务于福建省海上丝绸之路核心区建设。

11 月 9 日，四川省社会科学院、中国科学院成都文献情报中心发布《中华智库影响力报告（2016）》。该报告对中国智库的运行模式进行了归类，提出了我国智库的七大运行模式，即政府主导型、院校支撑型、精英领衔型、企业资助型、媒体侧翼型、跨界联盟型和共生融合型。同时，对 2015 年中国智库的运营管理变化做了概括，归纳出我国智库"树特色、共发展、聚智源、优项目、精成果、活岗位"六个发展新动向。

11 月 10—11 日，上海社科院智库研究中心、宾夕法尼亚大学智库项目组和中国与全球化智库联合主办"2016 上海全球智库论坛"。围绕"建设命运共同体：合作、创新与展望"，各方专家就智库在促进全球治理、构建命运共同体的作用等方面进行研讨。

11 月 11 日，由紫金传媒智库与中科院文献情报中心联合主办的治国理政与智库创新暨"中国新型智库建设"第二届学术研讨会在南京举行。围绕"智库与治国理政新思想新实践""学术研究与智库应用之融合""智库的多元化与国际化""智库传播与媒体影响力"，来自全国各地 80 家智库近 150 位智库负责人、专家学者展开充分研讨。

11 月 14 日，由"一带一路"智库合作联盟、中国人民大学重阳金融研究院与义乌市人民政府联合主办的"2016 中国（义乌）丝绸之路经济带城市国际论坛"在浙江义乌举行。此次论坛由"一带一路"智库合作联盟、中国人民大学重阳金融研究院与义乌市政府联合主办，以"促进互联互通 共建贸易繁荣"为主题。400 多名来自 30 余个国家的政界、商界、学界人士参加论坛，共商新形势下"一带一路"发展之策，共谋丝绸之路沿线城市合作共赢之路。

11月15日，中国财政科学研究院、日本财务省财务综合政策研究所在京举行中日财政智库研讨会。两国的专家学者围绕如何应对人口老龄化问题进行了学术交流。

11月17日，由国务院发展研究中心主办，中国网络空间研究院、宁夏回族自治区互联网信息办公室承办的互联网国际高端智库论坛在浙江乌镇举行。近百位来自五大洲著名智库以及重要国际组织的知名学者和代表分享交流智库在推动互联网发展方面的研究成果，深入探讨互联网发展对人类社会带来的影响，思考智库在全球互联网发展以及网络空间新秩序建立中的作用。

11月18日，由陕西省社科院主办的西北五省（区）社科院院长联席会暨2017西北蓝皮书统稿会在陕西西安召开。五年来，西北五省（区）社科院以院长联席会为平台，围绕"新一轮西北大开发""国家战略中的西北发展""丝绸之路经济带建设"以及地方社科院的创新与发展等议题，展开讨论与交流，为"一带一路"建设的推进提供智力支持。

11月18—19日，由中央编译局海外当代中国学研究中心主办，北京外国语大学"北京高校中国特色社会主义世界影响力研究协同创新中心"协办的首届"海外中国问题研究高端论坛"在京举行。主题是"中国的发展前景与挑战"。与会海内外学者就中国社会治理前景与挑战、反腐败的国际合作，以"一带一路"

倡议为核心的海外投资、国内产业升级，以及中美、中欧关系、中国周边局势等问题进行了深入交流与探讨。

11月19日，中国科协创新战略研究院与中国科协信息科技学会联合体共建的"智能社会研究所"专业智库在京成立。智能社会研究所是国内首家明确以智能社会为研究对象的专业性科技创新智库，也是中国科协建设高水平科技创新智库体系的重要组成部分。

11月19日，中国人民大学国家发展与战略研究院等在京主办"中国宏观经济论坛（2016—2017）"。《中国宏观经济分析与预测（2016—2017）——稳增长与防风险双底线的中国宏观经济》发布。

11月23日，为更好地推动中国特色新型智库建设，进一步发挥智库咨政建言、理论创新、舆论引导、社会服务、公共外交的重要作用，光明日报智库研究与发布中心发布启事，启动年度"十大"评选，包括评选年度十大智库、年度十大智库人物等。

11月23日，环境保护部环境保护对外合作中心与欧洲联盟驻华代表团、北京师范大学、中国人民大学、首都科技发展战略研究院、中国环境科学学会共同举办"绿色'一带一路'与环境保护投融资机制创新论坛"。论坛秉承"创新、协调、绿色、开放、共享"新发展理念，为与会中外各界致力于绿色"一带一路"建设和环境保护绿色投融资创新的专家学者搭建了开放的交流平台。

11 月 23 日，中国侨联与清华大学联合成立清华大学"一带一路"战略研究院。清华大学"一带一路"战略研究院将以建设现代化高端智库、高端人才培养基地、高级别国际交流平台为目标，通过整合中国侨联的资源优势和清华大学综合学科优势，为政府决策提供智力支持、为企业发展给予咨询服务、为人才培养探索创新模式。

11 月 25 日，农工党丹东市委智库成立。智库由医疗界各学科带头人及特聘的有关方面专家组成，旨在围绕"健康中国""美丽中国"主线，履行好参政党职能。

11 月 25 日，以"农业供给侧结构性改革理论与实践"为主题的首届山东农业科技智库高层论坛在济南举行。来自中央财经领导小组办公室、中央政策研究室、中国农科院、中国人民大学、中国农业大学、山东省农科院等单位的领导和专家学者聚焦农业供给侧结构性改革，共谋农业发展大计。

11 月 26—27 日，由国家发展改革委国际合作中心主办的中国经济与国际合作年会暨新"巴山轮"会议·2016 在京举行。与会学者聚焦"21 世纪海上丝绸之路——政策与行动"主题展开深入研讨，共话"一带一路"建设成就和未来愿景。

11 月 27 日，国家发展改革委国际合作中心在京举办市场公平竞争与反垄断高级国际研讨会、中国宏观经济与国家利益高级研讨会。多家智库重量级成员与会，共同分析中国经济面临的挑战以及应对之策。

11 月 30 日，由中国社会科学院中国社会科学评价中心主办的"第三届全国人文社会科学评价高峰论坛：全球智库研究与展望"在京举行。近百名国内外智库专家围绕主题进行深入研讨。

11 月 30 日，由中国社会科学院台湾研究所、全国台湾研究会、厦门大学台湾研究院、两岸关系和平发展协同创新中心、台湾二十一世纪基金会和中国文化大学社会科学院共同举办的第三届两岸智库学术论坛在广西桂林举行。40 余位两岸专家学者围绕两岸关系和平发展的经验启示、新形势与新挑战、政策选择等议题展开讨论，并对两岸经济合作、美国大选对两岸情势之影响、台当局的南海政策等作了深入剖析。

十二月

12 月 3—4 日，中国大学智库论坛 2016 年年会在沪举行。论坛由教育部和上海市政府指导，复旦大学和中国大学智库论坛秘书处主办。来自各级党政部门的领导和来自党校、高校、科研院所、民间智库的专家学者 300 余人相聚复旦，共话智库建设，共谋创新发展。

12 月 4 日，首批国家高端智库建设试点单位——国家发改委宏观经济研究院正式更名为中国宏观经济研究院。同日，该院在京主办"2016 国宏宏观经济论坛：深化供给侧结构性改革暨第二十二次全国发展改革系统研究院（所）长会议"。

12 月 10 日，清华大学文化创意发展研究院在京成立。该院将致力于发挥清华多学科优势,推动文化创意领域重大学术研究、跨学科人才培养、产业发展实践及国际学术交流。

12 月 15 日,由中国社会科学院和中国—中东欧国家合作秘书处联合主办、中国社会科学院欧洲研究所和 16＋1 智库交流与合作网络具体承办的"中国—中东欧国家智库研讨会"在京举办。外交部等部委代表、中东欧国家驻华使节、中国和中东欧国家知名智库学者、16＋1 智库网络理事单位代表、地方政府代表、部分企业代表等共 200 余人与会。

12 月 14 日,由中国科学学与科技政策研究会区域创新专业委员会、科技日报社新闻研究所等单位联合举办的"2016 科技智库核心能力建设高级研修班"在上海正式开班,来自十多个省市的 30 家智库的研究人员共 70 余人报名参加,重点培育五方面能力——"知大势、懂方法、能写作、善沟通、会传播"。

12 月 16 日,中国社会科学院国家治理研究智库 2016 年成果发布会在京举行。6 项成果题目分别是:构建"回应型政府",推进国家治理现代化;2016 年舆情热点与传播规律;全面依法治国的重点和难点问题;异地搬迁与精准扶贫——宁夏生态移民再考察;民族地区家庭住房财产的城乡和民族差异;社会发展、各阶层网络使用与网络治理。

12 月 17 日,由光明日报社、南京大学主办的"2016 中国智库治理论坛"在南京举行。来自中央及各省市智库管理部门、中国智库索引(CTTI)首批来源智库、智库研究界的专家学者等近 700 人参加会议。会上发布了我国首个智库垂直搜索引擎和数据管理平台——中国智库索引（CTTI）的首批来源智库名录及相关测评报告。该索引由南京大学中国智库研究与评价中心、光明日报智库研究与发布中心联合研发。中国智库治理论坛由南京大学中国智库研究与评价中心、光明日报智库研究与发布中心倡议成立，旨在为智库宏观治理部门、各级各类智库、智库研究界打造专业化的交流平台，推动共商、共建、共享的新型智库共同体建设，为中国特色新型智库建设贡献力量。

12 月 17 日，中国国际经济交流中心与新华社国家高端智库联合主办"2016—2017 中国经济年会"。主题是：围绕主线、着力攻坚、稳中求进、进中求好。

12 月 20—21 日，国家教育发展研究中心在京主办"教育发展战略与政策研究 30 年：回顾与展望"研讨会。会议回顾了改革开放以来我国教育发展的历史轨迹，展望了未来国内外教育改革的趋势，围绕当前教育发展战略与政策热点问题进行了探讨。

12 月 21—23 日，以"'十三五'供给侧改革背景下舆论新格局"为主题的首届全国互联网智库峰会暨第四届网络舆情论坛在海南省海口市召开。论坛由中央网信办互联网舆情中心指导，中共海南省委宣传部支持，人民网、中共海口市委宣传部主办，中央及各省市宣传和网信领导、国内顶级专家、知名学者、政务新媒体代表、网络名人等 200 余人，共话"十三五"供给侧改革背景下的舆论新格局。

12 月 26 日，由教育部学校规划建设发展中心指导、中国教育智库网主办的 2016 中国教育智库年会暨新型教育智库建设研讨会在京举行。来自全国的近 200 名教育智库机构代表参加了研讨会，本次会议发起成立的中国教育智库联盟，旨在为教育智库搭建相互交流和深度合作的平台。

12 月 27 日、28 日，中国社会科学院在京先后举办创新工程 2016 年度重大成果系列发布会基础研究专场、重大理论与现实问题研究专场。《中国收入分配问题研究》等 10 项成果入选重大理论与现实问题研究年度成果。

12 月 28 日，"2016 中国城市治理（青岛）创新年会"举行，年会主题是"新型智慧城市与城市治理"。会议宣布打造青岛高端智库集群，为城市治理等出谋划策。该智库集群以北京大学（青岛）城市治理研究院为核心，旨在吸引一批国内外知名高端智库和研究机构，共同组建一个立足市北、服务青岛、辐射全国、具有较强影响力的高端智库集群。

12 月 29 日，由山东社会科学院主办的"山东智库联盟 2016 年年会暨泰山智库讲坛"在济南召开。

12 月 30 日，由河南省政府发展研究中心、河南省教育厅社科处和黄河科技学院联合主办的"河南智库界 2017 年迎新座谈会"在黄河科技学院举行。30 余位专家学者围绕河南智库研究积极建言献策据悉，总结了河南智库建设发展的做法和成绩、明确了问题和不足、指出了方向和思路。

12月底，一带一路百人论坛评选出"2016年度较具代表性和影响力的'一带一路'优秀智库"。中国人民大学重阳金融研究院、蓝迪国际智库、中国与全球化智库、盘古智库等8家智库获此荣誉。

12月，社会科学文献出版社出版《中国智库名录（2016）》，新版名录在2015版基础上新收录智库65家，删除已注销或者经判断不再符合条件的机构，并对部分智库信息进行了更正，共收录智库1192家。

后 记

又一个年终岁尾之际，由光明日报智库研究与发布中心组织编写的第二本中国智库年度发展报告，与关心智库、支持智库、期待智库的您见面了。

2016 年 9 月，当首本《中国智库年度发展报告》出版时，我们曾订立目标——希望这样一部年度盘点之作，能为您提供"研究智库、运营智库、管理智库的案头必备，了解中国科学民主依法决策进程、国家治理体系与治理能力现代化演进的一扇窗口"，能成为您对一年以来智库建设整体记忆中的一抹亮色。今天，这依然是我们的祈愿与追求，不曾淡忘，也不会改变。

同样不变的，是这本报告的总体风格与整体架构。为了保持风格的一致性与稳定性，此报告沿袭了上一部的研究理路：在广泛收集全国各类代表性智库全年建设动态、发展资讯的基础上进行梳理与分析，从智库建设的外部环境与内部因素两方面入手，总结该年度智库建设的突出特点、表现特征，分析揭示其内在动力与发展规律，既如实呈现成绩，也坦然剖析不足，并给出改进途径与提升建议。

在总体架构上，报告仍然采用"一总几分"的形式，一份总报告突出整体性，着眼全局，对全国各级各类智库发展的全面状况进行介绍与总结，分别从智库建设的政策支撑、智库体制机制改革、智库咨政研究与成果、智库活动、智库建设研究与评价等角度展开盘点、介绍分析；分报告则突出专业性，按照智库类型划分，一篇锁定一个类型，对其进行针对性介绍与分析。

有因有循，有革有化。与第一本报告相比，这本报告的变化与进步也是明显的：首先，在总报告中，我们专门增设了理论梳理类的"下编"，从进展与特征、问题与挑战、建议与展望三方面进行分析、提出建言，力求引发深度思考，推动中国特色新型智库建设步入更加注重质量、更加务实理性的健康发展轨道。由此，总报告以"上编"叙述智库建设年度状况、"下编"紧扣年度状况进行评议的形式出现，较首部报告中侧重资讯介绍的总报告有了更强的理论性和思想性。

分报告的"扩容"也是此报告的一大亮点。在首部报告关注智库建设最为活跃的四路主力军——党政智库、高校智库、社科院系统智库、社会智库的基础上，我们拓宽视野，对中国智库"七路大军"中的其他几类也进行专门盘点。考虑到"科技创新智库和企业智库"的涵盖面与特殊性，我们在撰写中将其分为科技类智库、企业智库两类对待。国家高端智库试点单位是智库中的标杆、"领头雁阵"，经过一段时间的建设成效显著，我们也将其单独列出，为其专门撰文分析。

在附录中，我们依托光明日报《智库》版开辟的"智库月度大事记"栏目，汇总筛选出中国智库年度大事记，把中国智库在2016年留下的每一个脚印串联起来，铺展出一条进程清晰的"行军线路图"。此外，光明日报智库研究与发布中心的年度特色成果、中国智库索引（CTTI）的相关研究报告也一并收录，便于智库研究者参阅。

报告撰写与出版得到了多方大力支持。山东社会科学院延续良好合作，将该报告列入院创新工程项目。全国哲学社会科学规划办公室，教育部社科司，全国各省市规划办等相关管理部门也为报告撰写提供了大量信息与支持。在光明日报智库研究与发布中心的组织下，作者团队汇集了来自国务院发展研究中心、中央党校、中国科学院、新华社、清华大学、复旦大学、南京大学、山东社会科学院、湖南省社会科学院、江苏省社科联、北京市系统工程研究所以及光明日报等单位的智库学者与研究者，他们均为报告撰写付出了大量时间与精力。在此一并致以敬意与感谢！

作为一家植根知识界、面向知识界、服务知识界的全国性党报、思想文化大报，光明日报近年来对于智库建设的突出关注和全力托举，对智库研究的积极参与和深度推进，是这张报纸在新时期改革发展面前的选择与努力，也是出自全体光明日报人为国家发展和民族复兴贡献力量的情怀与担当。这本报告的问世，离不开报社编委会全体领导的支持指导，离不开光明日报智库研究与发布中心全体成员的辛勤付出，也离不开报社各个部门、相关研究中心的通力配合。可以说，光明日报深厚的文化积淀和固有的学术气质，是这本报告得以植根萌芽的沃土，也是光明智库开展研究与活动的坚实支撑。我们为有这样的"大后方"而深感幸运，也会用实际行动来表达珍惜与感谢。

2017 年 4 月，统合报社整体智库资源的"光明智库"正式成立。这是光明日报提升智库建设层级、将智库建设与办报实践紧密结合的创新性举措。智库研究与发布中心将和其他几大社属研究中心携手，在"光明智库"的统筹下，为广大智库搭建更为宽广的平台、开拓更为畅通的渠道，让我们始终并肩而行，为中国特色新型智库事业付出更多努力。

主编　王斯敏